伊藤千尋

都市と農村を架ける

ザンビア農村社会の変容と人びとの流動性

新泉社

カバー表写真
中小都市シアボンガのインフォーマル居住区を背にした
調査助手のラフォード．

カバー裏写真
調査村近くのルシト川で水浴びする少年たち．

本扉写真
雨季の昼下がり，調査村に広がった虹．

まえがき

本書は、アフリカ南部に位置するザンビアの都市と農村の関係性を、農村の生計活動の分析から考察するものである。「都市と農村の関係性」といってもイメージしづらいかもしれないが、「都市と農村のバランス」はどこの国にも存在する普遍的課題である。例えば、私たちが住んでいる日本では、いま多くの人が都市に暮らしている。一方の農山村では、住民の半数以上が高齢者となり、集落機能の維持に困難をきたす「限界集落」が全国に存在している。高度経済成長期以降、都市への急激な人口集中が進み、農山村の産業構造は大きく変化してきた。現在、日本中の地方自治体は、こうした農山村に都市からの「交流人口」や「移住者」を呼び込み、活性化を目指している。しかし、少なくとも、日本の都市と農山村はバランスよくともに発展してきたとは言えない現状が広がっているのではないだろうか。そして、そのなかで、現代日本の農山村にとって、都市がどのような役割を果たしうるのか、どのような関係性が求められているのか、といった都市と農村の新たな関係が模索されているのではないだろうか。

日本の話を始めるときりがないので、話を戻そう。私が「農村の視点」からザンビアの都市―農村間の関係を考え直すことになったのは、ザンビア農村部でフィールドワークを始めたにもかかわらず、私が見てきた「農民」の生活が、「農村」という概念のなかでは捉えきれないほどの空間的な広がりや、職業の多様性を備えていたからである。

私が初めてアフリカを訪れたのは、大学院に入学してから半年後、二〇〇六年八月のことだった。調査国に決めたザンビアに着いてまもなく、同学年で同じくザンビアで調査を開始する友人と指導教員との三人で、調査地を探すために南部州のなかを見てまわった。先に調査地が決まったのは友人の方だった。彼はシナゾングウェ県にある斜面地を利用した農耕が行われている地域に入ることになった。「農業がおもしろそう」というのが彼と先生の間で一致した決め手だったように思う。調査地が決まったことで明らかに友人の気分が高まっているのを横目に、私は「果たして『ここだ！』と思える地域がそんなにすぐ現れるのであろうか……」と不安になり始めていた。先生は、シナゾングウェ県で得た情報などを考慮して、シアボンガ県へ移動しようと言いだした。「シアボンガの町はいいところだよ、行くのは久しぶりだな」と話していた。私は単語の「音」の印象で、言葉のイメージを自分勝手に判断してしまうことがよくあるのだが、このときは『シナゾングウェ』よりは『シアボンガ』の方が優しそうな感じがするな……」と思い、不安を消そうとしていた。

車を走らせ、ルシトと呼ばれる地域の周辺にやってくると、景色が一変した。赤茶けた大地は、土壌侵食によって至るところに亀裂が生じていた。道路沿いに集落が続き、乾いたバオバブが転々と生えている。印象的な場所であった（写真A）。ほどなくして、商店などが建ち並ぶこの地域の中心部らしいところに行き着いた。シナゾングウェ県で紹介してもらった農業省のオフィスもここにあった。

農業省の職員と話をつけ、すぐにいくつかの村を見に行くことになった。幹線道路からはずれて集落の内部に車で入って行く。あたりの風景を見ながら、「厳しいとこだなぁ」と先生が言った。当初の私の関心は、農業以外の経済活動全般にあったので、「農業だけではとてもやっていけなそう」なこの地域に入ることが決定した。友人が調査地を決めたときのように「ここはいいね、おもしろそうだね」とテンションが上がっていたかといえば、おそらくそうではなかったと思う。まだザンビアに滞在してそう長くないなかで見てきた景色のなかでも、緑が少なく、からからと音が聞こえそうなくらい乾燥しているこの地域で、これから八カ月生活することへの不安の方が勝っていたのかもしれない。

写真A　乾季のルシトー帯の風景.

　居候する家を決めるために、三つほどの集落をまわった。そのなかで最後に訪れたのが、今でもお世話になっているハレンガ家だった。私は感覚的に「ここかな」と思っていたが、「お母ちゃんが強そう」という理由で先生がこの家を「推し」たのが、決め手になった（写真B）。

　つまり私の調査地は、「農業が厳しそう」という観点から決まったのだ。実際に、調査村で暮らし始めてみると、すぐにその環境の厳しさを実感した。雨季の前の一〇月は眠れないほどの暑さが続くし、雨季が始まっても蚊に悩まされないくらいに乾燥していた。他の地域では雨が降っているのに、一月や二月になっても雨が降らない、

写真B　初めて訪れたときにハレンガ家のお父さん・お母さんと一緒に．全員緊張ぎみ．

という年もあった。雨の降り方は予想できず、いつ、何を植えたかによって翌年の収穫は大きく左右されていた。ここでの農業には、経験や技術だけではなく、運も必要に思える。しかし、彼らと生活をともにしていると、明らかに「厳しい」この環境においても、不思議とここで暮らす人びと自身は「厳しそう」に見えなかった。

それは、調査村の人びとが農業だけでなく、日雇い労働や零細商業など、さまざまな生計活動を取り入れ、日々の生活を成り立たせているからだった。そして、生計活動の広がりは農村内だけでは完結せず、彼らはときに町に働きに出かけて行った。しばらく帰らず、家族ですら「いつ帰ってくるかわからない」「町で何をやっているかは知らない」と答える柔軟さだった。こうして彼らがころころと生計活動や居場所を変えるのを目の当たりにして、私は彼らを「農民」と呼ぶことを躊躇するようになった。

このような現象は、調査村だけで起こっているわけではない。一九九〇年代以降、アフリカ農村部各地で「脱農化」が進行しているとの指摘がある［Bryceson 1996］。農村部の人びとが、農業から非農業活動へと労働や生産様式、生活のあり方を変化させるというプロセスが起こっているのだ。私が彼らを「農民」と呼ぶのを躊躇するのも、「農業」という部門や「農村」という地理的範囲が、彼らの「生活のすべて」ではないからである。しかし、これは農村部における「都市化」の進行を意味するものではない。なぜなら、彼らは農業を捨てずに、農業と非農業活動の間を、農村と都市の間を、行ったり来たりしているからである。

そこで私は、調査村を理解するために、「農業」や「農村」という枠を取りはらって、人びとが日々営む生計活動とそこに見られる空間の広がりや職業の多様性をみつめていくことにした。本書が提示するのは、「厳しい」環境に暮らし、ザンビアの政治・経済変動の影響を受けながらも、私たちが自明のものとしている「農村」と「都市」という境界を跨ぎ、うまく使い分けながら生きているザンビアの人びとの姿である。

都市と農村の関係性は、場所や時代によって異なっている。そのため、この関係性をめぐる議論は、古くて新しい、捉えがたい問題であり続けてきた。冒頭で日本のことに触れたのは、これから述べるザンビアの都市と農村の関係性が、決して日本が抱える問題と無関係とは言い切れないと思っているからである。都市と農村を巧みに使い分け、流動的に生きるザンビアの人びとの姿は、新しい関係性のバランスを模索している日本社会にとっても示唆に富むものになっているはずだ。

〈通貨・現地語などに関する注意点〉

・通貨……二〇一三年一月一日、ザンビアでは一〇〇〇クワチャ(Kwacha)を一クワチャとするデノミネーションを実施した。本書で用いる金額は二〇一三年以前の結果を含めて、すべてデノミネーション以降の金額に換算した。デノミネーションにともない、ISOの通貨コードは旧通貨の「ZMK」から新通貨の「ZMW」に変更された。二〇一四年一〇月二〇日現在の対米ドルレートは、六・三クワチャ≒一ドル。

・トンガ語表記はイタリック体で示している。

・本文中に登場する人物名について、本名掲載の了承をとっていない世帯・人物はアルファベットで記してある。それ以外は実名をカタカナで表記する。

都市と農村を架ける
——ザンビア農村社会の変容と人びとの流動性

目次

まえがき……3

序章 現代アフリカにおける都市と農村……21

第一節 問題の所在……22
一…アフリカ農村の変容
二…アフリカにおける都市化と農村との関係
三…中小都市への注目

第二節 本書の目的と構成……35

第三節 調査地と調査方法……38
一…調査地
二…シアボンガ県の特徴
三…各調査年における調査概要

第一章 揺らぐ「都市」と「農村」――ザンビア政治・経済史……49

はじめに……50
第一節　植民地支配の開始から第二次大戦まで……51
一…南部アフリカの労働移動システムにおける北ローデシアの周縁性
二…労働力供給地から国内移動への遷移
第二節　第二次大戦から独立まで……56
一…経済発展とローデシア・ニヤサランド連邦の結成
二…「都市民」は生まれるのか？
第三節　独立から一九七四年まで……62
一…爆発的な都市化と農村との所得格差
二…持続する都市と農村の紐帯
第四節　一九七五年から二〇〇〇年まで……66
一…経済危機のインパクト
二…構造調整政策の本格的な実施と変わりゆく都市と農村
第五節　二〇〇一年以降の経済成長と政権交代……71
一…経済の回復と成長
二…近年の大規模開発プロジェクトと今後の課題
第六節　現在のザンビアの都市人口と中小都市……75

第二章　強制移住の村における生計の多様性……81

はじめに……82

第一節　強制移住の歴史と移住による社会の変化……84
一……移住前のグウェンベ・トンガの暮らし
二……強制移住の決定
三……移住にともなう土地の重要性の低下

第二節　人口・世帯・土地……92
一……調査村の人口
二……人口の移出入
三……各世帯の特徴

第三節　農業……100
一……食事と栽培作物
二……農事暦と農作業
三……労働力の調達方法と労働需要の季節性
四……食糧自給にみられる変動性

第四節　非農業活動……117

第五節　困窮時にみられる対処戦略と外部からの支援……122
一……干ばつ時の対処戦略
二……外部からの支援
第六節　生計手段の組み合わせ……127
一……世帯間の差異
二……資源や活動へのアクセスの変動

第三章　興隆する「農村ビジネス」……137

はじめに……138
第一節　農村ビジネスに着目することの意義……141
第二節　ザンビアにおける農村インフォーマルセクター・小規模企業の概観……145
第三節　調査村における農村ビジネスの概要……148

第四節　同時多発的なビジネス展開と近郊都市との関わり……153
第五節　起業のプロセス……158
第六節　農村ビジネスは地域に何をもたらしたのか？……164
一……ビジネス事業主たちは雇用機会をもたらすのか？
二……雇用機会は均等にもたらされるのか？
三……情報・機会を媒介する
第七節　農村ビジネスの可能性……174

第四章　変わりゆく農村における「都市に働きに行くこと」の意味……179

はじめに……180
第一節　アフリカ農村社会における出稼ぎ労働の位置づけ……182

第二節　出稼ぎ労働の特徴の変化……185
一……出稼ぎ経験者の当時の属性
二……出稼ぎが行われる時期
三……年代ごとの変化
四……職業の変化
第三節　なぜ村を離れるのか?——複雑な意思決定……195
一……出稼ぎに行く理由
二……意思決定の背後にある社会的イベント
第四節　なぜ戻るのか、いつ戻るのか?——変動する都市滞在期間……204
第五節　都市を天秤にかける……207

第五章　中小都市シアボンガにおける都市発達プロセス

……213
はじめに……214

第一節　町の変遷……216
第二節　カペンタ——町を支える小さな魚……221
一……カペンタの導入と白人起業家
二……増加するカペンタリグと新しい参入者
三……それぞれにとってのカペンタ漁
第三節　カリバ湖と観光業……235
第四節　町への人口流入……241
一……町の労働者層の特徴
二……人口の流入にみられる特徴
第五節　小さな町のダイナミクス……249
終章　都市と農村を架けるネットワーク……253
第一節　高まる流動性と農村経済……254

一　生計活動へのアクセスの変動性と連続性
二　農業の相対化と「農村にいること」の利点
三　農村ビジネスと階層化

第二節　出稼ぎ労働の現代的な位置づけ——代替可能性……262

第三節　都市と農村の多様な関係性……264
一　中小都市がもつ可能性と脆弱性
二　農村社会受容の鍵となる中小都市

第四節　都市と農村のネットワークへの視点……270

おわりに……272

註……275

あとがき……286

初出一覧……x
文献一覧……i

ザンビアの位置およびザンビア主要都市の位置

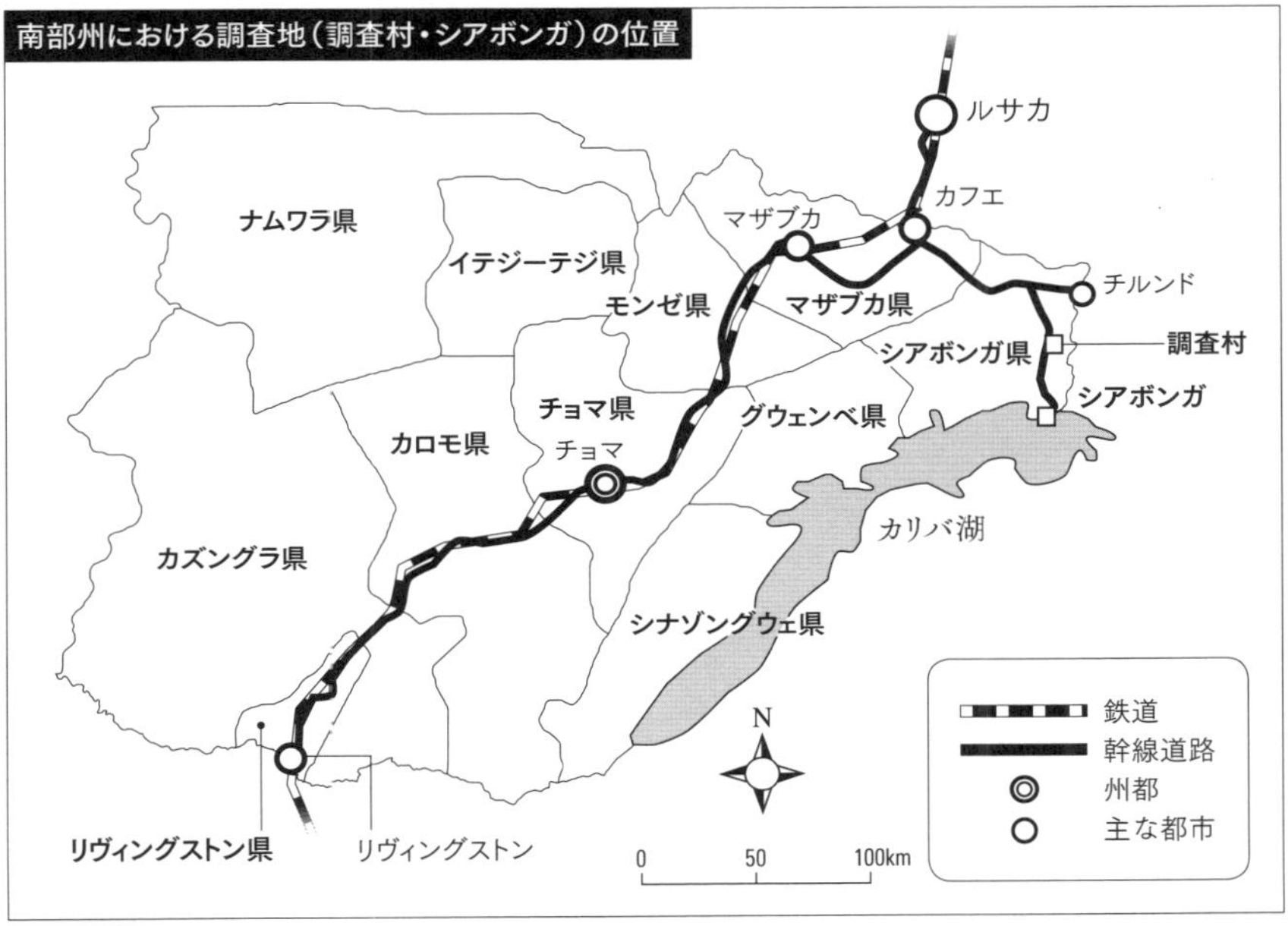

南部州における調査地（調査村・シアボンガ）の位置

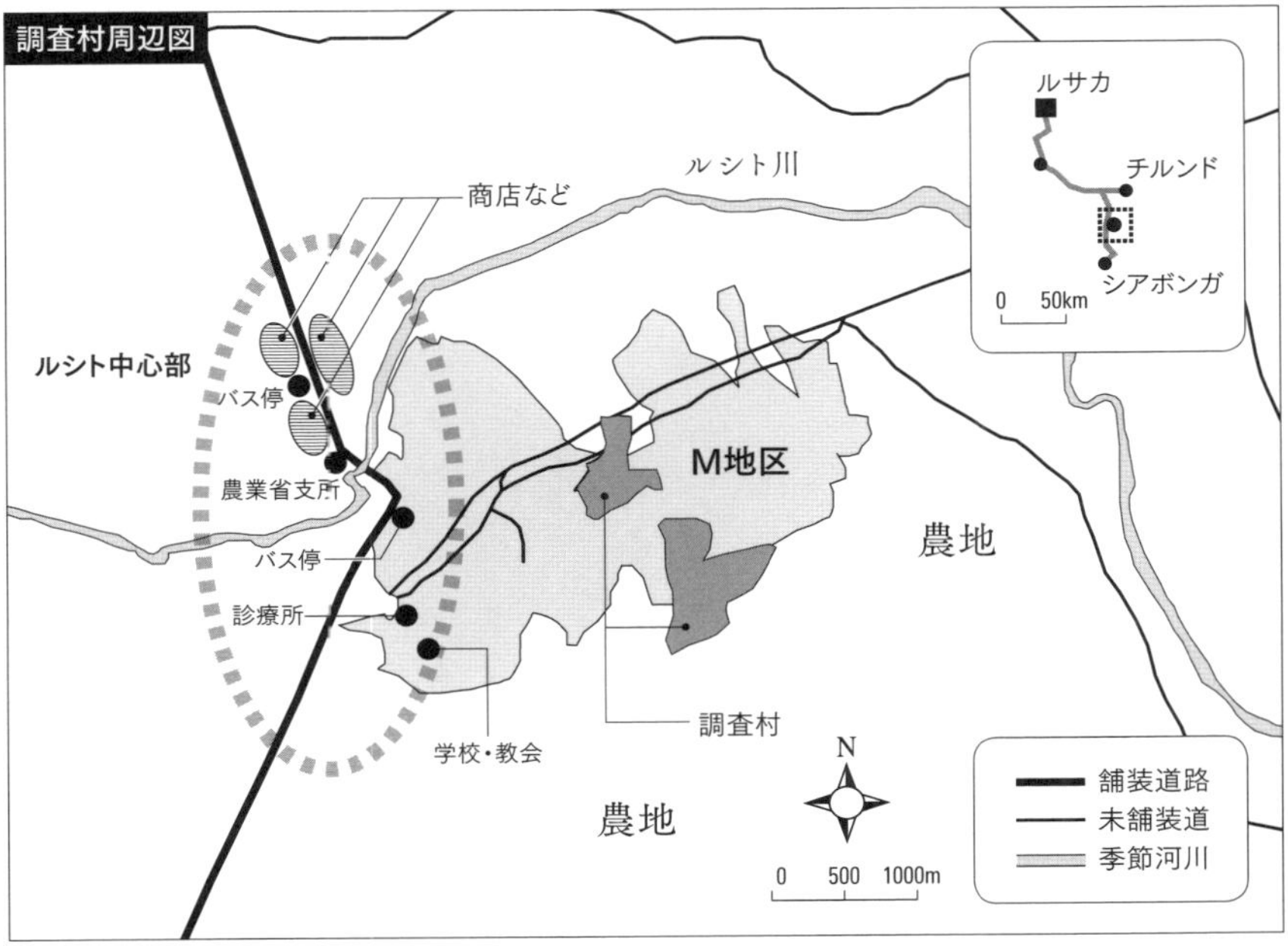

調査村周辺図

ブックデザイン…………藤田美咲

序章

現代アフリカにおける都市と農村

調査村のなかでも大きなこのバオバブは，滞在していたハレンガ家の目印．

第一節　問題の所在

本書は、ザンビア農村部における生計活動の分析から、都市─農村関係を逆照射的に描写し、現代アフリカの都市と農村を理解する枠組みに再考を迫るものである。序章では、アフリカ農村、都市、そして両者の相互作用からなる関係性に関わる三つの変化を整理しておきたい。以下ではまず、現代のアフリカ農村における社会変化を代表する現象ともいえる生計の多様化について概観し、その進展にともなって生じている新たな研究課題を紹介する。次に、アフリカにおける都市化や都市への人口移動、都市─農村間の関係性を概観する。また、アフリカ都市研究のなかで、中小都市に関する実証研究が少なかったことに触れながら、現代の都市─農村関係を理解するうえで中小都市に注目することの重要性を述べる。

一……アフリカ農村の変容

◎農業から非農業へ──生計の多様化

「アフリカ農村」と聞くと、やはり農業のイメージが強いのではないかと思う。農業は依然として大部分の人口を支える産業であるが、特に過去二〇年にわたってアフリカ農村研究で報告されてきたのは、農村世帯の生計多様化という現象である。生計多様化（Livelihood diversification）とは、農村世帯が生計の維持や生活水準の向上のために、活動や資源の組み合わせをより多様性のあるものへと築きあげていくプロセス、として定義される[Ellis 1998: 15]。アフリカ農村部の生計多様化については、農村研究、経済学、開発学などさまざまな分野で多くの関心を集めてきた[Bryceson and Jamal 1997; Haggblade et al. 2007; Reardon 1997]。

これまでも、アフリカ農村部に暮らす人びとは、栽培作物の多様化や、農耕と家畜飼養を組み合わせる等、複合的な生業を営んできたことが報告されているが、現在の生計多様化にみられる特徴は、農業部門だけでなく、農業以外の経済活動(非農業部門)に及んでいることである。現在、農村部の所得に占める非農業の割合は、アフリカ全体では三七%に及ぶとする報告がある[Haggblade et al. 2007: 4]。また、南アフリカ、モザンビークなどの数カ国で行った調査では、六〇—八〇%にまで非農業所得の割合が高まっているとする報告がある[Bryceson 2002a: 730]。

アフリカ諸国の社会・経済構造に大きなインパクトを与えた構造調整計画(SAPs : Structural Adjustment Programs)が、この多様化を加速させてきたとの見方は、多くの論者の間で共有されている(1)[Bryceson 1996; Ellis 1998; Haggblade et al. 2007]。SAPsによる新自由主義的な経済政策の導入によって、一九九〇年代には多くの国で市場の自由化、国営企業の民営化、国内食糧市場の自由化といった政策が実施された。例えばザンビアでは、農業部門の改革の進展は農村部にさまざまな形で影響をもたらしていた。第一章で詳述するように、構造調整以前は、国が農産物の流通や農業投入財の供給を一手に引き受けてきたが、自由化以降は、肥料等への補助金が撤廃され、流通も自由化された。これまで補助金によって可能になっていた遠隔地の主食作物生産の基盤は揺らぎ、他の作物への転換や、非農業活動によって生計を成り立たせるようになったのである[大山 2002; 小倉 2009]。また、公的部門の縮小による教育や福祉予算の削減は、各世帯の家計を圧迫し、人びとの現金収入への要求を高めたと考えられている[Geisler 1992]。構造調整計画がザンビア農村部に与えた影響は、さまざまな形で現れているが、他の商品作物への転換や非農業活動の導入といったように、生計の多様化が進展してきたことは事実である。

農業だけでなく、さまざまな手段を取り入れて生計を成り立たせる農村社会を理解するために、一九九〇年代に理論化されてきた研究潮流が、「持続的生計アプローチ Sustainable Livelihood Approach」である［Chambers and Conway 1992; Scoones 1998］。ここでの生計（livelihood）とは、単に農民が従事する経済活動のみを指す概念ではない。それは、人びとが生計活動のために活用する資源や、資源や活動へのアクセスを媒介する既存の制度や社会関係までを考慮にいれた広い概念である。(2) 持続的生計アプローチは、構造調整や気候変動をはじめとする外部からの変化に対して、農民がさまざまな資源や活動を駆使して「対処」し、「適応」しているという彼らの「主体性」に注目することの重要性を促している。また、生計概念を用いた多くの研究が行われることによって、貧困のあり方や人びとの生計の統合的な意味についての理解を発達させることに貢献し、「資源」の概念の拡張やアクセスへの注目が高まった［de Haan and Zoomers 2005: 33］。

持続的生計アプローチが掲げる生計の持続性とは、「ストレスやショックに対処し、そこから回復し、そのケイパビリティ（潜在能力――引用者註）や財を維持・拡大し、地域内の他の生計に実質利益を生み出す」という状況であり、さらにはこれらの状況が「現在そして将来的な自然資源基盤を弱体化させることなしに」起こること、と定義される［Carswell 1997: 3］。このストレスやショック、回復という言葉からもわかるように、持続的生計アプローチでは、脆弱性(3)が貧困の主要な側面であると認識し、脆弱性を緩和することが、外的なショックに対するレジリアンス(4)（回復能力）を高め、彼らの生計の持続性を高める、ということが想定されている。

持続的生計アプローチの分析の焦点は、ある特定の文脈（政策的状況、政治的・歴史的・社会経済的状況）において、生計資源の組み合わせが、どのような生計戦略（活動）の組み合わせをもたらし、どういう効果をもたらすか、という点にある[Scoones 1998: 3]。この生計戦略の組み合わせの要素には、①農業集約化・大規模化、②生計多様化、③マイグレーション(移住)の三つが想定され、その実行のために必要な資源や、それを媒介する制度に分析の重点が置かれている。このアプローチは学術的な分野だけでなく、開発実践にも取り入れられ、一九九〇年代から二〇〇〇年代における開発思想の中心となっていた(5)[Ellis and Biggs 2001]。

農村研究における生計アプローチの登場は、概念的にも実践的にも、アフリカ農村部の人びとが所得源を多様化させている方向性を理解することに貢献していると考えられる。本書でも、農村の生計を、その活動や資源、それらへのアクセスというより広い視点で分析する。しかしながら、生計アプローチを用いた研究では、ある一時点での世帯の資源の賦存状況や活動に着目するあまり、それらの相互関係や、人びとが資本を所有・拡大していくプロセス、生計を構成する要素の動態について十分な関心が払われてこなかった[Scoones 2009]。このことは、実践の積み重ねによって築かれた個人や世帯の多様な内実を覆い隠してしまうばかりか、人びとが生計手段を拡大していく過程に埋めこまれた自発的な成長への営みや、社会全体に関わる変化への萌芽が見落とされてしまうという問題点が存在することを意味している。

◎農村社会変容の視点

生計多様化を報告する研究の多くが、個人・世帯といったよりミクロなレベルでのスナップショット的な見方、状況分析・評価にとどまっているのに対し、生計多様化、特に非農業所得源への移行をより広義の農村社会変容のプロセスとして捉えようとした研究もある。

ブライソンによる一連の研究は、この生計多様化を、アフリカ農民が農民的生活様式、労働形態から転換していく長期的な変容プロセスとして捉えようと試みている[Bryceson 1996, 1999, 2002a, 2002b]。彼女はこの現象を「脱農化 deagrarianization」と称して、より広義の社会変化として捉えようとした。脱農化とは、「農民的生産様式から離れた経済活動への志向の変化、職業上の調整、そして居住地の空間的パターンの再編成」のプロセスであると定義づけられている[Bryceson 1996: 99]。つまり、農村居住者が所得源を自らの農業労働から拡大させ、賃金労働、自営業などの非農業活動に重点をシフトし、従来の労働形態を変化させる。それゆえに、彼らの職業的なアイデンティティや居住の空間的なパターンも変化していく、ということである。彼女は特に、部門(農業部門、工業部門、サービス部門)間移転に注目し、アフリカでは、脱農化の進展にともない、工業部門の発展ではなくサービス部門の増大が起こっていることを指摘している。そしてこの現象は、あくまでも世帯のリスク最小化戦略としての脱農化であり、かつてヨーロッパでみられたような職業専門化とは異なる、と述べている[Bryceson 1996: 106]。

また、長期にわたる研究からナイジェリアとザンビアの農村を比較した島田[2007]は、農民がさまざまな生計手段を取り入れる様子を「変わり身の速さ」と表現している。島田は、この「変わり身の速さ」は「村の変化を表すものではなく、単に農民の行動に見られる幅を示したもの」にすぎず、「農村社会の変化を見るためには、農民たちのブリコラージュ能力〔あり合わせのもので切り抜ける力——引用者註〕に惑わされることなく、その変化のなかに潜在する質的変化に注目する必要がある」と指摘している[島田 2007: 164]。

アフリカ農村部でみられる生計多様化という現象が、「生産的なブリコラージュ[6]」[Batterbury 2001]として捉えられるのか、それとも不確実性が増す状況のもとでのアクセスチャンネルの拡大[7][Berry 1993]なのかは、地域や時代背景、自然環境によっても異なると考えられ、単純に一般化することは難しい。しかしながら、現在起こっている生計の多様化が、人びととの一時的なリスク分散の結果としての行動の幅なのか、それとも、このプロセスの先にはアフリカ的な発展の形態があるのか、という問いを持ち、長期的な農村社会変容の視点から観察を続けることは、現在のアフリカ農村研究の重要な課題であるように思える。

◎農村社会内部の階層化への注目

では、現代のアフリカ農村社会において「質的な変化」をもたらすような現象をどのように判断すればよいのであろうか。ここで、前記の生計多様化が進行するにつれて現れてきたもう一つの研究関心「農村社会内部の階層化」について触れておきたい。先のブライソンは、土地なし層が存在し、階層的な社会構造を持つ東南アジア農村部における非農業化の進行が、格差の縮小をともなってきたのに対し、アフリカにおいては格差の拡大や階層化の強化が進展していることを指摘した［Bryceson 1999: 174, 2002a: 734］。

農業から非農業への所得源の多様化は、貧困層の農業生産に関わるリスクの削減や脆弱性の緩和に寄与すると主張されてきたことも事実であるが、一方で、より裕福な世帯において行われる場合、「生存戦略」ではなく「蓄積戦略」であることが認識されている(8)［Dercon and Krishnan 1996; Iliya and Swindell 1997］。例えば、ナイジェリアの事例では、富裕層は雇用や公的部門・地方行政での仕事、また自営の商売等を行い、同時に富裕層は土地の売買による蓄積の拡大が進んでいるのに対し、貧困層では、非農業活動は行っているものの、それらは季節的・一時的であり、雇用を得ているとしても賃金の安い農業労働であり、「勝ち組」と「負け組」が現れていることを指摘している［Iliya and Swindell 1997］。また、東南部アフリカにおける研究でも、土地なし層の出現や、土地所有面積の格差の拡大について示した研究もある［Jayne et al. 2003］。

農耕における集約化や篤農家の存在は、アフリカ農業研究においても指摘されてきたが、前記の生計多様化をふまえると、この階層化に関する議論も、西洋近代的な単線的発展モデルから離れ、その動態や影響の多義性を広く見ていく必要があるのではないだろうか。非農業化が全体として進展するなかで各世帯の経済格差はどのような意味を持っているのか、それらは階層分化や新たな労働市場の形成に結びつく構造的な変化を意味しているのか、という問題に取り組むことは、「質的な変化」の萌芽を捉えることにつながるのではないかと考える。

二……アフリカにおける都市化と農村との関係

◎アフリカにおける都市化

農村―都市間移動は、アフリカに限らず、東南アジア、先進国においても経済発展や地域政策に関わる重要なテーマである。都市への移動は、先の持続的生計アプローチにおいて農村部の人びとが行う戦略の一つとして挙げられていた[Scoones 1998]。これは、前述した生計多様化という現象が、農村部の人びとの生計の空間的な拡大と無関係ではないことを示している。

一方で、出稼ぎ労働に代表される都市への移動は、植民地時代からアフリカ農村部の人びとの生活と関わっていた。そのため、現在の生計多様化研究が盛んになる以前より、人びとは都市への出稼ぎを通して非農業活動に携わってきた[Adepujo 1995]。

ここでまず、アフリカの都市の特徴について説明を加えておきたい。アフリカにおける都市の分類として最もよく知られているのが、ヨーロッパによる植民地支配以前からある交易都市や王都(Aタイプ)と、植民地支配の都合にあわせて上からつくられた都市や鉱山都市(Bタイプ)である[Southall 1961]。オコナーは、この分類をさらに細分化し、Aタイプを土着都市とイスラーム都市に、Bタイプを植民地とヨーロッパ型都市に類型化した。そして、これらの二つの要素が併存する都市を二重都市、複数の要素が融合して新たな性格をもって生まれ変わった都市をハイブリッド都市、として分類した[O'Connor 1983]。都市人類学者の松田は、今日では多くのアフリカ都市はハイブリッド都市として特徴づけられると指摘している[松田 2001]。

本書が対象とするザンビアを含めた南部アフリカでは、西アフリカ沿岸やサヘル地域に典型的な港湾都市やキャラバンの交易拠点として発展してきた都市は少なく、その都市の形成過程や立地はきわめて植民地的である。ザンビアの植民地行政の拠点としてつくられた首都ルサカや、銅鉱山とともに発展してきたコッパーベルトの都市群は、Bタイプの典型として位置づけることができる。その背景には、南部アフリカや東アフリカの一部における植民地支配の構造が関係している。西アフリカにおいて成立した小農輸出型経済と異なり、南部アフリカでは入植型の植民地支配が進展し、鉱山・プランテーション型の経済構造が作られてきた。植民者による農地の収奪や、鉱山開発によって資本主義経済部門が都市において発展した。このプロセスにおいて、アフリカ人たちは鉱山やプランテーションの「労働力」として動員され、入植者による近代産業部門に早くから組み込まれてきたのである。(9)

移動に関する制限が撤廃された独立以降の時期、アフリカの多くの地域において都市人口は劇的に増加した。一九六五年から一九八〇年までのアフリカの都市人口増加率は五・八％と途上国で最も高い値を示していた[小倉 1995: 8]。独立直後の一九六〇年代は、ルイスの二重経済モデルに基づいた開発政策が実施され、都市へのインフラ投資や国営企業による産業開発によって都市における雇用機会の優位性が高まった[Tacoli 1998]。このような状況において、農村は、都市近代部門への労働力供給地としての位置づけを強めていった。

開発政策における従属論の登場とあいまって、一九七〇年代に前述の構造は「都市偏重 Urban Bias」として批判された[Lipton 1977]。リプトンは、支配的で権力的な都市の利害によって資源を搾取されるという構造に、農村部の人びとが組み込まれていることを主張した。アフリカの都市―農村部門の関係を歴史的に概観したブライソンは、このような一九七〇年代半ばまでに起こってきた都市化を「派生的な都市化 derived urbanization」と称している。(10) この時期、農業と鉱業部門の原材料輸出によって蓄えられた資金によって、官僚的な国営部門が発達し、それが都市に雇用機会をもたらしていた。しかし小農部門は、労働と原料を提供するばかりで、取引の循環は農村地域まで行き届いていなかった。彼女は二重経済が広く行き渡っていたことを主張し、小農は都市で生産された消費財や資本財に限定的にしかアクセスできないばかりか、彼らの農業は資本化も専門化もなされなかったと述べている[Bryceson 1996: 102–103]。

❂構造調整の実施と接近する都市と農村

一九七〇年代のオイルショックをきっかけとしたアフリカ各国の経済危機を受け、一九八〇年代以降相次いで導入された構造調整計画(SAPs)は、前記の都市―農村関係を新たな展開へと導いてきた。SAPsは後述するように農村社会にも大きな影響を与えたが、SAPs実施以前から続いた経済の停滞やSAPsの実施によって最も被害を受けたのは都市の下層民であるという見方がある[O'Connor 1991]。フォーマルセクターでの雇用機会の減少や実質賃金の低下、補助金が廃止された食糧やその他物品の物価上昇は、低所得者の生活維持を困難なものとした。ケニアの出稼ぎ民を調査した都市人類学者の松田は、この時期の彼らの生活について、「生活必需品が次ぎから次ぎに値上げされ、それにバスの運賃、家賃などが追い打ちをかけた。にもかかわらず、それに見合う賃上げはなかった。こうした生活環境の著しい悪化が、K村の村人にとっての『構造調整』の正体だったのである」と描写している[松田 1995: 38]。

現在のアフリカの都市を特徴づける現象が顕著に現れてきたのは、この時期である。その一つが、都市経済の「インフォーマル化」である[Rogerson 1997; Stren 1992]。インフォーマルセクターは、一九七〇年代にすでにその存在が指摘されているが、構造調整の実施にともなう都市生活の悪化によってその規模や重要性が増加した。長引くアフリカ経済の低迷と、SAPsによる都市経済のさらなる悪化は、都市と農村の関係を大きく転換させた。これまで近代産業部門を担い、雇用の優位性を保ってきた都市と、自給的な農業を営み出稼ぎによって労働力を提供してきた農村との所得格差が縮小し、一部の地域では逆転していることが指摘され始めた[Jamal and Weeks 1988, 1993]。

また従来から、アフリカ都市住民が農村との紐帯を保ち続けることは多くの論者によって指摘されてきたことであるが[11][Geschiere and Gugler 1998]、この時期にはその紐帯が、都市住民の生計維持のための意味合いで重要性を高めてきた[12][Owuor 2007]。例えば、都市近郊や農村部に土地を持ち、農業を行う人びとが増加するという都市の「農村化 ruralisation」現象が挙げられる[13][Rogerson 1997: 358]。ケニアの都市ナクルで六〇〇世帯に調査を行った研究では、調査対象者の六〇%が農村に土地を所有し、その農業生産がほとんどの世帯の食糧保障や所得源として重要な役割を担っていることを指摘している[Foeken and Owuor 2001]。また、農村部からの食糧支援が、都市の貧困層の生計にとって不可欠であると報告する研究もある[Frayne 2004]。

そして、都市部での生活が困難になった人びとによる農村部へのリターンマイグレーション[Falkingham et al. 2012; Potts 2005; 松田 1995]、地方都市へのJターン現象[Peli 1995; 小倉 2009]が報告されるようになり、都市―農村間の移動においても新たなパターンが出現している。このような都市経済のインフォーマル化、都市農業や都市居住者による農村部の土地利用、都市から農村へのリターンマイグレーションという現象は、現代アフリカの都市と農村を理解する枠組みに再考を迫っていると言えよう。

三……中小都市への注目

結論を先取りすることになるが、本書はザンビア農村部の生計維持や地域社会変容のプロセスにおいて、都市との関係性、なかでも近郊の中小都市との相互作用が重要であることを指摘する。中小都市に関する研究は、アフリカに限らず途上国全般の都市研究のなかで確固たる地位を確立してこなかった。前述した都市研究や都市への人口移動の研究においても、対象とされてきたのは主に大都市・首座都市である。例えばザンビアでは、コッパーベルトの都市群やルサカに研究が集中してきた。それは翻せば、アフリカにおける都市化が主に首都や鉱山都市など限られた地域で起こってきたことを示している。

しかしながら、一九九〇年代からの中小都市における人口増加を背景として、中小都市に関する政策的関心が高まっている［Satterthwaite and Tacoli 2003: 1］。また、前述したような都市経済の悪化による地方都市へのJターン現象、地方分権化の過程で、中小都市の新たな機能に関する議論が出始めていることからも、現在のアフリカ都市を見るうえで地方都市・中小都市に注目することが不可欠になってきていることがうかがえる。

中小都市（Small and Intermediate Town; Small Urban Center）の定義は、都市の定義が国や研究者によって異なるように、一般化が非常に困難である。国によって人口規模の違いがあるため、中小都市と大都市の差異を人口規模によって定義することは適切ではない。そのため、中小都市研究においては、対象とする国によってさまざまな定義の違いがある。(14) しかしこれらの研究において共通しているのは、人口規模というよりも、都市階層の低次中心であることや、周辺地域に対するサービスが限定的なものにとどまっていること、また社会関係やその統合原理に農村との相異がみられることなどの機能的・相対的な定義である［Hardoy and Satterthwaite

1986; 遠城 2002]。

これまで、中小都市を研究対象として扱ってきたのは、主に地理学や都市計画の分野であった。これらの研究は、開発政策・農村開発を検討するなかで都市―中小都市―農村という都市階層のあり方を議論してきた。開発における中小都市の役割に関する研究は、楽観論、悲観論、そして中立派の三つに分類できる[Baker and Claeson 1990]。

まず、アフリカの独立期にあたる一九五〇―六〇年代においては、楽観論的見方が優先していた。この時期、中小都市は都市システムの末端として、中央からのイノベーションや都市的サービスを周辺農村に広める役割を担うと積極的に評価されていた[Pedersen 1997: 11]。この立場で代表的なのはロンディネリの研究である[Rondinelli 1978]。彼は、公的サービス提供や、農民にとっての農産物販売市場としての機能、収入機会の創出などの役割を中小都市が持っていることを指摘した。西アフリカなどの小農輸出型経済圏においては、定期市から発展するマーケットタウンが見られるが、入植者による開発が進んだ国において、この時期の中小都市の成長は自発的なプロセスによって達成されたのではない。この時期は、「成長センター政策 Growth Center Policy」に代表されるように、選ばれた特定の地域に政府が集中してインフラ投資等を行うことによって中小都市は開発された[Baker and Claeson 1990]。それは、ブライソンが指摘する「派生的な都市化」と同様に、「トップダウン」的な地域政策として位置づけられる[Simon 1992]。

しかし、大都市からのイノベーションやサービスは中小都市に伝播せず、中小都市とその後背農村は期待どおりには成長しないことが明らかになった。そこで登場してきたのが、一九七〇年代以降の悲観論的見方である。この動向は、一九六〇年代の独立期に、ルイスの二重経済モデルに基づいて都市における産業発展を推進し、それを支えるために農村部からの労働供給が行われてきたことを批判した前述の「都市偏向」の議論と連動して起こってきたものである。サウゾールは、リプトンの理論に依拠し、前記の楽観論的見方を批判し、分権化した政治構造が実現されないアフリカにおいて、中小都市は「搾取の前衛」として農村の貧困に寄与していることを主張した。しかしサウゾールは、比較的平等主義的な階級構造が存在し、土地へのアクセスが自由であるならば、都市の成長は、人びとによる人びとのための活動の結果に帰結し、中小都市の都市化が農村にも利益になることを付け加えている[Southall 1988]。このような流れのなかで、都市システムにおける中小都市は、農村発展のためのサービスセンターではなく、資源搾取のための管理上の中心として位置づけられ、発展プロセスにおいては肯定的な見方をされなくなっていった[Pedersen 1990: 12]。さらには、「都市偏向」を批判し、「下から」の開発政策の可能性を構想する立場をとる人びとは、中小都市を通り越して農村社会に直接関心を向けることになった[遠城 2002: 39]。

アフリカに限らず、途上国の中小都市に関する議論は、大都市一極集中の都市システムを是正するための中小都市の配置や、都市階層のあり方に関する形態学的な分析が中心であった。アフリカの中小都市研究を整理した地理学者の遠城は、前記の研究では「都市や農村という空間単位とその役割が、『所与』の対象とされ、伝播や搾取あるいは開発のための『道具』としてのみ位置づけられたために、（中略）それを作り出している社会、政治、経済、文化の諸過程との関係が十分に説明されない」状態で議論が終わっていることを指摘している[遠城 2002: 40]。同じく地理学者の祖田は、途上国全般における「地方都市軽視」の研究動向を批判し、地方の政治経済を担うアクター同士の相互作用や、地方都市と農村の関係を含む調査対象の設定可能性が先行研究で指摘されてきたものの、これまで十分な実証研究が行われてこなかったことを指摘している[祖田 2008: 10]。途上国の中小都市を比較したハルドイとサタスウェイトも、中小都市の発展やその役割に関する一般化を避け、それぞれの地域特性やその多様な発展プロセスについて分析すべきであるという同様の主張が見られる[Hardoy and Satterthwaite 1986]。

アフリカ都市研究・農村研究の双方から周縁的なトピックとして扱われてきた中小都市であるが、一九九〇年代後半以降、中小都市に対する関心は再び高まっている。それは、中小都市の人口が増加しているという事実と、これまで中小都市の成長の鍵として考えられてきた地方分権化が各国で進展してきたためである[Pedersen 1997; Satterthwaite and Tacoli 2003]。中小都市研究に継続的に携わってきたサタスウェイトは、二〇〇〇年までに都市人口の半分は五〇万人以下の規模の都市に暮らしていたが、その多くが五〇〇〇人から一〇万人規模のマーケットタウンや行政都市に集中していると指摘している[Satterthwaite and Tacoli 2003: 1]。ペダーソンも、アフリカの農村人口の成長は、今後も多くの都市移動者を生む可能性があるが、近年では大都市よりも中小都市が急速に成長し、将来的には都市人口の主要な受け皿になるであろうと指摘し、中小都市の発達は、大都市と農村の双方からの移住者との連関に依拠していると述べている[Pedersen 1997: 2]。

前述のように、従来の大都市における経済の悪化とインフォーマル化が進展するなかで、中小都市の成長プロセスを把握することや、農村との相互作用について「下から」実証的に探求していくことは、大都市への一極集中を避け、バランスのよい地域開発を検討していくうえで不可欠な作業になると言える。

第二節　本書の目的と構成

本書では、ザンビア農村部における生計活動の分析から、都市と農村の関係性を明らかにする。この作業を通じて、現代アフリカの複雑化する都市—農村関係に対する理解の一助としたい。以下では、前述の議論をふまえ、本書が取り組む具体的な課題について述べる。

まず、現在のアフリカ農村部における生計多様化の特徴をふまえると、西洋の近代化モデルから離れて、生計多様化の進展がもたらす構造的な変化について検討することが重要になる。そのためには、農村部における生計多様化の実態について、部門や空間の境界にとらわれずに明らかにする作業が不可欠となる。「生計」に対するより広い概念の発達をふまえ、本書は、ザンビア農村部における生計活動を、活動の多様性、資源や活動へのアクセスという視点から明らかにする。また、農村社会における「質的な」変化の萌芽を捉えるために、非農業活動における個人・世帯の「差」に注目し、階層化の可能性について検討する。

次に、前述の農村の生計多様化に加え、都市部門の変化が指摘されるなかで、農村から都市への出稼ぎの特徴を再考することが求められる。本書では、現在のザンビア農村部から都市への出稼ぎがどのような形態で行われ、農村の生計にとってどのような位置づけにあるのかを明らかにする。

最後に、都市・農村双方の研究分野で等閑視されてきた中小都市について、その発達可能性や農村との相互作用を再考することが必要である。本書では、ザンビアにおける都市部門の変容について整理し、そのうえで実際に、中小都市においてはどのような変化が起こっているのか、中小都市と周辺農村との関わりにはどのような特徴があるのかを明らかにしていく。

以上の課題を明らかにするために、本書は以下のような構成をとる。はじめに第一章において、ザンビアにおける社会・経済史を整理する。特に都市化の変遷を明らかにし、都市と農村の関係がどのように捉えられてきたのかを歴史的に概観する。

そして第二章から第四章では、農村部における生計活動の多様性やその空間的広がりを明らかにしていく。

第二章においては、南部州シアボンガ県に位置する調査村の生計をその活動や資源へのアクセスという視点をふまえ総体的に記述する。調査村が持つ歴史的な特殊性や、厳しい自然環境をふまえたうえで、生計手段の多様性・複雑性を資源や活動の組み合わせ、年ごとの変動を明らかにする。このことを通じて、生計多様化を個々の世帯の視点から動態的に描写する。第三章では、非農業部門における世帯差に注目する。ここでは、本書が「農村ビジネス」と呼ぶ農村部に基盤を置いて行われる商業・サービス業を営む人びとを扱う。中小都市も含めて展開される農村ビジネスの実態を提示することで、これまで見過ごされてきたこの種の経済活動が持つ可能性について検討する。第四章では、これらの農村社会における生計多様化をふまえ、現在の農村から都市に働きに行くことの意味を検討する。

第五章では、農村ビジネスや出稼ぎなど、調査村における生計活動の空間的な拡大を理解するうえで鍵となる中小都市シアボンガにおける雇用や労働市場の変化を明らかにする。ここでは、これまでザンビアでは注目されてこなかった地方の中小都市において、自由化やグローバル化の動きのなかで新たな経済活動の展開がみられ、独自のダイナミズムを持っていることを示したい。

終章では、第二章から第四章までに述べた農村の生計活動の多様化において、都市が果たす多様な役割や、中小都市の発達プロセスと農村部との関係性をまとめ、従来一枚岩的に捉えられてきたザンビアの「都市」像や、「都市」と「農村」の二項対立的な図式に再考を加える。

第三節　調査地と調査方法

一……調査地

本書の舞台となるのは、ザンビア南部州シアボンガ県に位置する農村部と、中小都市のシアボンガである（巻頭地図参照）。ザンビアの人口はおよそ一三〇〇万人、日本の約二倍の面積を持つ内陸国である。首都ルサカの人口は約一七〇万人である。旧イギリス植民地であり、公用語は英語である。

南部州は、ザンビアの一一・三％、約八万五〇〇〇平方キロメートルの面積を持ち、約一六〇万人の人口を擁する地域である[CSO 2012]。主要なエスニック・グループは、トンガと呼ばれるバントゥ系農耕民である。南部州においてトンガ語を母語とする人口は約八割と推定されている。都市部ではトンガ語を母語とする人の割合は四割に低下し、ニャンジャやベンバなども多く居住する。州内には一一の県があり、調査を行ったシアボンガ県は州南部のザンベジ河下流域に位置している。シアボンガ県には約九万人が居住している。県内の人口の多くは農村部に居住し、都市人口は県庁所在地であるシアボンガと、交易の要所であるチルンドに集中している。

調査は、農村部での調査と、県庁所在地である中小都市シアボンガでの調査に分けられる。まず、二〇〇六年から継続的に行っているのが、シアボンガ県ルシト区(15)シャバンバ(*Siabamba*)村とシアチャンガ(*Siachaanka*)

村における調査である。

ルシト区には約一五〇〇世帯、約八〇〇〇人が居住している[CSO 2012]。県内の農村地域においては二番目に人口が多い区である。行政区名になっているルシトという地名は、ザンベジ河の支流であるルシト川に由来する。ルシトは、地方自治の単位である行政区の名前であると同時に、調査村一帯の地名としても使われている。地名として使われるときには「ルシト」の範囲に明確な境界があるわけではなく、幹線道路沿いの周辺集落および中心部となる市場一帯を指すことが多い。シャバンバ村とシアチャンガ村は、ンベザ(*mbeza*)と呼ばれる複数の村落から形成される近隣集団(16)(*cisi*)に属している。ンベザの人びとは、隣接する近隣集団ンプウェ(*mpwe*)とともに、カリバダム建設にともなう湖の造成によってザンベジ河中流域から移住してきた人びとである。この地域では、第二章で述べるように、移住後の社会変化にともなって「村」が細分化してきたという経緯があり、現在の「村」の社会的・政治的集団としての意味は非常に薄い。地理的に密集して居住し、通婚も多いため、以下では特に断らない限り、二カ村をまとめて「調査村」と称する。また、調査村が属する近隣集団ンベザと、ともに移住してきたンプウェは、移住前から隣接して居住していた。この集団間でも通婚は多く、現在ではこの二つの近隣集団を分ける意味はほとんどなくなってしまった。そして、ンベザとンプウェは、農業省が分割するサテライトの一つとして区分されていることからも、両近隣集団が居住する範囲を総称する際には、「M地区」とまとめて表記することとする。

M地区には、二〇〇八年時点で二〇カ村四六〇世帯が居住している。調査村には、二〇〇六/〇七年調査:四三世帯、二〇〇八/〇九年調査:五三世帯、二〇〇九年調査:五三世帯が居住していた。調査村でのフィールドワークは、二〇〇六年八月から二〇一〇年九月までの間に計一九カ月間、断続的に村に滞在して行った。

県庁所在地であるシアボンガの人口は、約一万六〇〇〇人(二〇一〇年)である。地方分権化の流れを受け、一九九三年にグウェンベ県から独立した地方自治体となった。町の経済を支えるのはカリバ湖を利用した漁業と観光業である。シアボンガでのフィールドワークは、二〇一〇年六月から七月、二〇一三年一月から二月に町に滞在して調査を行った。

以下では、本書の舞台となるシアボンガ県の特徴を説明し、その後、前記の滞在期間中に行った各調査の概要を述べる。

二……シアボンガ県の特徴

調査村一帯を含めた南部州全域に広く居住しているのは、トンガと呼ばれる農耕民である。トンガは、高地トンガ(Plateau Tonga)とグウェンベ・トンガ(Gwembe Tonga)に分けられる。高地トンガは丘陵地に暮らし、グウェンベ・トンガはザンベジ河沿いの低地に主に居住してきた。どちらもトンガ語[17](*citonga*)を話す人びとで、お互いに意思疎通をするのに問題はないが、単語の発音や言いまわしが微妙に異なるといった差異がある。両者を言語・文化・政治的に明確に分ける境界はないが、習慣や儀礼等には違いが見られる[Colson 1960: 14]。トンガが区別して語られるのは、言語・文化的な差異に加えて、彼らの歴史的経験の違いとも関係している。高地トンガが居住する地域(現在のマザブカ県、モンゼ県、チョマ県など)は、植民地時代に鉄道が建設された。鉄道沿線では白人入植者らの商業農業が展開してきた。他の農村部は鉱山への労働力供給地として機能していたこの時期に、高地トンガの居住域では例外的に小農による商業農業が発展してきた[児玉谷 1993]。

一方、グウェンベ・トンガは、厳しい自然環境に暮らし、植民地期のダム建設によって故郷を失い、再定住を強いられたという歴史を持つ。そのため、両者は同じエスニック・グループでありながら、その文化や歴史に差異を持っている。本書で主に対象とするのはグウェンベ・トンガであるが、高地トンガも含めて言及する場合には、「トンガ」と記すことにする。

シアボンガ県の人口は、一九九〇年に約三万七五〇〇人、二〇〇〇年に約五万八九〇〇人、二〇一〇年に約九万二〇〇人と増加してきた。人口密度は、二三・三／平方キロメートルであり、南部州平均の一八・六人よりも高い。**表0-1**は、シアボンガ県、南部州、ザンビア全土の年平均人口増加率を示したものである。シアボンガ県の人口は一九九〇年代から伸び始め、一九九〇—二〇〇〇年の間の年平均人口増加率は、南部州で最も高い四・六%となった。二〇〇〇—一〇年は、南部州では第三位の四・四%であるが、州平均や全国平均を大きく上まわっている。

高地トンガとグウェンベ・トンガの居住域は、それぞれの自然環境の特徴も大きく異なっている。南部州は、地形の特徴から渓谷、エスカープメント(急崖地形)、高地、カフエ平原、バロツェ氾濫原の五つの地域に分けられる(**図0-1**)。**表0-2**は、五つの地域区分の環境特性を表したものである。チョマ、モンゼ、マザブカ等の州内で規模の大きい都市域を含む鉄道沿線地域が位置する高地地域は、多くの人口が集中している。高地地域は、州内でも農業に適した環境を持ち、鉄道が開通したことからも商業農業が早くから行われてきた。

表0-1 ザンビア，南部州，シアボンガ県の年平均人口増加率の推移(単位：%)

	1969−80	1980−90	1990−2000	2000−10
シアボンガ県	n.d.	1.6	4.6	4.4
南部州	2.8	3.0	2.3	2.8
ザンビア	3.1	2.7	2.5	2.8

＊シアボンガ県の1990年以前のデータは，グウェンベ県からシアボンガ県に対応する地域を抽出して算出したものだと思われる．
出所：シアボンガ県はSDC［2011］，CSO［2012］より筆者作成．
南部州およびザンビア全体はCSO［1995, 2003a, 2012］より筆者作成．

図0-1　南部州の自然環境区分

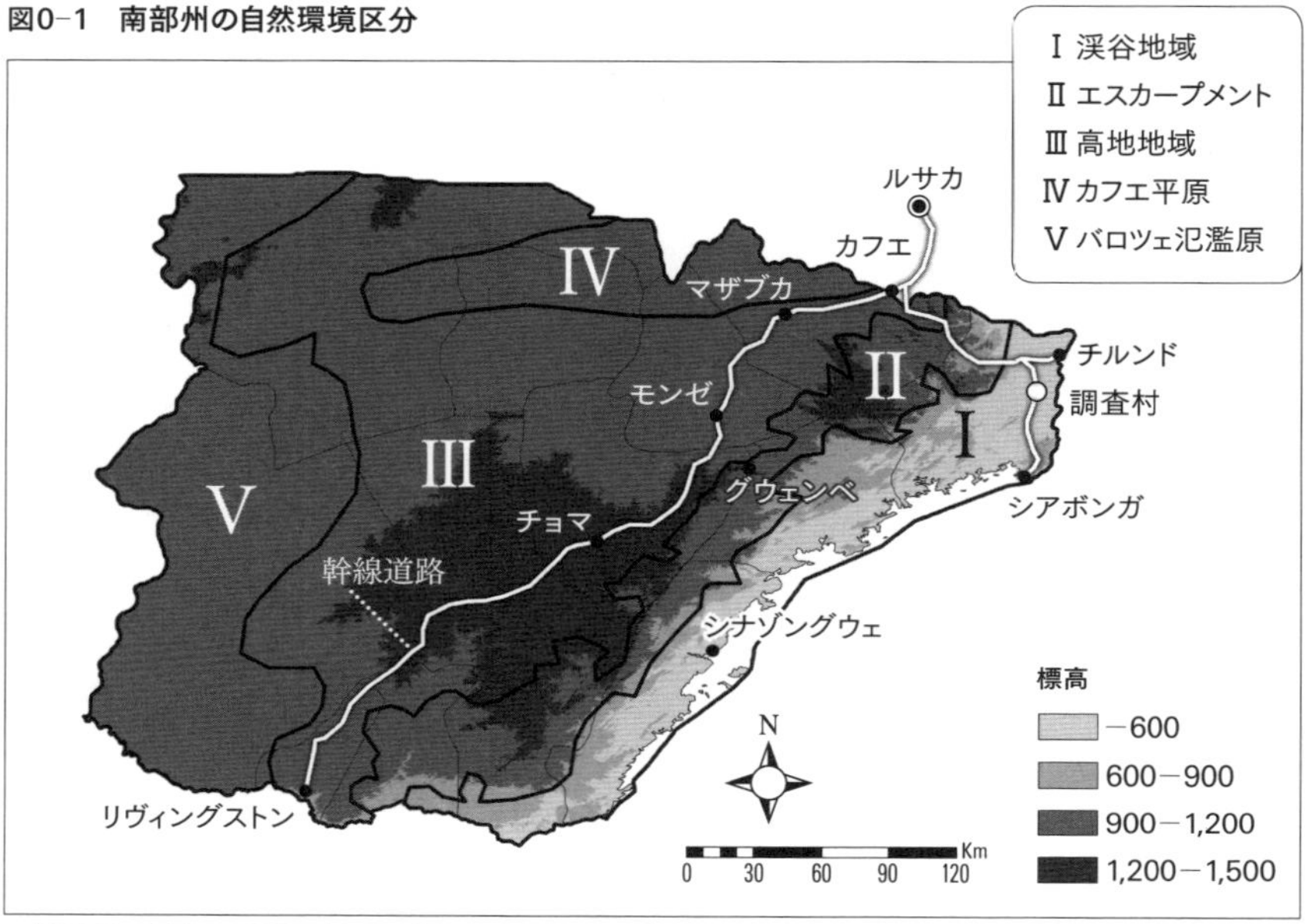

＊標高データは，ASTER GDEM（METI and NASA）を利用した.
出所：FAO［1993］をもとに筆者作成.

表0-2　南部州の地域区分別にみた特徴

特性	Ⅰ 渓谷地域	Ⅱ エスカープメント	Ⅲ 高地地域	Ⅳ カフエ平原	Ⅴ バロツェ氾濫原
標高（m）	400−650	650−1,500	1,100−1,400	1,000−1,100	900−1,100
年間降雨量（mm）	600−800	600−800	800−900	900−1,000	700−900
栽培可能時期（日）	110−120	110−120	120−130	120−130	100−120
雨季の日照り頻度（日）(＊1)	3−5	3−4	3−4	2−3	4−5
土壌肥沃度	貧弱−並	貧弱	貧弱−良好	貧弱−良好	貧弱
土壌排水度	難−過度	良好	良好−過度	難	過度
人口密度	中−高	低−非常に低い	高い	低	非常に低い

＊1　10日間で降雨量30mm未満が起こる頻度.
出所：FAO［1993］より筆者作成.

一方で、調査地が位置するシアボンガ県は、ほとんどが渓谷地域に区分される。渓谷地域には、ほかにグウェンベ県とシナゾングウェ県が含まれる。渓谷地域一帯は、グウェンベ・トンガの主な居住域になっている。この地域は、ザンビアのなかでも最も標高が低く、年間降水量も少ない地域である。干ばつが頻繁に起こり、土壌も肥沃でないため、農業環境としてはあまり優れているとは言えない。実際に、高地地域やカフエ地域ではトウモロコシが主食として栽培されているが、渓谷地域ではより耐乾性に優れているモロコシ(sorghum)やトウジンビエ(pearl millet)が主に栽培され、不安定な降水量に対応している。国際機関が行った高地と渓谷地域の農業生産比較によると、高地地域では主食のほかに炭水化物源である根茎作物栽培も行われており、食糧供給が安定して農業生産からの現金収入も高いのに対し、渓谷地域では生産量は高地より低く、平均的な降水量の年でも自給できる世帯が少なく、農業生産からの現金収入も少ないと報告されている[FAO 1993]。

渓谷地域の気候は、乾季と雨季が明瞭に分かれている。雨はだいたい一一月の初めから降り始め、四月頃まで雨季が続く。五月から七月頃までは比較的冷涼な乾季で、九月から一〇月までの乾季後半が一年のなかで最も暑い時期である。最高気温が四〇度に達することもしばしばで、この時期の日中は、調査村の人も外を出歩かず木陰で涼んで休む。夜も眠れないほどの暑さであり、外に寝具を持ち出して寝る人も多い時期になる。

図0-2は、農業省ルシト支所(巻頭地図参照)で観測された調査村一帯の年降水量の変動を示している。雨季が年をまたぐため、例えば二〇〇七年一一月の雨季から翌年八月までの降水量を「二〇〇七/〇八年度」と表記している。一九七四年から二〇〇九年度までの平均年間降水量は六三〇ミリであり、図はこの平均値からの差を示している。この地域では年変動が激しく、六〇〇ミリを下まわる年も少なくない。**図0-3**は

図0-2　調査村一帯の降水量の変動

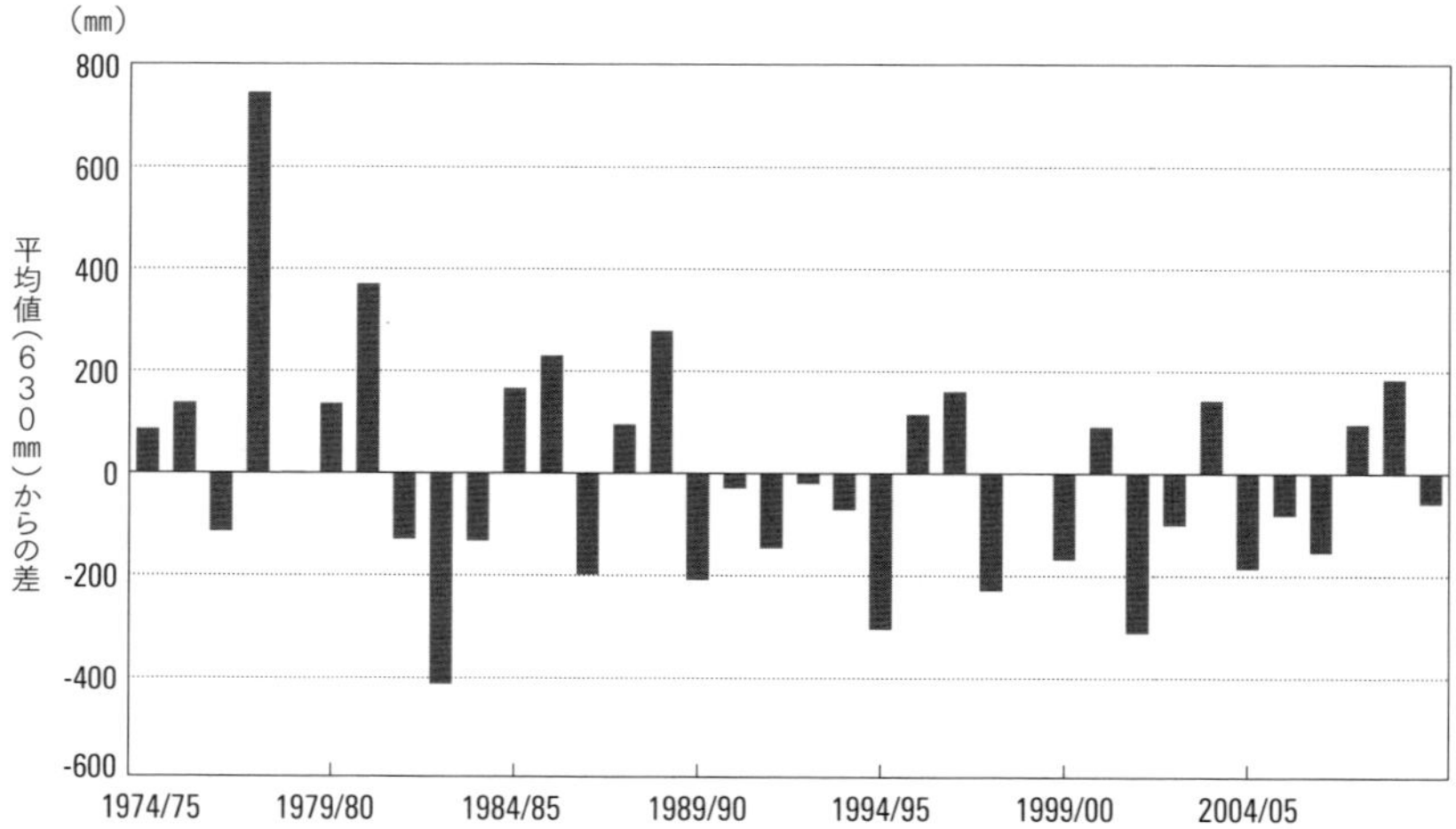

＊1974/75–2009/10年の平均値630mmからのずれを示す．1998/99年のみ欠損値．
出所：農業省ルシト支所の観測値より筆者作成．

図0-3　シアボンガと調査村一帯の降水量の比較

出所：シアボンガ，調査村ともに農業省の観測値より筆者作成．

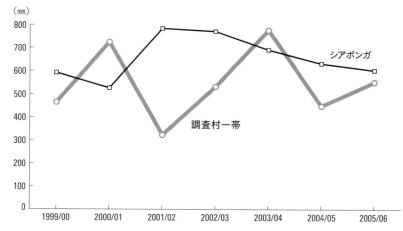

一九九八／九九年度から二〇〇六／〇七年度の降水量を県庁所在地シアボンガと比較したものである。この期間中、シアボンガの平均年間降水量は六五八ミリであったのに対し、調査村一帯は五四六ミリであった。シアボンガが平均して六〇〇ミリを上まわるのに対し、調査村一帯は同じ県内でも降水量の年ごとの変動が激しく、不安定であることがわかる。このように調査村一帯の地域は標高が低いため気温が高く、降水量が不安定であるという特徴を持っている。

三……各調査年における調査概要

写真0−1
村に滞在しているときに私が寝泊まりしていた小屋.

第一回目の調査は、二〇〇六年八月から二〇〇七年三月までの八カ月間に行った。これ以降のすべての調査期間において、シャバンバ村の村長であるエリージャ・ハレンガ氏の家に滞在している。ハレンガ家の屋敷地内にある小屋で寝泊まりし(**写真0−1**)、食事もすべてハレンガ一家と同じものを食べ、生活をともにしていた(**写真0−2**)。

この第一回目の調査から、ハレンガ家の隣に住むラフォード・ムデデ氏に調査

写真0–2　ハレンガ家と近所の人びとと一緒に．

助手をお願いした。すべての調査期間において、ほとんどのインタビューは彼の同席のもとに行っている。

二〇〇六年八月から二〇〇七年三月までの第一回調査において行ったことは、世帯調査と出稼ぎ労働に関する調査である。世帯調査では、世帯主を中心に聞き取りを進めたが、配偶者の女性も在宅していた場合は同席してもらった。内容は、世帯構成員の性別、出生年、学歴、結婚歴などの基本情報に加えて、世帯主が結婚した年や、牛の所有、昨年度栽培した農作物や収穫の状況、出稼ぎ労働の経験の有無である。乾季の終わりには、全世帯の圃場をGPS受信機を用いて計測し、各世帯の土地面積を把握した。

次に、最初の聞き取り調査をもとに、都市に働きに出たことのある者をリストアップし、各自の都市での経験に関する話を聞いてまわった。出稼ぎに出た年や理由、行き先、移動先での職業、仕事の見つけ方、移動先での生活、村に戻ってきた時期、村に戻った理由などを質問した。ここでは、インタビューの途中に、配偶者や子どもを交えて、年代を思い出したり、都市での暮らしの思い出について語ったり、ということがよくあった。また、雨季の最中には、ハレンガ家の畑や、他の村人の畑に出かけ、農作業を一緒にしながら観察を行い、栽培作物の種類や作業工程について記録をとった。また、出稼ぎに関するインタビュー結果から、シアボンガという近郊の町が主要な移動先であることがわかったため、二〇〇七年一月には調査助手とともにシアボンガに短期滞在し、調査村からシアボンガに出稼ぎに来ている世帯に対するインタビューを行った。このとき、シアボンガの行政機関や農業省なども訪問し、町の概要について聞き取りを行った。

第二回目の調査は、二〇〇八年八月から二〇〇九年三月までの八カ月間に行った。この調査での私の関心は、なぜ個人や世帯ごとに異なる生計活動に従事するのか、ということであった。私は単に資本や財による規定だけでなく、その所得源を持つに至った意思決定の裏側にある文脈や社会的な出来事を知ることが大事なのではないかと考えていた。そのためこの調査では、全世帯に対する基本的な項目の聞き取りのほかに、ライフヒストリーの聞き取りを行った。生まれてからどこに住み、どこへ移動し、現在に至るまでどのような経験をしてきたのか、ということを自由に話してもらい、現在の状況がどのような要因によってつくられてきたのかを動態的に把握しようと試みた。そして、ピースワーク（piecework）と呼ばれる一時的な賃金労働の形態が、調査村の多くの世帯の日々の生計に影響力を持っていると考えられたため、ピースワークをよく行う者、雇用主となる者に対して、ピースワークの記録を依頼した。

短期調査となった第三回目は、二〇〇九年八―九月の一カ月間に行った。この調査では、短期間だったこともあり、農業や収穫物に関する聞き取り、現金稼得手段の状況に関する調査、そして前回調査の補足を行った。

翌二〇一〇年六—八月に行った第四回目の調査では、調査村や調査村一帯の集落が利用する市場で経営されている商店やレストラン、酒場などを対象とした聞き取りを行った。売っているモノの種類や雇用労働者の有無、許可証の有無やおおよその売上などを聞き取りした。また、商売を始めた経緯を探るために、ライフヒストリーの聞き取りを行った。さらに、同期間中にシアボンガを訪れ、主産業である漁業と観光業の事業主に対する聞き取り調査を行った。二〇一一年八—九月には、一週間ほど調査地を訪れる機会を得たため、補足調査を行った。

二〇一三年一月から二月にかけて再びシアボンガを訪れ、漁業と観光業に関する補足調査と、最大のインフォーマル居住区であるカニエレレ・コンパウンドにおける世帯調査を行った。

第一章

揺らぐ「都市」と「農村」

——ザンビア政治・経済史

首都ルサカの風景．

はじめに

ザンビアはサハラ以南アフリカのなかでも都市化率の高い国の一つである。現在のザンビアにおける主要な都市は、植民地時代の国内銅鉱山の発見と、それに付随する農村部からの人口移動によって支えられてきた。これらの都市は、サウゾールが分類する都市の二類型のうち、典型的なBタイプ(植民地支配の都合にあわせて上からつくられた都市)に分類できる[Southall 1961]。

ザンビアの首都ルサカには、一九三七年にイギリス植民地政府によってローズ・リヴィングストン研究所(現在はザンビア大学経済社会研究所)が設立された。植民地期の早い段階で都市化を経験してきたザンビアでは、この研究所を拠点として、多くの人類学者らがアフリカ都市研究の礎を築いてきた。そして、独立以降の都市偏重的な国家開発政策、構造調整政策の実施と都市経済の悪化、というアフリカ諸国の多くに共通する都市形成史を経験してきた。このようなことから、地理学者のポッツは、ザンビアをアフリカ都市研究にとって「象徴的な」国と表象している[Potts 2005: 583]。

ザンビアにおける主な都市化は銅鉱山が連なるコッパーベルト周辺や首都ルサカにおいて起こってきた。都市化のプロセスは農村部からの人口移動と深く関わってきた。農村部から都市への人口移動は、国家政策や都市の経済状況、農村部の経済環境等、都市・農村双方の社会経済変動との関わりから発生し、ザンビアにおける社会・経済変動を端的に表すものの一つと言える。そのため、都市研究だけでなく、都市—農村関係にとっても、ザンビアは興味深い事例を提供してくれる。

本章では、①植民地支配の開始から第二次大戦まで、②第二次大戦から独立まで(一九四五—一九六四年)、③

独立から一九七四年まで、④一九七五年から二〇〇〇年まで、⑤二〇〇一年以降の五つの時代に分け、ザンビアの社会経済史を特に都市化や人口移動に注目して概観する。

第一節 植民地支配の開始から第二次大戦まで

一……南部アフリカの労働移動システムにおける北ローデシアの周縁性

植民地化の歴史において、ザンビアを含む南部アフリカ一帯は、東・西アフリカの歴史と大きく異なっている。一八六七年のキンバリーにおけるダイヤモンド鉱山の発見、一八八六年のヨハネスブルグ近郊における金鉱山の発見という出来事が、南アフリカでの入植型植民地の発展を推進した。これがきっかけとなり、南部アフリカ全体を巻き込んだ労働移動システムが形成されていったのである［小倉 2009: 4–5］。南アフリカでの鉱物資源の発見にともない、さらなる資源を求めてイギリス南アフリカ会社による領土の拡大を目指した北進が始まった。一八九〇年にはイギリス南アフリカ会社は、現在のザンビア西部州周辺に居住するロジ王国の王レワニカと協定を締結し、勢力下に置いている。また、現在のジンバブウェに位置するマタベレ王国やマショナランドを次々と征服し、一八九三年には南ローデシアを成立させた。イギリス南アフリカ会社のセシル・ローズは、鉱物資源が豊富なカタンガ（現コンゴ民主共和国南部）を手に入れることを狙っていたが、そこまで到達することはできず、北ローデシア(現ザンビア)が支配の北限となった[小倉 2009: 5]。

小倉[2009]は、この植民地化の過程において、南部アフリカ域内の相互依存関係が形成されてきたことを指摘している。他のアフリカ諸国では、第一次大戦後、宗主国への資源供給を安定させるために、原材料・商品生産に特化していた。そのため宗主国と植民地の相互依存関係は強まるが、植民地間の関係は発展しない。一方で南部アフリカ地域には、南アフリカをはじめ、南北ローデシアへの白人人口の流入と、外国投資の流入が起こっていた。一九一〇年の南アフリカ連邦成立時には、南アフリカの白人人口は一〇〇万人を超えるほどになっていた。また、南ローデシアでは、鉱山における食糧需要の増加に応えるため、白人による大規模農業が発展しつつあり、南アフリカやイギリス本国から入植者が募られた。このような南部アフリカにおける白人人口の多さは、他のアフリカ諸国にはみられない購買力のある人口と国内市場の存在を意味していた。そのため、輸入代替産業化とそれによる現地資本蓄積が可能になっていた。南アフリカ経済の発展は、砂糖プランテーションや、鉱山における労働需要を増加させた。しかし、南アフリカ内部だけではまかないきれず、その後の南ローデシアの鉱山やプランテーションにおける労働需要も加わり、南部アフリカ全体を巻き込んだ出稼ぎ労働が活発化したのである。このように、南部アフリカでは商品の流通、労働力移動、輸送手段の発展によって、域内の相互依存関係が形成されてきたのである[小倉 2009: 9–10]。

このなかで、北ローデシアは労働力供給地として、周縁に位置づけられてきた。一九二四年まで、内陸に位置する北ローデシアの経済開発はほとんど放置されていた[星・林 1988: 153]。つまり、イギリス南アフリカ会社にとって、北ローデシアはカタンガの鉱山や南ローデシアへの労働力供給地として位置づけられてきたのである。(1) 一九〇三年以降は、ローデシア原住民労働局(Rhodesian Native Labour Bureau)が設置され、鉱山経営に必要な労働力を北ローデシアで徴募し、南ローデシアへと送り込むというシステムが確立した[Parpart

1983: 31]。

二……労働力供給地から国内移動への遷移

このように南ローデシアの「付属物」にすぎなかった北ローデシアは、一九二〇年代、一転して中央・南部アフリカにおいて経済的に重要な地域へと変貌する。それが、銅鉱山の発見である。一九二七年、ルアンシャとンカナ地区において、大規模な鉱山開発が始まり、(2) 一九三九年までには、ムフリラやチャンビシやカンサンシなど国内の北部(現在のコッパーベルト州一帯)での鉱山開発が進展した。当時、欧米での自動車工業の発達を受けて銅の需要が増大していたこともあり、北ローデシアでの銅鉱山発見は脚光を浴びていた[星・林 1988: 154]。

一九二九年には、イギリス・南アフリカ資本のローデシア・アングロ・アメリカン社と、アメリカ資本のローデシア・セレクション・トラスト社という二つの国際企業グループが鉱山開発に乗り出した。この鉱山開発によって、一九二七年には約八〇〇〇人だったアフリカ人鉱山労働者は、一九三〇年までには約三万二〇〇〇人へと急増した[Ferguson 1999: 49]。

この鉱山開発の初期段階において、鉱山での労働力は二つの方法で確保されていた。一つは、契約労働システムであり、リクルートエージェントを村落へ派遣して村人を雇う方法である。もう一つは、自ら鉱山へ働きにやってきた人びとを直接的に雇う方法である。後者の方法は、鉱山会社にとってはより賃金が安くすみ、労働力を簡単に調達できる方法であった。一九二〇年代後半や一九三〇年代初頭は、ほとんどがこの方法によって調達されていた。しかし、一九三〇年代の鉱山開発と建設ブームによって、鉱山会社は契約労働により大量の労働力を確保することが必須となった。一九三一年には、三万人中、一万九四二人が契約労働であったと言われている(3)[Ferguson 1999: 49]。

この時期の北ローデシアは、南ローデシアへの労働移動よりも国内労働移動が主流になり始めていたが、国外への移動がなくなったわけではなかった。むしろ、一九三三年には、国外への移動労働者は六万人、一九三七年には七万五〇〇〇人と増加傾向にあった。この理由として、北ローデシアの賃金が他の英領アフリカと比べて低かったため、依然として国外への労働移動が続いたことが指摘されている[小倉 1995: 17]。また、特に南部州のトンガの人びとは、植民地期初期から継続して南ローデシアへの出稼ぎを行ってきたことが知られている[吉國 2005: 75]。

一九二〇年代以降の国内での鉱山開発にともなって、コッパーベルト州や鉄道沿線地域において非農業人口が増加していった。鉱山労働者らの食糧需要を満たすため、トウモロコシ生産の商業化が始まった(4)。イギリス植民地政府(5)は、一九二九年、王領地(Crown Land)と原住民居留地(Native Reserve)に土地を区分する法令を制定し、農業の輸出に有利な鉄道沿線や鉱山資源が埋蔵される地域を王領地として指定した。一九三〇年には、土地分配制定法が施行され、王領地は土地保有証明書を介して取引される私有地として扱われるようになった。これにより六万人のアフリカ人が土地を追われることになり、原住民居留地へと移動させられた(6)[大山 2009: 150–151]。

植民地政府は王領地への白人の入植を促進し、白人入植者による大農場部門が確立した。大規模なトウモロコシ生産が行われたことで、鉱山だけでなくトウモロコシ生産部門においても出稼ぎ労働者は必須となった。南部州に居住し、調査地の主要民族でもあるトンガの人びとは、大農場への出稼ぎ労働者になるとともに、自らもトウモロコシ生産の商業化に乗り出した。特にマザブカ県、チョマ県、モンゼ県に居住する高地トンガはトウモロコシ生産の商業化にいち早く着手し、利益をあげていた。南部州は鉄道沿線地域に位置し、白人大農場からの技術移転や、牛耕による生産の拡大が可能となったことなどの条件があいまって、ザンビアでは例外的に早くから農業の商業化が行われた［児玉谷 1993］。この農業技術の進展には、南ローデシアへの出稼ぎ労働による貯蓄が背景にあったとも言われている［吉國 2005: 77］。一方で他州においては、この時期、農村から鉱山都市への大量の労働力の流出によって、農村の農業生産は低く抑えられたことが報告されている［Richards 1969］。

このような状況のなかで、アフリカ人農民と白人大農場との競争を恐れた植民地政府は、一九三六年にトウモロコシ統制局（Maize Control Board）を設立し、トウモロコシの流通・価格決定を独占的に行うこととなった。これにより、アフリカ人農民と白人農場主との間で出荷量と価格は別々に設定されるようになり、大規模な商業的農業経営を行う少数の白人入植者と、自給的農業を行う大多数のアフリカ人農民という二重構造が格差をともなって強化されるようになった。そして法定機関が固定価格で農産物を独占的に売買するという形での流通の統制は、独立以降も引き継がれることになる［児玉谷 1993］。

一九三一年、世界恐慌にともない、銅価格は急激に下落した。銅価格の低迷による多大な経済的損失に直面し、鉱山会社は経営を縮小させた。一九三一年から、鉱山の停止や新たな鉱山開発計画の休止などが相次いで起こり、アフリカ人の鉱山での雇用は、一九三〇年九月には約三万二〇〇〇人であったのが、一九三一年九月には約一万九〇〇〇人、一九三二年末には約六七〇〇人にまでに減少した［Ferguson 1999: 51］。

この経済低迷期に至るまでの期間は、ザンビアにおいてコッパーベルトを中心として都市化が進み始めた初期段階と位置づけられる。この時期、前述したように、鉱山やプランテーションに必要な労働力は農村部から調達されていた。植民地政府は、家屋税や人頭税を導入することにより、それまで自給自足的な生活を営んでいた人びとに現金収入が必要な状況を生み出し、人びとを賃金労働へと構造的に組み込んできたのである。

多くの先行研究において、初期の労働移動は、男子単身の短期還流型の出稼ぎ労働として特徴づけられている。男性の移動者は、概して妻子を農村に残して単身で都市へ働きに行くことが指摘された[Heisler 1974]。そして彼らは、都市には定住せず、一定期間働いて目標の金額を稼いだ後、農村へ戻って行くと考えられた。彼らの扶養者の養育や退職後の生活保障などは農村が担うことによって、都市労働者の賃金を低く抑えることが可能になっていた。また、鉱山会社は、既婚者を雇用することに積極的でなく、妻子を扶養する費用の支払いをためらっていることを指摘した研究もあった[Parpart 1983]。

第二節　第二次大戦から独立まで

一……経済発展とローデシア・ニヤサランド連邦の結成

第二次世界大戦後のザンビアは、コッパーベルトを中心とした都市人口の急速な増加を経験する。この期間、銅生産は、一九四五年の一九万四〇〇〇トンから一九六四年の六三万三〇〇〇トンへと増加し、アフリカ人向けの雇用機会は、二万八〇〇〇人から三万八〇〇〇人へと増加している[Parpart 1983: 167]。第二次大戦後、アフリカ人に対する植民地政府の農業開発も一部に見られるようになったが、それは一部の先進地域に限られていた［児玉谷 1993］。一般的には、農村部の住民は、好調な銅産業への労働移動が奨励されており、伝統的農業以外の所得源は限定されていたと言える［Anderson et al. 2000: 10］。

この時期は、ザンビアだけでなく、産業発展に後押しされて南部アフリカの諸都市においても同様に都市化が進行していた。特に、南ローデシアでは、戦後に復員軍人を含む大量のヨーロッパ系移民が流入し、南アフリカやイギリス本国から、多額の資本が投資されていた。一九四五年には八万人だったヨーロッパ系人口は、一九五四年には一五万人以上に増加していた［島田 2007: 147］。これらのヨーロッパ系移民がもたらした資本は、一九四六年から一九五三年までの間に年間三一四〇万ポンドに及んだとされる(7)［星・林 1988: 198］。

このような、北ローデシアにおける銅産業の好況、南ローデシアにおける鉱業や製造業、商業農業部門の発展・拡大という二つの状況は、政治的変化を引き起こした。それが、一九五三年四月のローデシア・ニヤサランド連邦（通称イギリス領中央アフリカ連邦）の結成である(8)。この連邦結成には、南ローデシアの二つの意図があったと言われている［星・林 1988; 島田 2007］。一つは、成長を続けていた南ローデシアの鉱業、製造業、商業農業部門への労働力需要の増加に応えるために、北ローデシアとニヤサランドから低賃金労働力を効率的に調達することである。もう一つは、前述したように好調な銅生産を背景として成長しつつあった北ローデシアを、南ローデシアの製造業のための市場として、製品の販路を確保することである。つまり、南ローデシアの製造業、商業農業生産、北ローデシアの銅鉱業と労働力、ニヤサランドの労働力という経済的に相互依存関係を持つ三地域を政治的に統合し、効率的な経済成長を図ることを期待していたのである。

ローデシア・ニヤサランド連邦は、一九六四年のザンビア独立によって解体するが、連邦結成にともなう変化として本書と関わる重要な点は、調査対象地の主要民族であるトンガの人びとの生活に甚大な影響を与えたカリバダムの建設とカリバ湖の誕生である。一九五五年、ローデシア・ニヤサランド連邦の首相は、南北ローデシアにまたがるザンベジ河の下流においてダム建設を進めることを発表した。ダムは、北ローデシアの鉱山と、南ローデシアで成長していた製造業等の産業に電力を供給することを目的とすると同時に、成立まもない連邦政府の威信を示すシンボルとして計画されていた[Colson 1971]。カリバダムの建設は、世界銀行や他の国際銀行から融資を受け、イタリアやフランスの企業が計画に携わり、タンザニアやマラウィからも労働力が動員されるなど、国際色豊かなものであった。また、南北ローデシア鉱山の顧客は、イギリス、アメリカ、南アフリカなどの諸外国であり、カリバダム建設による鉱山への安定的な電力供給は偉業として世界的な注目を浴びていた。この「偉業」によって、後述する調査村の人びとを含めた五万七〇〇〇人ものグウェンベ・トンガの人びとが故地を追われることになり、彼らの生活を変化させる要因となったのである。

二……「都市民」は生まれるのか？

ザンビアにおける第二次大戦終戦から独立後の一九七五年まで続く経済発展は、革新的であり、「アフリカの産業革命 African Industrial Revolution」と称されたほどであった[Gluckman 1961]。この経済成長のなかで、都市人口は独立後に至るまで飛躍的に増加した。

この時期の銅生産拡大にあたって、政府や鉱山会社はより安定的な労働力の確保のために、永続的な都市アフリカ人居住区の必要性をこれまでより強く感じるようになっていた。実際に、一九四八年から一九六四年の間に、鉱山会社と北ローデシアの公的機関によって、一〇万戸のアフリカ人用住居が都市部に建設され、レクリエーション施設、福祉施設の建設も相次いだ[Ferguson 1999: 66]。

アフリカ人都市居住に関して、最終的に政治的な容認を得たのは一九六四年の独立時であったが、この時期の居住政策の変化は明らかであった。前記のような、アフリカ人居住区、福祉施設の充実化が進展し、都市での永続的な居住が公的に許容され始めたことを背景に、男子単身の還流型労働移動が徐々に減少し、都市定着化への移行が始まったと指摘されるようになった［Cliffe 1978; 小倉 1995］。この定着化は、鉱山周辺のコンパウンドにおける既婚者数の増加や、人口に見られる性比バランスの改善、就業期間の長期化、離職率の低下等によって裏づけられた。

これまで、還流型労働移動という形態をとり、最終的に農村に帰っていく都市労働者像が描かれてきたなかで、この定住に向けた変化は永続的な都市化（permanent urbanization）への遷移であると考えられた。そこで想定されていることは、労働者たちが故郷の農村とのつながりを断ち切り、「都市民」となることである。一九五〇年代後半までにはすでに、「ほとんどの鉱山労働者は、完全にプロレタリアート化されていて、彼らの長期的な生活保障を賃金や年金に依存していた」とするパーパートの記述がある［Parpart 1983: 152］。循環的な農村―都市間移動は、一九六〇年代までには大部分が過去のものとなってしまったとの見方が強まっていった［Bates 1976; Parpart 1983］。このような研究では、コッパーベルトの労働者階級を、還流型労働移動と永続的な都市住民という二つの相に直線的・進化論的に位置づけている。つまり、初期のフェーズは循環型で短期滞在型の労働移動による都市化であり、最終的なフェーズは都市に永住した人びとによって構成される都市化である。

一方で、ザンビアにおける都市化と労働移動が、第二次大戦前までは循環型の男子単身の出稼ぎ労働に特徴づけられ、戦後そして独立以降は都市への定着化が進むという従来の理解の枠組みに異論を唱えたのがファーガソンの研究である。ファーガソンは、一九三〇年代にはすでに都市への移動や都市居住のパターンには多様性と複雑性があったことを提示している[Ferguson 1999]。彼は、鉱山企業や植民地政府は居住や移動の規制によって男子単身の還流型移動を促進し、それによる低賃金労働の恩恵を受けていたとする先行研究の主張に対し、鉱山会社が早い段階からアフリカ人の永住化に取り組んでいたことや、既婚者を受け入れていたという事実を示した。また、「短期間」しか仕事に就いていないのは、人びとが農村と都市を行ったり来たりしているという事実のみを示すのではなく、実際には、コッパーベルトの都市間を移動し、職を転々とする人びとも多かったことを示していると主張し、これまでの単純化された見解に対する再解釈を提示した[Ferguson 1999]。

人類学の分野においては、社会関係や組織といった観点から同様の議論が繰り広げられてきた。「近代化」を経験していた当時の北ローデシア、特にその社会変容の中心に位置するコッパーベルトにおいては、「伝統的」な生活を送っていたアフリカ人たちが、「近代化」にどのように「適応」するのかに焦点を当てた研究が多く行われてきた[Epstein 1960; Gluckman 1961; Mitchell 1956]。この「適応」プロセスの議論においては、都市に出稼ぎにやってきたアフリカ人たちが「部族民 tribesmen」であり、都市とは西洋的で「近代化」された人びとの集まりである、という対置的な考え方が前提にある。そのため、適応の過程において、人びとは「脱部族化 detribalization」するものと想定されている。これらの研究では、人びとの行動規範や社会関係のあり方をもとに、先の都市化モデルにおける還流型労働移動から永続的な都市化への転換を検証しようとする試みが行われてきた。

例えばグラックマンは、「脱部族化」の過程はゆっくりと長期的に起こるのではなく、人びとは町へ行き村との境界を越えれば「脱部族化」し、部族の政治領域に戻れば再び部族化(「脱都市化」)するのだと主張した[Gluckman 1961]。そして、グラックマンの研究を発展させたエプシュタインは、都市化のプロセスのなかで部族的なものが消失しているというのは誤りであり、都市の内部にあっても、日常・家庭的なことに関する関係においてはアフリカ人たちが「部族的」な関係を保っていることや、部族的な権威や組織に敬意を払っていることを提示した［Epstein 1960］。その一方で、アフリカ人たちが、都市生活に必須である労働や政治の場面においては、部族主義や部族的な関係を切り離していること、部族的な関係性とは関係なく組織を編成できることを提示し、状況に合わせてそれらを選択していることを主張した（状況的選択）。エプシュタインは、部族的なシステムと近代的なシステムとが「都市」内部のさまざまな状況において使い分けられていることを指摘し、その矛盾や非連続性はさらなる社会調整と変化への契機を提供していることを主張した［Epstein 1960］。同様の研究群にあるミッチェルの研究も、都市の内部において部族的な慣習が維持され、再解釈されていることを示している［Mitchell 1956］。

独立以降の都市住民の定住化にともなう変化のなかに、鉱山労働者の組織化が含まれる。一九四九年にはアフリカ人鉱山労働組合が結成された［星・林 1988: 211–212］。エプシュタインがルアンシャの事例で取り上げたように、この鉱山労働者の組織は、ヨーロッパ人経営の企業に対するボイコットを実施し、鉱山会社との給与をめぐる交渉を行うほどに力をつけていたという。この鉱山労働者組合の労働運動が政治運動と結びつき、一九六四年の連邦からの離脱、北ローデシアの独立へとつながった［島田 2007: 150］。このように、この時期の都市への労働移動とコッパーベルトの鉱山労働者たちに関する研究の主な焦点は、急速な都市化のなかでのプロレタリアート化や近代・都市部門への適応プロセスにあった。

第三節　独立から一九七四年まで

一……爆発的な都市化と農村との所得格差

第二次大戦以降、好況を維持していたザンビア経済は、独立以降、国際的な銅価格の高騰により「黄金期」と呼ばれる期間を迎える[Anderson et al. 2000: 11]。独立後のザンビアは、植民地時代から続いてきた銅の生産・輸出に依存する単一産品経済を受け継いでいた。また、農業部門においては、白人による商業農業部門とアフリカ人小農部門という二重構造を抱えていた。政府は、銅産業への依存と、農業における二重構造からの脱却を目指して、経済の多様化、農村開発を謳った第一次国家開発計画(First National Development Plan, 一九六六―一九七一年)を策定する。

独立から一九七四年までの間、銅鉱山部門はＧＤＰの二三%から四八%を占める一大産業部門であり続けた[Anderson et al. 2000: 11]。銅産業を財源として、政府は「輸入代替工業化」に基づく開発政策を採用する。政府の後押しにより、この時期、食肉加工、乳製品加工、繊維産業などが飛躍的な成長を遂げた。これらの輸入代替工業化政策は、多くのアフリカ諸国同様に、国家の強いイニシアティブによって推進された。一九六八年のムルングシ宣言では、ザンビア国籍を持たない者への商業許可を制限したり、製造業の企業を政府所有の産業開発公社(ＩＮＤＥＣＯ：Industrial Development Corporation)の傘下に編入する、などの取り決めがなされた。また、翌年のマテロ改革では、鉱山会社の株式の五〇％以上を政府が取得することとなった。このように国家による産業開発への強い介入と管理によって、経済ナショナリズムが浸透した。こうした国営企業の設立とともに、ザンビア人労働者の熟練化も進められ、独立以前から存在したコッパーベルトや鉄道沿線地域の雇用機会の優位性はこの時期にさらに強化され、都市への人口流入をよりいっそう促進した。独立前後の全人口に対する都市人口比率をみると、一九六三年は二〇％であったが、一九六九年には二九％、一九七四年には三五％と増加している。人口五万人以上の都市に居住する人口は、一九六九年には一一二万人、一九八〇年には一七六万人に膨れ上がった[9][Ferguson 1999: 66]。都市人口の年平均増加率は、八・九％(一九六三―六九年)、六％(一九六九―八〇年)と高水準で推移した。一九六九―八〇年の農村人口増加率は一・六％であり、都市人口の成長はこれをはるかに上まわっていた。特にルサカにおける人口増加率が高く、一三・四％(一九六三―六九年)、六・八％(一九六九―八〇年)と高い数値を示していた[小倉 2009: 87]。

独立後の都市の人口増加と、国営企業の設立等による新たなザンビア人エリート層の出現によって、政府にとって都市住民の生活の安定は政治的にも重要な課題になった[児玉谷 1993: 82]。政府は、都市消費者物価を補助金や物価統制によって管理し、都市住民の生活を安定化させる政策を実施した。例えば、政府は一九六五年に「適正価格 fair price」政策を打ち出した。これは、都市住民の食糧価格安定化のために穀物の買い上げ価格を引き下げる政策であった[島田 2007: 152]。第一次国家開発政策には、農村・農業開発の重要性が指摘されているものの、こうした「都市偏向」政策の実施は、農業部門の発展を阻害し[10]、都市と農村の所得格差を拡大させていた[McCulloch et al. 2001: 2]。

このような農産物の価格統制を支えていたのは、「国家農業マーケティング・ボード National Agricultural Marketing Board」(以下、ナムボード)の存在である。ナムボードは、一九六九年に設立された農業流通制度における国の統制機構である。植民地時代の農産物マーケティング・ボードは、トウモロコシと落花生のみを買い付け、白人大農場と商業化したアフリカ人農家のみを対象としていた。独立後、複数のマーケティング・ボードが設立され、白人農場に限定されていた農産物流通サービスを、鉄道沿線以外の諸州にも拡大し、商業農業生産を促進することが目指されていた。ナムボードは、農業大臣が該当製品として指定する農産物を独占的に売買するだけでなく、全国の農業生産の投入財、生産財の流通を一元的に統括する機能を担っていた［児玉谷 1993: 91］。このようなナムボードの機能を利用し、政府は、一九七〇年代初頭に全国均一固定価格制度を導入した。都市部へのアクセスが悪く、輸送費がかさむ遠隔地においても固定価格で買い上げることによって、商業農業生産を振興するとともに、都市労働者へのトウモロコシを安く供給することが狙いであったと言われている［島田 2007: 156］。これらの農業補助金の増加は、当然、銅輸出の好調によって維持される政府財源に支えられており、後述するような経済危機によって破綻を迫られることになる。

二……持続する都市と農村の紐帯

前節で述べた都市化プロセスのなかの労働移動による都市化と、都市に永住する人口による都市化という二つのフェーズの議論のなかで、独立は後者への移行のきっかけになるイベントと考えられていた。実際に、第二次大戦以降に見られた出稼ぎ労働者の定住化は、独立によってさらにその傾向を強めることとなる。アフリカ人の移動に関わる制約の完全な撤廃や、都市部の賃金上昇という政策によって、都市で家族とともに暮らすことがより実質的な意味で可能となっていたからである。さらに小倉［1995］は、この時期に都市定着化が促進された要因として、労働人口の増加に対する雇用機会の相対的減少を指摘している。つまり、雇用機会の相対的な減少によって都市の労働市場への新規参入は難しくなり、一度就業機会が得られた際はその職を維持し続けようとする傾向が現れたのである。

しかしながら、都市に妻子をともなって一定期間定住した人びとが農村へ再び帰っていくという現象が報告され始めると、定住期間が長くなったことと、完全に都市に永住することとの違いが認識されるようになり、永続的な都市化への移行は疑問を呈された。例えば、ベイツの一九七一年の調査では、調査対象者の八七・五％は村で退職後の余生を過ごす意思を示しており、都市にそのまま居住すると答えたのはわずか八・五％であった(11)［Bates 1976: 183］。また、ファーガソンは、およそ六七〇人の鉱山労働者の退職金に関する記録から、一九六〇年代に鉱山を後にした労働者たちのおよそ八割が一九八〇年代の時点で農村や地方の中小都市において退職金を受け取っていることを示した。彼は、一九六〇—七〇年代において、退職後の農村部への帰村が依然として重要であり、単純に永住化への移行とは考えられないことを指摘した［Ferguson 1999: 72］。小倉［1995］は、この退職後の帰村に関しては、フォーマルセクターの労働者に顕著な傾向であると述べている。退職後も年金制度などによって都市に居住し続けることができる者は限られている。特に、鉱山労働者の場合は、住居も会社によって提供されたものであるため、退職後はそこには住み続けることができない。一方、ザンビアでは、一度故郷の農村を離れても、出身地やそれ以外の場所で土地を得ることは比較的容易である。そのため、都市を離れて農村で農業を営む方が、安定した生活が送れるのである［小倉 1995: 34–35］。小倉自身が一九八七年にコッパーベルトのムフリラで行った調査でも、永住を志向する者は全体（六九人）の一〇％であり、退職後に帰村すると答えたのは五二％であった。ルサカでの調査でも、全体（約一〇〇名）の約四〇％が退職後の帰村を計画しており、農村が依然として、老後やいざというときの生活保障の場として重要であることが示されている［小倉 1995: 46］。

第四節 一九七五年から二〇〇〇年まで

一……経済危機のインパクト

独立以降、順調な銅価格に支えられて経済成長を続けてきたザンビアだったが、都市居住者を支えるための過剰な補助金政策や公共部門での雇用などによって政府部門は肥大化し、次第に対外債務が膨れ上がっていた。一九七〇年代後半以降のこの時期は、銅価格の低迷に端を発する経済悪化が続き、ザンビアの政治・経済、そして都市―農村間関係にとっての転換期にあたる。

ザンビア政府は国家開発政策において、産業構造の多様化を目指してはいたが、銅の輸出に依存する単一産品経済構造は植民地時代から実質的には変わっていなかった。そのため国際的な銅価格の下落は、ザンビア経済を低迷期へと導いた。一九七〇―七四年には重量ポンドあたり平均一五八セントであった国際銅価格は、一九七五年に八三セントへと急落した［小倉 1995: 64］。原油価格の高騰による国際的な不況や先進諸国における銅需要の減少が、銅価格に影響を与えていたと考えられる。同時に、銅の生産量自体も減少傾向に陥っていた。一九七〇―七四年は平均で六八万三〇〇〇トンであった生産量は、一九七五―七八年には六六万八〇〇〇トン、一九七九―八三年には五八万四〇〇〇トン、一九八四―八七年には四八万七〇〇〇トンにまで減少していた。これにともない、ザンビアの国内総生産の平均年間成長率は、一九六五―八〇年には二％であったが、一九八九—九〇年には〇・八％へと落ち込んだ。その間、人口増加率は三・〇％から三・七％へと伸びていたため、一人あたり国内総生産の成長率はマイナスを示していた［小倉 1995: 63–64］。

一九七八年、ザンビア政府は国際通貨基金（ＩＭＦ）の財政支援を受けることになった。二年間の「アクション計画 The Action Programme」を開始し、貿易収支の回復と、インフレ率の低減を目指した。この期間は銅価格の上昇もあって、ＩＭＦの基準を満たすことに成功した。しかし一九八〇年にアクション計画が終了すると、政府はトウモロコシ生産への補助金交付を再び開始したが、続く二年間の干ばつによって政府財政は再び逼迫した［Anderson et al. 2000: 18–19］。

一九八三年、ＩＭＦとの合意に基づき、政府は農作物に関する価格管理を廃止し、トウモロコシ粉の値上げを行った。一九八五年以降、構造調整の影響は本格化し始め、通貨の切り下げを受けて国内では物価の高騰が起こった。主食トウモロコシ粉の価格高騰によって、一九八六年にはコッパーベルト州で大規模な食糧暴動が発生し、死者を出すまでの惨事となった。これを機に、政府は一九八七年五月、ＩＭＦの融資を受けるための構造調整計画を放棄し、政府独自の新経済復興計画（New Economic Recovery Programme）を発表した。新経済復興計画は、ＩＭＦの提唱する市場経済ではなく、統制経済へ復帰することを狙ったものであったが、ＩＭＦ・世界銀行の支援に背を向けて自前の経済復興を図ることはもはや不可能であった［小倉 2009: 118–119］。

この間、トウモロコシの価格は、一九八〇年を一〇〇とすると、一九八三年に二二〇、一九八四年に二六九、一九八九年になると一〇二五、一九九〇年六月には四九五〇へと上昇を続けていた［小倉 1995: 81］。しかし実質賃金は低迷し、フォーマルセクターの雇用者数も一九八〇年がピークであり、それ以降上昇することがなかった。結果的に都市部の低所得者層の生活は大きな打撃を受けた。それまでは、「都市偏向」政策下の首都ルサカやコッパーベルトにおいては、農村部からの移動者はまず、スラムの住民となった。そしてインフォーマルセクターへ参入せざるを得ないとしても、就業の機会がいずれやってくるという期待を持つことができた。しかし経済危機の深刻化は、都市に居住し続けてもその望みは叶わないという状況を作り出してしまったのである。このような状況のなかで、都市部においてはインフォーマルセクターの発展が著しく進んだ。例えば小倉[1995]は、一九八七年と一九八九年のルサカでの調査から、都市住民の間で生計維持に関するさまざまな副業が見られるようになったことを指摘している。

二……構造調整政策の本格的な実施と変わりゆく都市と農村

前述したように、ザンビア政府は構造調整の実施に対し曖昧な態度をとってきたが、構造調整計画が全面的に展開されるようになったのは一九九一年の政権交代以降である。これは一九七三年以降続いてきた一党制支配の終焉と民主化の到来とも重なる。(12)

一九九〇年七月に結成された複数政党制民主主義運動(MMD:Movement for Multi-Party Democracy)は、一九九一年一〇月の大統領選挙で与党・統一民族独立党(UNIP:the United National Independence Party)に勝利した。大統領となったチルバ氏(Frederick Chiluba)は、選挙後すぐに構造調整政策を実施し始めた。一九九三年には、トウモロコシ粉と化学肥料の流通自由化、一九九四年にはトウモロコシ粉への補助金廃止が行われた。また、政権交代の直前からカウンダ政権が着手していた国営企業の民営化も進展した。(13)一九九二年七月には、民営化法(the Privatazation Act)が成立し、国営企業の民営化や企業が所有していた土地や建物に関しても売却が進んだ。一九九六年六月までには九七の国営企業が完全に民営化し、世界銀行の報告書においては、当時最も民営化が成功している地域と称されていた[Fundanga and Mwaba 1997]。

構造調整の本格的な実施は、都市と農村で異なる影響をもたらした。農業部門における構造調整の主たる影響は、農業補助金の撤廃と市場の自由化であるが、これは遠隔地と鉄道沿線地域・主要道路沿いの農村部で相反する変化をもたらした[McCulloch et al. 2001: 38]。これまでナムボードが農産物の流通や農業投入財の供給を一手に引き受けてきたが、自由化後、農民は政府指定の集荷場ではなく民間商人や民間企業に直接販売し、肥料も自ら購入しなければならなくなった。主要都市へのアクセスがよい幹線道路沿いの農村の事例では、消費地となる都市部からの輸送費用が比較的少なくてすむため、固定価格制度の廃止によるトウモロコシ価格の下落は極端には起こらなかった。このような地域では、むしろ消費地へのアクセスの良さを活かして、野菜等の他の農作物の商業化に乗り出すことが可能になった[島田 2007: 159]。

これとは対照的に、幹線道路や鉄道から離れた遠隔地では、それまでの価格統一制度や生産財補助金に支えられて可能になっていたトウモロコシ生産が困難に直面した。例えば、首都から四〇〇キロ離れた東部州農村の事例では、化学肥料の購入が困難になったことから、生産量が減少していることや、流通自由化の影響により買付商人との価格交渉で不利に立たされていることなどが報告されている。そのため農民は、零細商業や、日雇い労働等に従事することによって、生計を成り立たせているという[小倉 2009: 123–128]。また、北部州農村で調査を行った大山[2002]は、伝統的に焼畑農耕に依存した生活を行ってきたベンバの人びとが、補助金などの政策によって一九八〇年代からトウモロコシ生産を展開し始めたが、一九九〇年代の政策転換によってその耕作基盤が揺らぎ始め、生計活動が変容している様子を報告している。このように、ザンビア国内においても、農業自由化がもたらした影響はさまざまな形で現れているが、他の作物への転換や非農業活動の導入といったように、生計活動が多様化していることは共通しているように考えられる。

他方、序章でも触れたように、構造調整は農村部よりも都市住民、特に低所得者層に深刻な影響をもたらした。都市部での失業率は、一九九〇年の一六・一％から、二〇〇〇年には二六・五％へと上昇し、都市での雇用機会は減少していった［CSO 2003b］。主に国営企業の民営化を背景として、フォーマルセクターの雇用は一九九〇年代に減少し続けた［McCulloch et al. 2001: 5］。都市経済の悪化や、政府の公的部門への支出削減による教育等の社会インフラの低下によって、都市における生活水準の低下は顕著になった［Hansen 2009; Potts 1995; 小倉 1995］。フォーマル部門での雇用が減少するなか、一九七〇年代からすでに指摘されてきたインフォーマル経済の存在は、ザンビアの諸都市で急速に拡大した。特に、外国為替市場や輸入に関する規制の撤廃は、都市住民に商業への参入を容易にしたと言われている［Hansen 2009: 218］。

このような状況のなかで、ザンビアにおいては、都市人口増加率の鈍化と都市からの人口流出という「反都市化 Counter-Urbanization」が指摘されるようになった［Potts 1995, 2005］。全国の都市人口増加率は、一九六九―八〇年は六％と高い数値を示していたのにもかかわらず、一九八〇―九〇年には二・六％と農村部の二・八％を下まわった。そして、一九九〇―二〇〇〇年には一・五％にまで落ち込んだ。これまで人口の主要な流入地であったコッパーベルト州では、一九八〇―九〇年の人口増加率が一・五％であったのに対し、一九九〇―二〇〇〇年には〇・八％へと低下した。コッパーベルト州からの純流出（一九九〇―二〇〇〇年）は全国最大の二万六〇〇〇人を記録し、都市部全体からの純流出は四万四〇〇〇人に及んだ［CSO 2003b］。また、従来は人口流出地域であった北部州においても、人口の流入が増加し、都市部から農村部への人口移動が主要な傾向として現れてきた。

前節で述べたように、退職後の帰村という都市から農村部へのリターンマイグレーションは、都市経済が繁栄していた一九六〇―七〇年代でさえ継続的に存在していた。しかし経済危機や都市経済の悪化という状況下において、農村部へのリターンマイグレーションは退職後の余暇を過ごすというよりも、生計維持という意味合いで重要性を増し、それまで農村部を訪ねたこともなかった人でさえ「故郷」へと戻っていくようになった［Ferguson 1999］。ファーガソンによると、一九八〇年代、鉱山都市においてはザンビア銅公社（ZCCM：Zambia Consolidated Copper Mines Limited）のコミュニティサービス部門が、農村部への帰村を促進するためのセミナーを開催していた。(14) このセミナーでは、農業技術の指導から農村部の生活の様子、農村の生活で注意すべきこと等が指導され、「ザンビアの遺産」と題された国内の「伝統的」な文化を映したビデオまで上映していたという。このセミナーは、失業者や退職者が都市部に居残る可能性を減らすために、人びとに「帰村 Back to the land」を促すという目論見があったのである［Ferguson 1999: 124–125］。

第五節　二〇〇一年以降の経済成長と政権交代

一……経済の回復と成長

一九八〇年代から段階的に行われてきた経済自由化や民営化といった政策は、ザンビア経済を多様化させ、成長させる目的で行われたものであったが、一九九〇年代のGDP成長率は〇・二％にとどまったままであり、明らかな回復は見られなかった［Wobst and Thurlow 2005］。一方で、二〇〇一年以降に入ると、経済回復の兆しが見え始めた。特に、本書が対象とする二〇〇六年以降は、銅価格の上昇や債務の帳消しなどによってザンビア経済が再び上昇し始めた時期にあたる。

二〇〇一年、チルバ前大統領に代わり、ムワナワサ氏（Levy Patrick Mwanawasa）が大統領に就任した。これを機に、前政権が行ってきた経済自由化政策は部分的に修正され、貧困削減により重点が置かれるようになった［Kodamaya 2011: 25］。二〇〇〇年代においては、貧困削減戦略書（PRSP：the Poverty Reduction Strategy Paper）に基づいた開発計画が策定された。

ザンビアは、一九九九年から二〇〇二年の間、GDPが年率平均三・四％の割合で成長し、二〇〇三年から二〇〇六年までは四年連続で成長率五％以上という高水準を記録している［Wobst and Thurlow 2005］。近年のこの経済成長は、鉱山、建設、運輸、通信部門に牽引され、農業部門は最も低い成長率を示している［UNDP 2011］。この経済の回復・成長について、児玉谷は以下の三つの要因を挙げている［Kodamaya 2011］。

一点目は、ザンビア銅公社（ZCCM）の民営化である。ザンビア銅公社は一九九六年に一部民営化され始め、当初の予定では一九九七年までに完了するはずであった。しかしザンビア経済において最も重要な役割を担うZCCMが、所有している生産財のすべてを民間の手に引き渡したのは、最終的には二〇〇〇年三月になってからであった。民営化の流れのなかで、中国やインドをはじめ、アングロ・アメリカン社などの国際企業による海外直接投資が増加し、閉鎖された鉱山の再稼働や新たな鉱山開発が進んだ。これにより銅生産は再び活発化し、二〇〇〇年の二六万トンから、二〇〇四年は四〇万トン、二〇〇六年は五〇万トンへと上昇した。さらに、新たなコッパーベルトと称される北西州では外資による鉱山開発が進展し、大規模な雇用を生んでいる［Lungu 2008; Negi 2013］。

二点目は、国際市場での銅価格の上昇が、前述の民営化とあいまって生産や利益の増加を大きく後押ししてきたことである。**図1–1**は、一九九九年から二〇一二年までの国際銅価格の推移を示したものである。

図1-1　1999年から2012年までの国際銅価格の推移

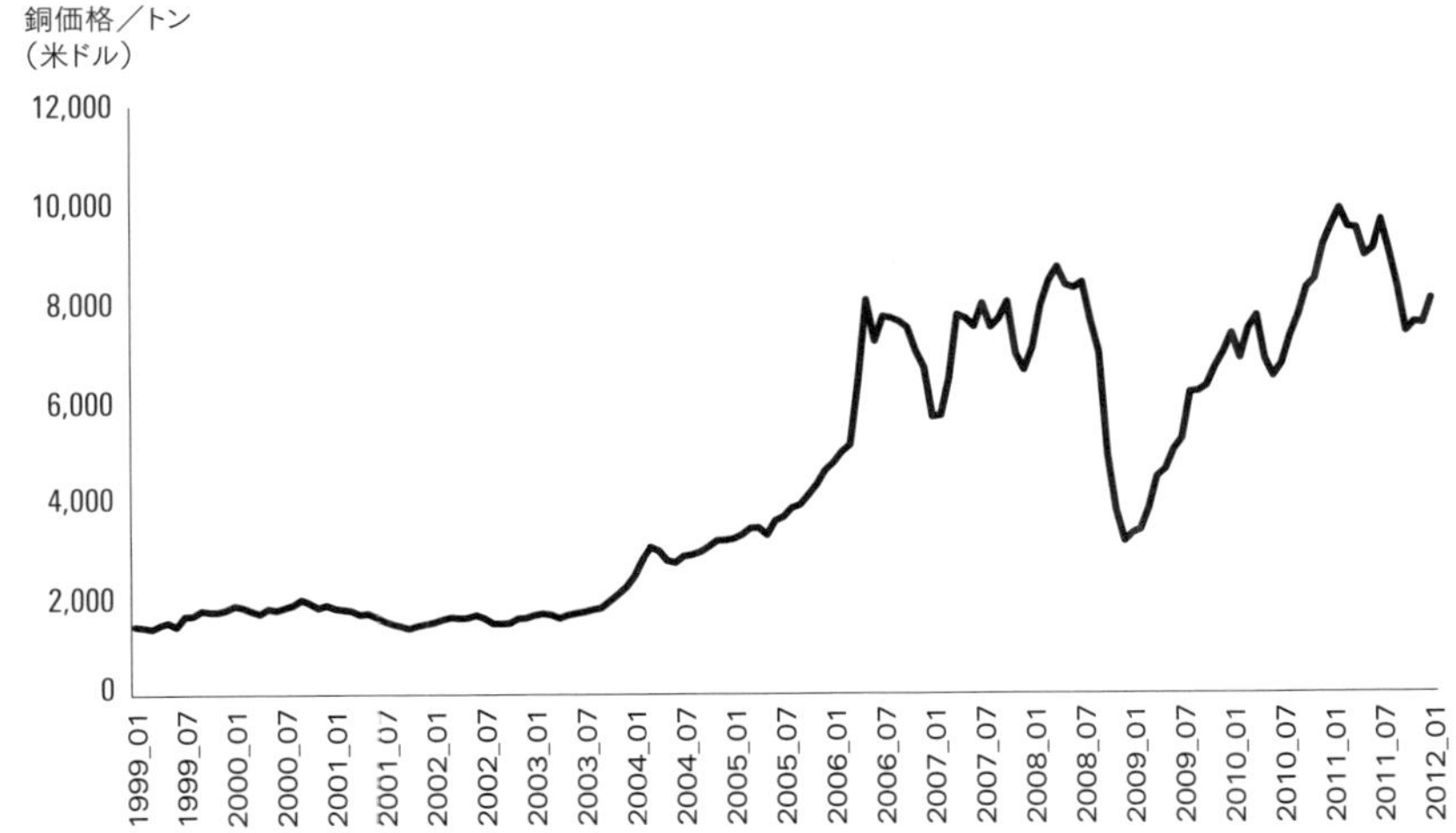

出所：IMF Primary Commodity Pricesより筆者作成.

二〇〇三年一〇月までは一トンあたり二〇〇〇ドル以下で推移していたのに対し、二〇〇四年三月からは一トンあたり三〇〇〇ドル前後に上昇した。その後も右肩上がりに上昇を続け、二〇一〇年以降も六〇〇〇—九〇〇〇ドルという高価格で推移している。しかし、ZCCMに代わる民間企業による鉱山開発の進展は、水質汚染や大気汚染などの環境問題や、労働者の待遇や福祉に関する問題などを引き起こしており、地域社会との関係を疑問視する声もある[Lungu 2008]。

三点目の要因は債務の帳消しである。ザンビアは、二〇〇五年四月にIMFと世界銀行の重債務貧困国(HIPCs：Heavily Indebred Poor Countries)イニシアティブ[15]に基づく債務救済の対象に到達したとみなされた。そのため、日本をはじめとする主要援助国や国際機関が債務免除を行い、対外債務負担の約九二%が帳消しになった[Kodamaya 2011: 36]。これらの要因があいまって、ザンビア経済は回復し、二〇一〇年にはGDP成長率は七・六%を記録している。

このようななか、再び人口が都市に戻り始めている傾向がある。二〇〇〇―一〇年の都市人口増加率は四・二%の水準にまで回復し、農村の二・一%を上まわった。州別の都市人口増加率では、ルサカ州で最も高く約五%、コッパーベルト州が約二・六%と再び高い値を示した[CSO 2012]。前述のような首都近辺での大規模投資や、建設部門の好調に都市人口の増加が支えられているものと考えられる。

二……近年の大規模開発プロジェクトと今後の課題

好況のなか、鉱山開発の再活性化だけでなく、大都市への大規模な外国投資が目立つようになった。例えば、コッパーベルト州のチャンビシには、チャンビシ複合経済特区が設置された。これは、中国政府の支援のもとに建設された国内初の経済特区である。現在、約一五社の中国企業が採掘関連の事業を展開している。五年間で五〇社から六〇社の企業誘致と約六〇〇〇人の雇用創出が想定されており、総額で九億ドルを上まわる投資が見込まれている。[16] また二〇一一年六月には、日本の日立建機が、ルサカ工場の起工式を行った。ルサカの国際空港からもほど近いこの工場は、鉱山用機器改修のため、二〇億円を投じて建設されるものである。[17] 日本企業によるザンビアに対する本格的な直接投資は長らく行われてこなかったため、起工式にはバンダ大統領[18](当時)が参加するなど、ザンビア側も大きな期待を寄せていることがうかがえた。このようなマクロ経済の好況や、一部の都市における大規模投資の経済効果が、ザンビア全土の都市や農村においてどのような影響をもたらすのかは今後の重要な分析課題となるであろう。

政治の面では、二〇一一年九月に行われた大統領選挙と国会議員選挙で政権交代が実現した。大統領選挙では、野党であった愛国戦線(PF：the Patriotic Front)のサタ党首(Michael Chilufya Sata)が前職のバンダ大統領を制し、大統領に就任した。また、同じく行われた国会議員選挙でも、サタ氏率いるPFが第一党となり、政権を担うこととなった。選挙期間中は中国を強く批判してきたことで知られるサタ氏が政権に就いたことで、ザンビアにとって重要な貿易国・投資国の一つである中国と今後どのような関係を築いていくのかに注目が集まっている。

第六節 現在のザンビアの都市人口と中小都市

最後に、本書が注目する中小都市の人口動態について触れておきたい。ザンビアではコッパーベルトと首都ルサカにおいて都市化が集中的に起こってきたため、中小都市に関する研究は最近までどの分野においてもほとんど行われてこなかった。また、人口動態についても個別の都市人口が公開されているのは主要都市のみであり、より小さい規模の都市人口に関するデータは限られている。

図1―2および**図1―3**は、一九六九年と二〇〇〇年の主要都市[19]における都市人口の分布を示したものである。これまでも述べてきたように、主要都市は鉄道沿線に集中している。一九六九年の時点で、ルサカ、ンドラ、キトウェの国内三大都市の人口は、全国の都市人口の約七割を占めるほどであった。三大都市の占める割合は、都市経済が危機に陥った一九九〇年においても約四割、二〇〇〇年には約半分を占めている。南部州においても、他州と比較して独立期の早い段階から、鉄道沿いに都市が立地していた。二〇〇〇年の時点では、首都やコッパーベルト以外の都市の人口成長も著しい。

図1-2　ザンビア主要都市における都市人口（1969年）

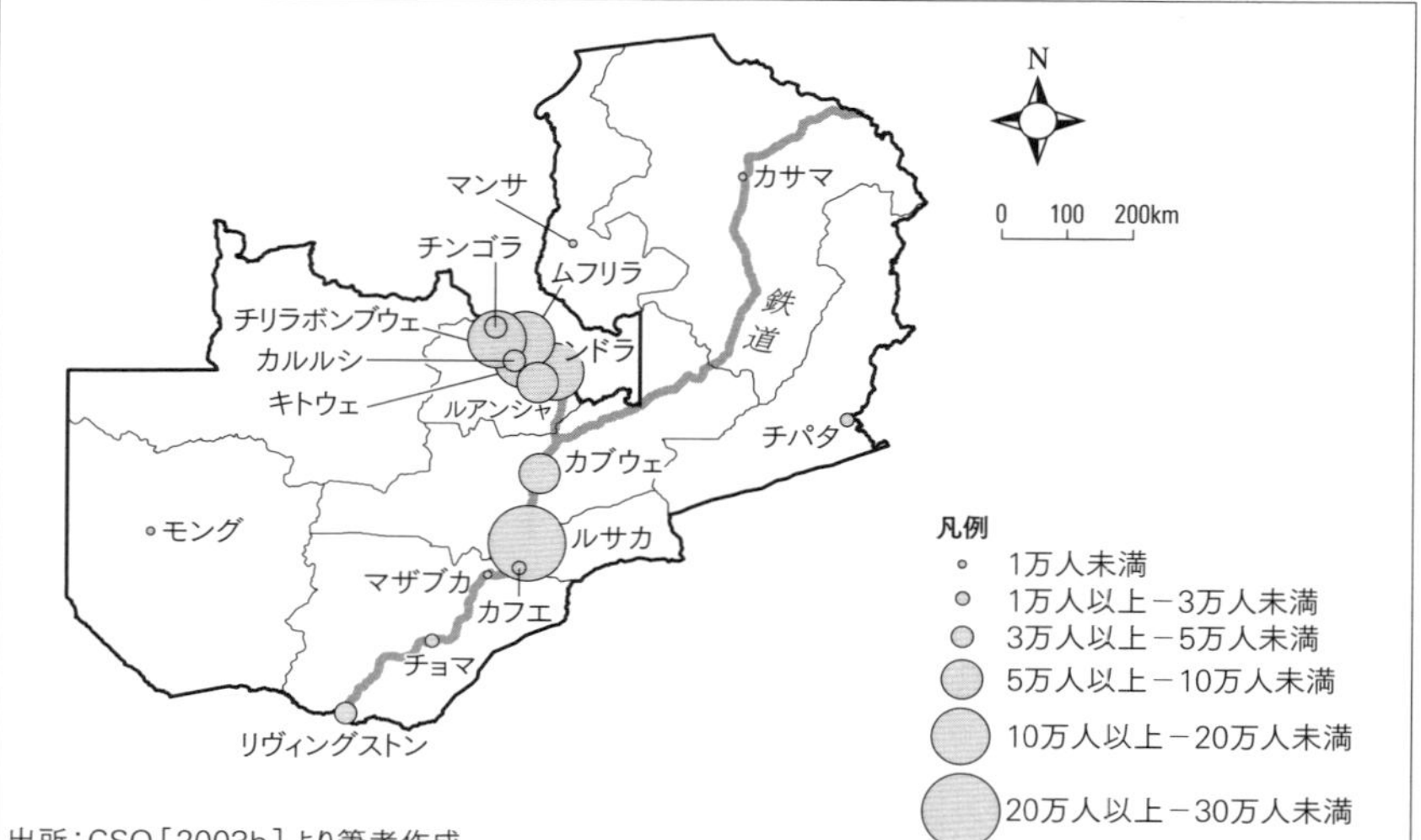

出所：CSO［2003b］より筆者作成.

図1-3　ザンビア主要都市における都市人口（2000年）

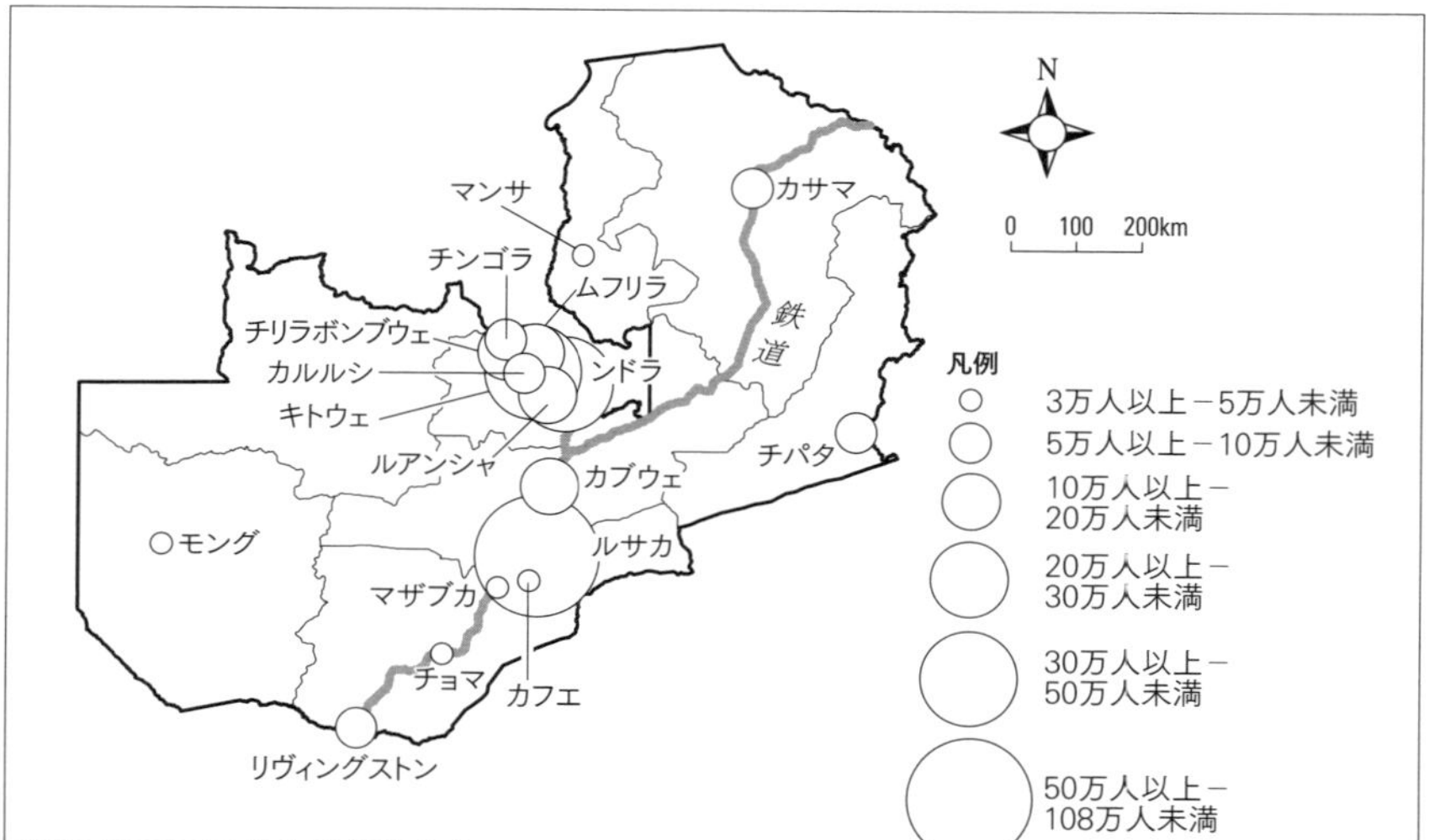

出所：CSO［2003b］より筆者作成.

表1-1　ザンビアにおける都市人口の推移（単位：人）

	1969	1980	1990	2000
大都市	1,117,800 （93.8）	1,760,700 （78.0）	2,055,100 （74.6）	2,745,900 （81.1）
中小都市	74,300 （6.2）	497,800 （22.0）	699,600 （25.4）	638,700 （18.9）
都市人口全体	1,192,100	2,258,500	2,754,700	3,384,600

＊1　（　）内はパーセント．
＊2　中小都市は5万人未満の都市，大都市は5万人以上の都市を示す．
出所：CSO［2003b］より筆者作成．

表1-2　農村・都市人口の年平均人口増加率の推移（単位：％）

		1969－80	1980－90	1990－2000	2000－10
農村		1.6	2.8	3.0	2.1
都市		6.0	2.6	1.5	4.2
	大都市	4.2	1.6	2.9	n.d.
	中小都市	18.9	3.5	-0.9	n.d.
全国		3.1	2.7	2.4	2.8

＊中小都市は5万人未満の都市，大都市は5万人以上の都市を示す．
出所：農村・都市・全国はCSO［1995, 2003a, 2012］より筆者作成．
大都市・中小都市はCSO［2003b］より筆者作成．

表1-1は、一九六九年から二〇〇〇年までの都市人口を、大都市（Large Urban Center）と中小都市（Small Urban Center）に分けて示したものである。また、**表1-2**は、農村・都市人口の年平均人口増加率を示したものである。ここでの大都市は、ザンビア統計局の区分で、人口五万人以上の都市を指している。南部州の都市では約九万七〇〇〇人のリヴィングストンが大都市に含まれるが、チョマやマザブカなどは四万人規模のため中小都市に区分される。本書が対象とするシアボンガも中小都市に分類される。

一九六九年の時点では、中小都市の割合は非常に少なく、都市人口のほとんどは大都市に集中していた。これは先の図1-2にも現れているとおりである。一九八〇年になると、中小都市の人口は増加し始め、都市人口に占める割合は二二％にまで増加した。この間の人口増加率は都市部全体を上まわる一八・九％を記録している。

一九九〇年には大都市の成長が鈍化し始めてきた一方で、中小都市は都市人口における比率を二五％にまで高めていた。一九八〇—九〇年における増加率も、他の地域区分と比べて最も高い値となっている。しかし、一九九〇—二〇〇〇年では、人口が減少に転じている。個別の都市人口の経年変化が得られる先の主要一七都市のうち、一九六九年に中小都市に分類されていたのは一〇都市、一九七〇年は七都市、一九八〇年は八都市であったが、一九九〇年には五都市になった。そのため、中小都市のなかでも規模の大きい都市が、五万人を超える大都市へと成長したため、「中小都市」に区分される人口がこの時期に減少したものだと考えられる。この主要な一七都市以外で、より小さい規模の個別都市の統計データが入手できないため、これ以上の動態を追うことは現段階では困難である。しかしながら、二〇一〇年には都市人口全体が大きく増加傾向にあることから、中小都市の人口も増加に転じているであろうと推測される。

中小都市に関する事例研究が出始めたのも二〇〇〇年代後半以降である。ザンビア東部州農村とルサカとの出稼ぎ労働について独立期から調査を行ってきた小倉は、その近著において地方中小都市の発達について触れている。小倉は、一九九〇年代以降のザンビアの構造変化とその影響を考える際に、農村だけを見るのでは不十分であり、地方中小都市と農村との関わりをどう捉えるのか、といったことが課題になっていることを指摘した[小倉 2009: 139–140]。また、国営企業の民営化により本社が移動したことによって、南部州マザブカに新たな人口流入や関連産業の発達が起こっていることを指摘した研究もある[Nchito 2010]。中小都市に関する統計データが限定されるなか、こうした事例研究を積み重ねていくことが重要になるであろう。

以上、本章ではザンビアにおける政治・経済変動の変遷と、都市—農村関係の変容について概観してきた。独立期には、コッパーベルトの銅生産に牽引されてイギリスの近代化を彷彿とさせるほどの勢いで開発が進められた。しかし、このように都市化・近代化が進むなかでも、都市住民の動態はヨーロッパの都市化と異なる様相を呈していた。鉱業という「最も資本主義的な生産関係を確立している部門」でさえ、退職後に都市で生活する基盤を与えられておらず、定住化が進行した後も、農村との絆や生産手段から切り離された完全なプロレタリアート像は一部にしか当てはまらない［小倉 1995: 61–62］。つまり、ザンビアの人びとはいくら都市化が進展しても、出稼ぎ労働者的な性格を保ち続けてきたと言える。従来の研究で都市化の最終段階として想定されているのは、かつてヨーロッパが経験したような、都市で生まれ育ち、都市で生計を立て、都市で一生を終えていく、永住する都市住民によって構成される都市世界である。しかし、都市での定住期間や就業期間が長期化していることが示されても、農村との絆を保ち続け、いずれは農村部に帰っていくザンビアの人びとの特徴は、ヨーロッパ型の都市化・産業発展の議論を完全になぞらえることが困難であることを示していると言えよう。

雇用機会という点で優位性を保ってきたコッパーベルトが低迷し、ルサカにおいても失業率が高まるザンビアにおいて、都市―農村関係は新たな展開に直面している。また、農村社会にも構造調整以降、農業や他の経済活動に変化が起こっている。一方で最後に触れたように、特に二〇〇一年以降は資源ブームや大規模投資という外因によって一部の都市経済が再活性化しつつある。統計データや事例研究はまだ限定されているが、一九九〇年代の経済自由化と、さらに加速するグローバリゼーションの流れのなかで、現代の都市と農村の関係を再考することは、今日のザンビアにおける都市研究や農村研究にとっての重要な課題であると考えられる。

第二章

強制移住の村における生計の多様性

ザンビア―ジンバブウェ国境に位置するカリバダム．
植民地時代に建設され，調査村を含むグウェンベ・トンガの人びとに移住を迫ることとなった．

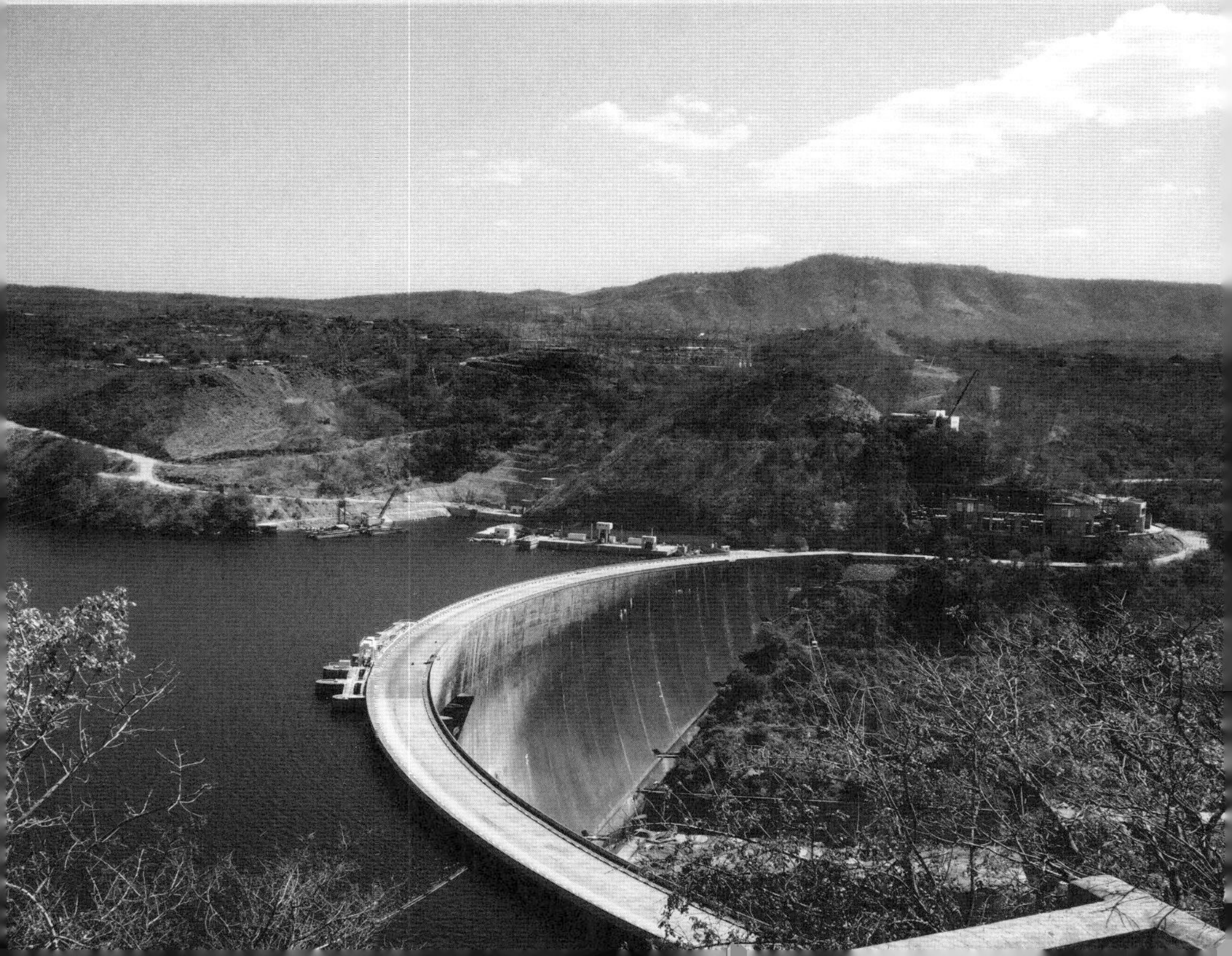

はじめに

ある日、調査村に拠点をおくカトリック教会の神父と話していたとき、彼が現在、この地域への支援体制を改めようと試みていることを知った。二〇〇九年から教会運営を任されていた神父は、「ここの人たちは五〇年前の政府の補償の約束を今でも覚えていて、何もかもが与えられるべきだという考えを持っているみたいだ」と私に話した。さらに彼は、「ザンビアの他の農村地域でも教会の運営をしていたことはあるが、教会に対してこんなにも物乞いをする人びとが頻繁にやってくるのを今までの場所では見たことがなかった。しかし、それはここの教会がしてきたこと(教会は食糧支援や学費支援等を行っている)への反省でもある」と話した。

実際に日々生活していると、教会への支援の「要請」は頻繁に見かけられる。例えば調査村では、政府が設置した井戸がしばしば故障するが、住民はシアボンガの役場には行かず、教会に代替部品購入への協力を訴えに行く。また、干ばつ時には、孤児や高齢者だけでなく、多くの人が食糧支援を求めて教会を個別に訪ねてくるという。もちろん、こうした支援の要請に教会はすべて応えられるわけではない。すると、人びとは彼らの支援は不十分だと不満を漏らす。例えば、「前任の神父はもっと気前がよく、食糧や服、学費などの支援も今より多かった」といった具合である。

しかし、彼らの歴史的経験を知ると、「援助依存」という住民像とは別の一面が見えてくる。調査村を含むグウェンベ・トンガの人びとは、カリバダム建設による移住、そして移住後の厳しい自然環境や気候変動、ザンビアの政治・経済の変動といった自分たちの力ではどうにもできない「慢性的な不確実性」を経験してきた人びととして形容される[Cliggett et al. 2007]。クリゲットらは、これらの厳しい生活環境は、ドナーや研究者たちに、グウェンベ・トンガの人びとがリスクを嫌い、「伝統的」で保守的な生活を続けていると思わせる要因になっていたが、これは現実とはかけ離れていると主張した[Cliggett et al. 2007: 20]。トンガ研究に長年携わってきたコルソンもその近著において、グウェンベ・トンガが厳しい環境のなかで、生存技術(Survival Techniques)を駆使して生活してきたことを歴史的に概観している[Colson 2011]。グウェンベ・トンガの人びとはもともと厳しい自然環境で生活してきたため、農耕民であるが、農業だけに専念するのではなく、あらゆる選択肢を開放的にしておくことを身につけてきた。しかしコルソンは、それらが既存の活動から新しい活動へ完全に移行するというよりも、これまで行ってきた活動を続けながら新しい機会に反応していることを意味し、ゆえに彼らの農耕体系は複合的に形づくられてきたと指摘した[Colson 2011: 4]。

最近のクリゲットらの研究では、グウェンベ・トンガの人びとが未開拓地の利用を拡大させていく実態を分析し、彼らは不確実な状況を生きてきたがゆえに「機会が存在している間に利用する」という戦略を身につけたと述べている[Cliggett et al. 2007; Unruh et al. 2005]。

このような特徴をふまえると、調査村の人びとの場合にも、例えば前述した「教会からの支援」の要請は開放的な選択肢のなかの一つにすぎないということができる。実際に見ていると、彼らにとってはそのときの交渉がうまく行けばラッキーであるし、うまく行かなくとも、必ずしもそれがすべてではないため次の手段に切り替える、という柔軟さを持ち、決して何かに「依存」しているようには思えないのである。

この柔軟な姿勢は、日常の生計活動においてもみられる。人びとは不安定な環境下で自分たちの入手可能な資源をたぐり寄せ、機会を利用している。本章では、調査村の生計を構成する資源や活動について総体的に記述する。これは次章以降で述べる農村ビジネスや出稼ぎ労働への理解の基盤となるものである。はじめに、調査村が経験した「強制移住」という歴史的な経緯に注目し、移住による農耕体系の変化やそれにともなう社会変化について述べる。次に、調査村における人口と村の概念、生計活動の主体となる世帯の定義や特徴について説明する。そして、農業や非農業活動など調査村で見られる生計活動について述べ、各世帯がどのようにそれらを組み合わせているか、さらにその組み合わせにどのような違いがみられるのかを検討する。

第一節　強制移住の歴史と移住による社会変化

一……移住前のグウェンベ・トンガの暮らし

調査村一帯を含めた南部州全域に広く居住しているのは、トンガと呼ばれる農耕民である。トンガは、前述したように、高地トンガとグウェンベ・トンガに分けられる。(1) グウェンベ・トンガはザンベジ河の両岸を中心として、現在のザンビアとジンバブウェにまたがって居住してきた。一八六〇年に探検家のリヴィングストンによって、すでに現在のグウェンベ県を中心とした地域で農耕を行っていたことが報告されているが、その出自は定かではない。一九世紀には、現在西部州を中心に居住するロジや、ジンバブウェ南部に暮らすンデベレなど、他民族による襲撃を受け、小規模な移動を繰り返してきた。一八九三年にイギリス南アフリカ会社がンデベレを制圧し、グウェンベ・トンガはイギリスの保護下に入った。一九二〇年代に植民地統治が開始され、ザンベジ河を挟んで南北ローデシアに分断されてからも、両岸に居住するグウェンベ・トンガたちは緊密な親族関係やその他の社会関係を結んでおり、日常的な往来が行われていた。一九五〇年代のグウェンベ・トンガの人口は、北ローデシアで五万五〇〇〇人、南ローデシアで三万一〇〇〇人と推計されていた[Colson 1960: 6]。

グウェンベ・トンガの人びとは、ザンベジ河の氾濫によってもたらされる肥沃な土壌を利用した二期作を行っていた[Colson 1960; Scudder 1962]。彼らは氾濫原の土地を積極的に利用し、トウジンビエ、モロコシ、トウモロコシという三種類の穀類を育てていた。人びとはどれか一つの作物の収穫が失敗してもよいように、異なる作物を組み合わせていた。例えば、トウモロコシは雨季の短期間の日照りに収穫量が左右されることがあるが、トウジンビエはその影響を受けずに収穫することができる。反対に、トウジンビエは多量の雨に影響を受けやすく、果皮が露出しているので鳥害に遭いやすいというデメリットがある。彼らは単作をせず、土壌や必要な水分量、開花までの期間などの特徴が異なる穀物を組み合わせることで、これらの環境リスクに対応していたのである[Scudder 1962: 30]。換金作物としてはタバコが栽培されていた。スカッダーは、換金作物を積極的に栽培していたのは、自給作物栽培の土地以上の余剰がある人びとだったと述べている[Scudder 1962: 90]。

主な生計手段は農耕であったが、人びとは周囲にある灌木林を利用して、野生植物や薪の採取、狩猟、家畜の放牧を行っていた。しかし、ツェツェ蠅の存在が牛の飼養を困難にしていたため、家畜はヒツジやヤギが多かった。ツェツェ蠅の状況がひどい一部の地域では家畜すら飼うことが困難な状態だった。高地トンガはザンビアのなかでも牛を多く飼養する集団として知られ、そのことが商業農業の進展を後押ししたとも言われているが、グウェンベ・トンガで牛の飼養が始まったのは一九五〇年代に入ってからである。

一九四九—五〇年頃にグウェンベ・トンガの居住地域に道路が開通したことによって、彼らの生活に最初の変化が訪れた(2)。それ以前は、高地と平野部の間に位置する崖によって移動が阻まれてきたばかりか、灌木林に囲まれた平野部を横断することさえ困難だったと言われている。道路ができたことにより、グウェンベ・トンガの居住域ではキリスト教の布教活動が活発化するなど、「外」の世界とのつながりが増加した。また、道路沿いに次々とできた商店によって新たな物質文化がもたらされた。コルソンは、この時期に教会や学校が建設されたことによって、子どもたちが外国に関心を持つようになり、近隣集団や家の行事への参加を拒み始め、「農村らしさ」に反抗するような態度をとるようになったことを記している[Colson 1971: 17]。

二……強制移住の決定

一九五五年二月、道路が開通するまでは植民地行政や宣教師さえ寄りつかない「孤立」した場所で粛々と暮らしてきたグウェンベ・トンガの人たちが、一躍「有名」になる出来事が起こった。当時のローデシア・ニヤサランド連邦が、水力発電用のダムを現在のカリバ(ジンバブウェ)、シアボンガ(ザンビア)が位置する場所に建設することを発表したのだ。ダムで堰き止められた水により、ザンベジ河流域に当時世界最大の人工湖であるカリバ湖が誕生することになった。こうして、グウェンベ・トンガが暮らしてきた地域は突如として「水没予定地域」へと指定されたのだ。

カリバダム建設は、一九五三年に結成されたばかりの連邦政府の国力や経済発展を象徴するような一大事業だったと言われている。世界銀行をはじめ国際金融機関からのローン、イタリアやフランスのエンジニアたち、ザンビア、ジンバブウェだけでなくタンザニアやマラウィからの労働者を動員した国際色豊かな事業だった。ダム建設は政府の「偉業」であり、当時、移住させられるグウェンベ・トンガの人びとのことを気にかける者などいなかった[Colson 1971: 4]。唯一、グウェンベ・トンガに目を向けたのが、当時のローズ・リヴィングストン研究所(現ザンビア大学経済社会研究所)だった。研究所は、移住前のグウェンベ・トンガの生活と、強制移住による影響を記述しようと考え、人類学者のコルソン(Elizabeth Colson)とスカッダー(Thayler Scudder)に調査を依頼した。彼女たちは、一九五六年に最初の調査を開始した。それ以降、ダム建設以前に調査した村々を継続的に調査し、ダム建設による生活の変化、特に社会構造や宗教的な価値観、そして生業システムの変化について貴重な研究を残した[Colson 1960, 1971; Scudder 1962, 1993]。

一九五五年八月にはダムの建設工事が開始された。一九五六―五七年、グウェンベ・トンガの村を訪れたコルソンは、当時のグウェンベ・トンガたちは、移住先の土地条件や、ザンベジ河の肥沃な氾濫原から引き離されること、親族や近隣集団から切り離されること、新たに土地を切り開き村をつくることに不安を持っていたことを記述している[Colson 1960: 1–2]。

最終的に、一九五九年半ばまでにはほとんどの移住が完了し、総勢五万七〇〇〇人のグウェンベ・トンガが移住を強いられた。うち、ザンビア側での移住者は三万四〇〇〇人、ジンバブウェ側は二万三〇〇〇人であった[Colson 1960: 7]。この移住は、これまで頻繁な往来をしてきた河の対岸に住む親族や隣人をも切り離してしまったのだ。

再定住先について、グウェンベ・トンガは元の居住地に近い支流沿いに近隣集団とともに移住することを望んでいた。しかし、この再定住地の決定プロセスのなかでも、特異な経験をした人びとがいる。連邦政府がダムによる水没地域を拡大するという決定を行ったため、ザンビア側では、当初の計画よりも六〇〇〇人多くの移住が必要になった[Colson 1971: 26]。すでに近隣にはこの人数に対する十分な余剰地が不足していた

図2-1　強制移住以前の居住地と移住後の調査村の位置

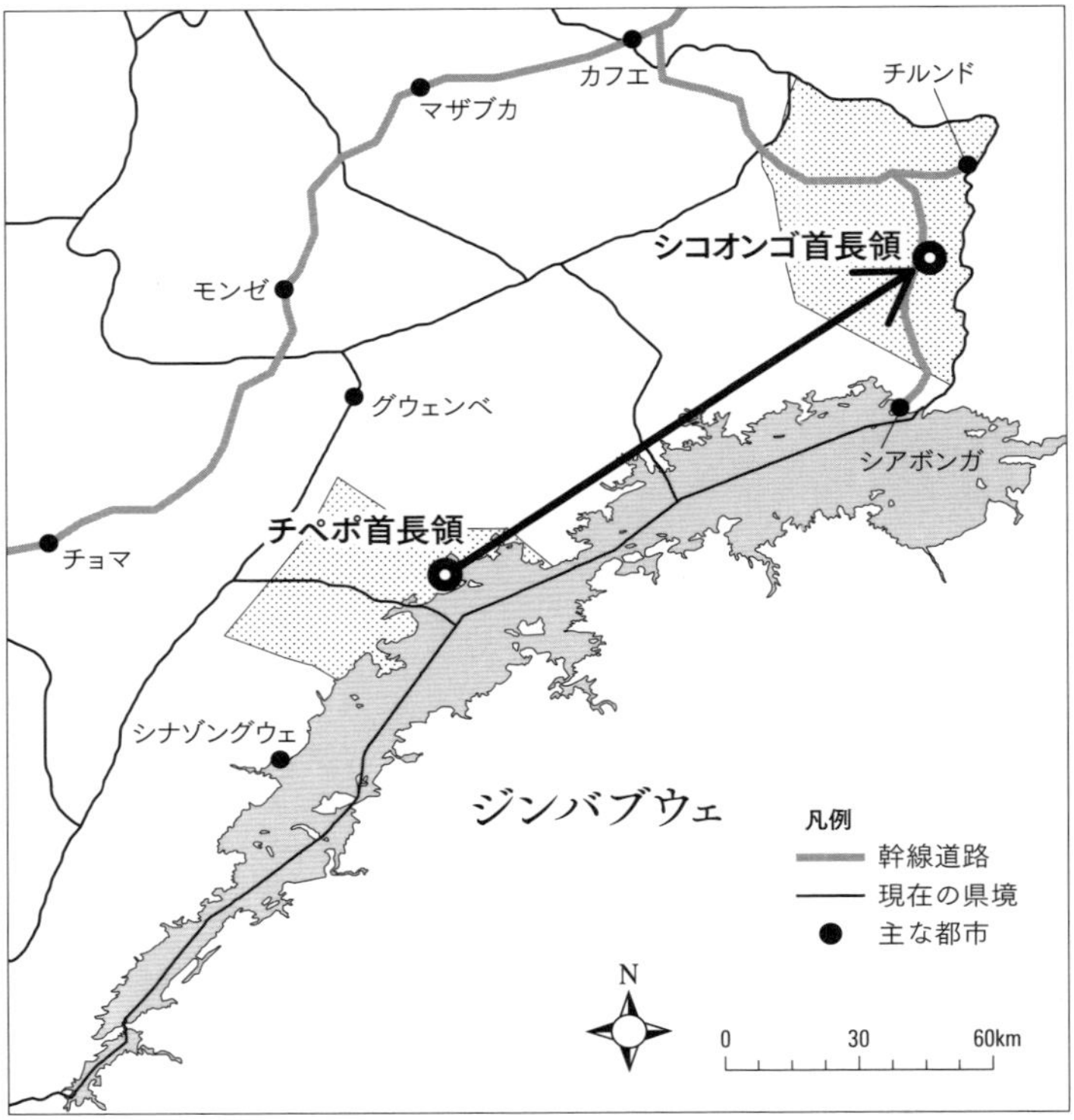

出所：Colson［1971］より筆者作成．

ため、これらの六〇〇〇人の人びとは、彼らが暮らす中流域から約一六〇キロも離れたザンベジ河下流のルシトという地域に再定住することが決定した。それが、調査村の住民を含めた現在のルシトに暮らす人びとである。

調査村を含むM地区の人びとは、もともとザンベジ河の中流域に居住していた（図2-1）。彼らは河畔低地よりも標高の少し高い地域に居住していたため、かろうじて計画当初の水没予定地域からは外れていた。計画の最終段階になって、植民地行政側は、移住が決定した彼らに対し、ルシトという場所は降水量が以前の居住地よりも少ないという欠点はあるものの、土壌は肥沃で、いくつかの村落はザンベジ河下流沿いに住むことができる「素晴らしい」場所だと説明した。また、ルシトはカリバダムへの舗装道路が通ることになっていたため、交通手段や換金作物の出荷などに有利であると考えられていた。しかし、人びとは、政府側のルシトへの賛美の言説に疑念を抱いており、受け入れ地域に暮らしている自分たちとは別の首長領(シコォンゴ *Sigongo*)に属する住民との関係にも不安を感じていた[Colson 1971: 30]。

調査村の住民は、一九五八年にルシトに移住してきた。移住にともない、植民地政府はグウェンベ・トンガに対して補償金を支払い、移住先でのインフラ整備、学校の設置、電気の開通なども約束していた。しかし、実際にはすべて補償されたわけではなく、現金としては、世帯主にわずかな補償金が支払われるのみであった。また、家屋の建築などは手助けされたが、以前所有していた家畜の補償は一切行われなかった。移住後すぐに、各世帯に一ヘクタールずつの土地が分配され、政府のトラクターによって耕起された。しかし調査村の年長者は、それは十分な土地とは言えなかった、と話していた。

グウェンベ・トンガの人びとの多くがダム建設による強制移住の経験を持つが、そのほとんどが現在のグウェンベ県に居住している。従来のザンベジ河に近い土地や広域的な社会関係からさらに遠くに切り離された調査村の人びとは、移住の最たる被害者であると捉えられる。調査村の住民たちは、移住後にルシト一帯に新たな親族・姻戚関係を広げてきた。一方で、現在でもグウェンベ県に移住した者たちとは、農閑期や葬式等の機会に互いに訪問しあい、社会的なつながりを保ち続けている。

三……移住にともなう土地の重要性の低下

移住後のグウェンベ・トンガ社会における変化として挙げられるのが、農業・土地の重要性が低下したことである。移住前は、雨季の農耕に加え、ザンベジ河の氾濫原を利用して乾季作も行われていた。この氾濫原の土地は経済的に重要な意味を持っており、ゆえにこの土地の管理や相続は、母系親族を基盤として厳密に行われていた[Colson 1960; Scudder 1962]。氾濫原の土地は、女性にもアクセス可能であり、母系親族を基盤として相続・譲渡されていた。しかし、移住後には土地制度における母系親族の重要性が低下した。その変化の兆しは、移住前の一九五〇年代に始まっていた。当時の人口の増加と氾濫原の土地の不足によって、灌木林を切り開いて新しく耕地を開拓する男性たちが現れた[Colson 1960]。これまでの氾濫原の農地では木を切り倒すような開墾作業は必要なかったため、女性でも農耕を始めることが可能だった。しかし、灌木林に耕地を切り開くには、男性労働力が必要になる。これがこの新しい開墾地における男性優位の土地権利をもたらしてきたのである。コルソンらの研究グループに入り、グウェンベ県で継続して調査を行っているクリゲットは、この一九五〇年代の開墾地拡大によって男性主体の土地権利が生み出された傾向に、再定住がさらに拍車をかけたと指摘している[Cliggett 2005: 65]。

移住後、グウェンベ・トンガの人びとは開墾地での天水農業のみに依存するような農耕体系へと変化せざるを得なかった。そして、開墾地では一九五〇年代に導入された牛耕の重要性がますます高まった。そのため、開墾作業や牛耕を担う男性労働力の重要性が高まり、牛や開墾地に権利を持つ父親の権威が強まった。グウェンベ県の調査においてクリゲットは、移住後に父親からの土地相続・譲渡が増加したことを報告している[Cliggett 2005: 66]。同時に、これまで氾濫原の土地を管理していた母系親族や近隣集団の地位が相対的に低下し、土地所有は簡略化され、より個々の世帯の決定が重んじられるようになった[Colson 1960: 199]。

ルシトに移住したM地区の人びとにも同様の現象が確認できる。調査村では、土地の管理や相続・譲渡は、世帯単位で行われる。調査村は慣習地(3)に属し、建前上は彼らの利用する耕地は、すべて首長の土地である。しかし、実際には、開墾、相続(譲渡)、貸借等は、個人・世帯の裁量のもと、比較的自由に行うことが可能となっている。また男性だけでなく、女性も土地を保有することができる。土地の入手方法が明らかとなった四〇世帯についてみると、「開墾」による土地の入手は一〇%と少なく、「父親からの相続・譲渡」が最も多い四二%を占めていた。現在では未開墾地はほとんどなくなってしまったため、新たに土地を得たい者や、耕地を拡大したい者は、家族や親族から土地をもらい受けるか、村を離れている人びとの土地を親族に交渉して借りたり、牛による耕起を手伝う代わりに土地を半分借りたりすることで新たな耕地を確保する。トンガは伝統的には母系制社会であり、母方のオジから土地を相続することが一般的であった。しかし、「母方オジ」からの相続・譲渡は全体の一二%を占めるにすぎず、その他の「母方親族」を合わせても二五%と、「父親」に比して少なかった。母方オジから土地をもらい受けた事例の入手年で、最も新しい事例は一九九二年であった。そして、父親からもらい受けた事例で、最も古いものは一九七四年であった。つまり調査村では、母系制の伝統にのっとった相続と、父系制の相続の形態が、移住後一〇年間くらい混在し、現在では土地制度における「父—子」関係の重みが増していることが確認できる。調査村の場合は、前述したクリゲットらの指摘に加え、移住先のルシトに居住していたシコオンゴ首長領の住民に父系の系譜を重んじるシステムがあったことが、この変化に関係していると思われる[Colson 1971: 76]。母系親族からの相続や譲渡が少ないことは、ただちに母系制システムの崩壊を意味しないが、移住によってもたらされた「父—子」間関係の重要性は、今後も高まっていくのではないかと考えられる。

第二節 人口・世帯・土地

一……調査村の人口

M地区には、二〇〇八年時点で二〇カ村に四六〇世帯が居住している。農業やその他の生計活動は世帯を単位として行われるが、後述する請負労働や雇用をめぐる関係は村を越えて広がっている。ここではまず、移住後の調査村の経験と関わる「村」の概念について説明しておきたい。

移住後、M地区には、外部からさまざまな支援が流入してきた。移住の補償として、政府が学校や診療所を建設したことは前述したとおりであるが、その他にも食糧援助や農業支援が国際機関やカトリック教会等のさまざまな主体によって行われてきた。このなかで、政府や国際機関による食糧支援は「村」を単位として配布量が決定する。しかし、配布量は村の規模(各村に属する世帯の数)にかかわらず一定である。そのため、人びとは「村」を小さくして(世帯数を少なくして)いけば、より多くの世帯が食糧支援を受けられると考えたのである。一九五八年に移住してきた当初は五つだったM地区内の村の数は、二〇〇〇年までに一一へと増加した。その後も二〇〇二年以降、徐々に増え続け、二〇〇八年調査時には二〇にまで増加していた。村を独立させる際には、まず話し合いが開かれ、村長や新しい村へ移動したい人を決める。どの村に属するかは各世帯の判断に委ねられている。移動は、物理的に移動する場合もあるが、実際には家屋の場所を移動せずに名目上、村を移ったとする場合もある。

この細分化の機会に限らず、もめ事やいざこざによって屋敷地を移動させる際に別の村に移ることや、結婚して新しく世帯を設ける息子夫婦が両親と別の村に属することは珍しいことではない。また、これまで新しい村が次々と作られてきたため、多くの人は新しくできた村の名前や村長を把握していない。特に年長者は、自分が属している現在の村の名前を把握していないことが多く、移住当初のより大きなまとまりで認識している場合がある。そして実際の生活においても、「村」として登録されている単位は、社会集団としてのまとまりを持つものと一致しない。人びとの日々の社会的・経済的相互作用は「村」に限定されず、M地区一帯、より広くはルシト一帯に広がっているのである。移住前のトンガ社会においても、彼らは移動性が高く、村は特定の土地に結びついて安定的な人口とともにある永久的な地域単位ではないことが指摘されてきた[Colson 1951, 1960]。現在では、外部支援の流入によりその傾向はさらに加速し、「村」は明確な社会的・政治的まとまりを持つ単位ではないと考えられる。

次に、人びとの居住形態と本章で用いる世帯の定義について述べる。本書での「世帯」とは、生計を同一にする社会集団を指し、基本的には核家族の単位を意味している。調査村の人びとは、核家族単位で居住している。それぞれの屋敷地内には、世帯主夫婦の家屋、子どもたちの家屋、そして調理場所、穀倉といった複数の小屋がある。小さい子どもたちは両親の家屋で一緒に眠るが、一五―一六歳にもなると独立した小屋を設ける。トンガは夫方居住の形態をとるため、結婚した女性は婿となる男性とともに独立して生計活動を営む。男性の両親と同じ屋敷地内に同居している場合もあるが、各世帯それぞれの穀倉や調理場所があり、別々に食事をとっている場合には別世帯とみなしている。拡大家族で共同で労働し、食事をともにしている場合には、拡大家族を一つの世帯とみなしている。

養育や就学のために世帯構成員が他地域に移出している場合には、「不在構成員」として世帯人数に含めている。既婚の子どもが都市等に居住している場合は、調査世帯の構成員には含めていない。都市で就労している子どもが定期的に送金している場合は、実質的には農村世帯の経済の一部分を構成しているため、世帯人数として数える場合もあるが、調査村で定期的な送金を受け取っている世帯は稀である。そして送金を受け取っている場合であっても、未婚の子どもが送金してくるケースはみられず、都市に暮らす既婚の子どもや兄妹が送金している。本書ではこれは世帯間の送金とみなし、送金者を調査世帯の構成員には含めていない。

各調査年の調査世帯数は、二〇〇六／〇七年調査に四三世帯、二〇〇八／〇九年調査に五三世帯、二〇〇九年調査に五三世帯である。調査年によっては、世帯主が葬式等で不在であったために一部の項目について聞き取り調査が行えなかった世帯も存在する。そのため、年ごと、項目ごとにデータが入手できる世帯数は異なっている。

二……人口の移出入

二〇〇六年の調査村の人口は、四三世帯二四四人（うち男性一一七人、女性一二七人）であった。二〇〇八年は、五三世帯二八〇人（うち男性一二八人、女性一五二人）であった。この間の移出入人口および移出入の理由についてまとめたものが**表2-1〜2-4**である。まず移出は、結婚や離婚を機に独立するため調査村から他地域に移る場合（「結婚・離婚」）、これまで調査村の世帯に預けられていた親戚の子どもが家族のもとへ帰る場合（「養育」）、「結婚・離婚」に含まれる親に随伴する子どもの移出（「随伴」）、その他、に分けられる。その他には死亡

表2-1　2006－2008年の間に移出した人口とその理由

移出理由	人数
結婚・離婚	9
養育	4
随伴	4
その他	2
合計	19

表2-2　移出人口の移動先(＊1)**(単位：人)**

移出	M地区内	県内他農村部(＊2)	シアボンガ，チルンド	南部州他地域(＊3)	その他	不明	合計
結婚・離婚	5	0	1	2	0	1	9
養育	0	1	1	1	0	1	4
その他	1	0	0	0	1	0	2
合計	6	1	2	3	1	2	15

＊1　表2-1中の「随伴」を除く15名の移出先を示す．
＊2　M地区を除く県内の他の農村部．
＊3　シアボンガ県を除く南部州他地域．

表2-3　2006－2008年の間に移入した人口とその理由

移入理由	人数
結婚・離婚	8
出生	13
就学・養育	9
随伴	20
その他	5
合計	55

表2-4　移入人口の前居住地(＊1)**(単位：人)**

移入	M地区内	県内他農村部(＊2)	シアボンガ，チルンド	南部州他地域(＊3)	その他	不明	合計
結婚・離婚	3	3	0	0	0	2	8
養育・就学	2	1	2	2	0	2	9
その他	1	1	2	1	0	0	5
合計	6	5	4	3	0	4	22

＊1　表2-3中の「出生・随伴」を除く移入22名の移入元を示す．
＊2　M地区を除く県内の他の農村部．
＊3　シアボンガ県を除く南部州他地域．

表2-5　不在構成員の滞在先（単位：人）

	シアボンガ，チルンド	ルサカ	南部州他都市	その他	不明	合計
就学	2	3	3	2	0	10
就労	5	1	0	1	0	7
随伴	8	0	0	0	0	8
不明	0	0	0	0	1	1
合計	15	4	3	3	1	26

が一名、前記以外の理由で村を移動した一名が含まれている。移出入の理由として多いのは、「結婚・離婚」である。これらの理由による移出先、移入元はどちらもM地区内、県内他農村部が多い。M地区およびルシトー帯では、教会や学校、医療施設などを共有し、日常的な相互交流が多いため、婚姻関係も近隣で結ばれやすい。近隣地域内での姻戚関係の広がりは、後述する牛耕へのアクセスなどにつながることもあり、生計活動においても重要になる。移入では、養育とあわせて就学のために親戚を頼って調査村に流入してくる場合がある。学校でかかる学費やその他の費用は地域によって差があり、特に都市部において高い。そのため、シアボンガやチルンドに居住する親族が、子どもの何人かを兄妹や両親に預けて農村部の学校に通わせるということはよく行われ、都市居住者の家計を助けている。そして全体数は少ないが、南部州他地域にはグウェンベ県からの移入もある。このことは移住後五〇年以上経った現在でも、人びとは移住前の親族・近隣との関係を維持し続けていることを意味している。

表2-5は、二〇〇八年調査時における不在構成員数と移動先である。ここでの「不在構成員」は、各世帯において、世帯メンバーが就労や就学のために他地域に居住している場合を指す。この不在構成員は、未婚の子どもが多いが、世帯主の場合もある。これらの滞在先は、一事例を除いてすべて都市部である。また、世帯主とその家族全員が就労先の都市に居住する「不在世帯」が三世帯いた。彼らの移動先はシアボンガであり、随伴する妻子が八名含まれている。就学では首都ルサカや南部

表2-6　世帯主の性別・年齢階級別にみた世帯人数と労働力人口の平均

	男性世帯主			女性世帯主		
	世帯数	世帯人数平均	労働力人口平均	世帯数	世帯人数平均	労働力人口平均
15－24歳	4	3.5	1.6	0	n.a.	n.a.
25－34歳	12	4.5	2.7	2	3.3	1.5
35－44歳	7	6.7	3.1	6	7.0	2.8
45－54歳	7	6.6	3.6	5	4.6	2.4
55－64歳	3	8.7	3.7	1	2.0	1.5
65歳以上	2	4.0	2.5	4	2.3	1.5
全体	35	5.6	2.9	18	4.7	2.2

＊2008年までに世帯調査を行った53世帯.
労働力人口は，10歳未満を0，10–14歳を0.5，15歳以上を1.0，65歳以上を0.5，就学中は0.5に換算して算出した.
労働力人口に不在構成員は含まれていない.

州のモンゼ、中央州のカブエなど遠方の都市が多い。一方で、就労による滞在は、シアボンガやチルンドといった近隣の都市が多くなっている。これについては、調査村の人びとの出稼ぎ経験をもとに第四章で分析する。

三……各世帯の特徴

次に各世帯の特徴を見てみたい。表2-6は世帯主の性別および年齢階級別にみた世帯人数と労働力人口の平均値を示している。男性世帯主の世帯では、年齢が上がるにしたがって世帯構成員数が増える。若い世帯主の世帯では、子どもが少なくまだ幼いため、主な労働力となるのは世帯主の男性とその妻である。年齢を重ね、三五―六四歳までの間は、子どもの数が増加し労働力が豊富な時期となる。

調査村には、世帯主が女性の世帯が一八ある。それらの世帯は、離婚や死別によって配偶者を失った寡婦が子どもと暮らしている場合と、配偶者の男性が他地域に居住し、送金等の家計への貢献を行わず、家計の決定権が女性にあるとみなされる場合の二種類がある。女性世帯主の世帯では、成人男性の労働力が少なく、男性世帯主よりも労働力人口が低い傾向にある。特に高齢になると、子どもたちが独立し、まだ農作業をできるうちは一緒に暮らすことは少ない。多くの高齢女性は、孫や甥・姪などを一人か二人そばにおいて、日々の生活や農作業を営んでいる。

図2-2は、世帯主の出身地を出生年代ごとに示したものである。調査村の人びとは、移住前に居住していた土地を「オールドチペポ」[4]と呼び、現在のグウェンベ県にあるチペポ首長領と区別する。一九三〇―五〇年代に生まれた人びとは、オールドチペポからの移住を経験している移住第一世代の人びとである。移住後は、M地区で生まれた世帯主が多い。結婚による女性の移入は多く見られるが、M地区や隣接する集落に出自を持つ男性の新たな移住はあまり多くないことがわかる。

次に、次節以降の農作業に関わる土地と牛の所有について述べる。移住にともない、彼らは政府から一ヘクタールという狭い土地を与えられた。しかし、年長者の話によると、移住前と異なる自然環境下での農業に慣れず、移住後何年かは頻繁に食糧不足を経験してきたという。このときに与えられた土地は、現在の居住地の近辺に位置している。その後の人口増加とあいまって、一九八〇年代前半には集落から離れた未開墾地を切り開く若者が出現し始めた。調査村のE・Mもその先駆者の一人である。E・Mは現在彼が使っている土地を一九七九年に開墾した。この土地は集落から徒歩で一時間半もかかる場所に位置している。彼はそれ以前は母親の土地で農作業を手伝っていた。当時は、集落付近に位置する土地は開墾しつくされていて、彼が土地を得て農業を拡大したいと考えても、それは困難であった。そのため、彼は未利用地が残る集落から離れた場所で土地を切り開いたのである。この時期以降、多くの人びとが集落から離れた場所にも土地を開墾するようになった。この時期に土地を開墾した人びとがいる世帯やそれを相続した子どもの世帯では、現在でも広い面積の土地を保有している。

図2-2　出生年代ごとの世帯主の出生地

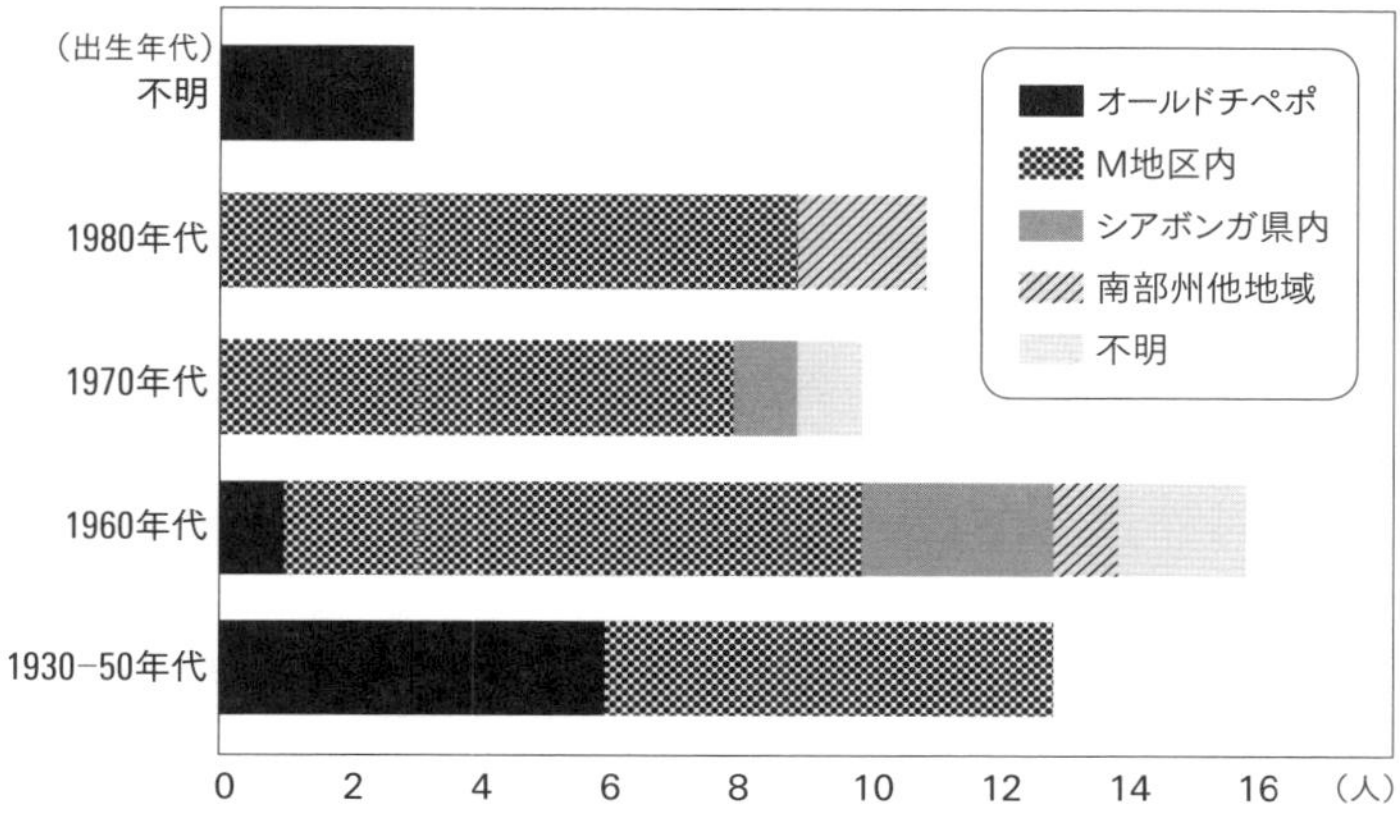

＊オールドチペポは移住前の彼らの居住地を指す.

表2-7　世帯主の出生年代ごとの土地保有面積（単位：世帯）

	2ha未満	2ha以上 5ha未満	5ha以上	合計
1930−50年代	3	5	5	13
1960年代	4	10	2	16
1970年代	5	3	1	9
1980年代	9	1	0	10
不明	2	0	0	2
合計	23	19	8	50

出所：50世帯の圃場をGPS受信機を用いて実測.

表2-7は、世帯主の出生年代ごとにみた各世帯の土地保有面積を示したものである。土地面積は五〇世帯の実測値で、複数の畑を持っている世帯の場合はそれらを統合した値になっている。五〇世帯が保有している圃場は全部で七〇筆ある。そのうち最も広い圃場は、六・四ヘクタールである。世帯あたりの最大の土地保有面積は、一七・二ヘクタールであった。世帯ごとの平均土地保有面積は、二・九ヘクタールである。

表をみると、五ヘクタール以上の土地を保有しているのは、ほとんどが一九六〇年代以前に生まれた世帯主の世帯であることがわかる。彼らは移住初期に未開拓地を切り開いてきた人びとである。対して、特に若い世代では、保有面積が二ヘクタール未満と少ないのが特徴的である。若い世帯では労働力人口も少ないため、大きな土地を耕せないという事情もある。また、現在では未利用地が減少し、相続・譲渡によって土地が細分化されていることも関係している。

調査村で牛を所有するのは一三世帯である。うち、牛の所有が五頭以下の世帯は五世帯、六―一〇頭の世帯が七世帯、最も多い二三頭を所有する世帯が一世帯ある。牛は農作業に使用し、婚資としても支払われるため、経済的・文化的な価値が最も高い家畜として位置づけられる。調査村では牛のほかに、ヤギ、ニワトリ、ヒツジ、ブタ、ホロホロチョウ、アヒル、ハトの飼養が確認された。牛を売却することはめったにないが、ヤギやニワトリ、ブタなどの家畜は、まとまった現金が必要なときに売りに出されている。

第三節　農業

調査村ではさまざまな生計活動が行われているが、すべての世帯が携わっているのが農業である。調査村では基本的に雨季のみに行われる天水農業に依存している。[5] ここでは、調査村における農業の状況を把握するために、まず日々の食事について紹介し、続いて栽培作物の種類と農事暦、労働力の確保、自給の状況の順に説明したい。

一……食事と栽培作物

✪食事

ザンビアでは、主食としてトウモロコシのシマ（*nshima*）が食されている。シマは、日本語で「練粥」と訳され、やわらかい餅のような食感をしている食べ物である。トウモロコシだけでなく、調査村のようにモロコシで作られる場合にもシマと呼ばれる(6)（写真2－1）。

シマは、製粉したトウモロコシやモロコシを鍋に沸かした湯で溶き、粉の量を徐々に増やしながら練って

写真2－1　調査村で食べられるモロコシのシマ．

写真2－2　大人数分のシマを作るのは力がいる．
写真はトウモロコシのシマを調理しているところ．

写真2-3　朝食で食べられるポリッジ．野生果実で味つけがなされている．

作る。大人数のためのシマを作るのは力がいる作業である（写真2-2）。シマは、野菜や肉、魚などを調理した副食と一緒に食べられる。都市部に住む人びとは、パンやスパゲティ、ファストフードなどさまざまな食事をとるが、「一日一回はシマを食べないと気がすまない」、「シマでないと食べた気がしない」と言う人も多い。

調査村では、昼と夜にシマを食し、朝はポリッジ（粥）を食べることが多い。ポリッジは、シマと同様に湯に粉を溶いて作るが、シマよりも粉の量が少なく、水分を多く含むものである（写真2-3）。ポリッジは、砂糖やバオバブの実などの野生果実を加え、甘く味つけして食べる。砂糖は購入しなければいけないので、砂糖を買うお金がない場合には、朝食を食べないこともある。また、農繁期になると朝早く耕地へ出かけるため、朝食はとらず、食事は日に二回になることが多い。

シマのおかずとして用いられるのは野菜や肉、魚である。収穫まもないうちは畑で獲れたオクラやキュウリ、カボチャなどの野菜が多く食卓にあがる。また、雨季に耕地周辺に育成する野生植物(7)も副食として用いられる。多くの世帯では雨季にたくさん採集をして、乾燥させて保存しておく。調査村の人びとは牛以外にもヤギやヒツジ、ホロホロチョウ、ニワトリなどの家畜も飼養しているが、肉が食されるのはクリスマスや新年などの特別なときである。二〇〇九年九月の一三日間に滞在していたハレンガ家で行った食事調査では、副食の入手方法は「自給」が四九％、「購入」が三一％、「採集」が五％、「贈与」が一五％であった。この時期は収穫後に保存した野菜や野生植物がまだ残っており、自給の割合が高まった。端境期に近づくにつれて、副食の購入割合は高まっていく(8)。

✿栽培作物

では次に、調査村で栽培されている主食作物について説明したい。ザンビアの一般的な主食であるトウモロコシは、鉱山労働者の配給食糧となったことを受けて、白人大農場や南部州の高地トンガの地域で商業生産が始まった。しかし、モロコシやトウジンビエは、トウモロコシが主食としての地位を確立する以前から、多くの地域で栽培されていた(9)。グウェンベ・トンガの人びとも、移住以前からこれらの作物を中心に育てていた[Scudder 1962]。モロコシとトウジンビエは、トウモロコシに比べて耐乾性、耐暑性が高いという特徴がある。現在ザンビアでは、モロコシは小規模に生産される「伝統的」な作物とみなされている。調査村では、トウモロコシの単作では安定した収穫が期待できないという実質的な問題もあり、モロコシやトウジンビエの栽培が続けられている。近年では、その耐乾性、耐暑性が見直され、政府や国際機関が気候変動への対策として栽培を奨励しており、商業化の可能性も期待される作物である[Hamukwala et al. 2010]。

調査村で栽培されるモロコシには、複数の品種がある。**表2-8**は、二〇〇六／〇七年度から二〇〇九／一〇年度までに栽培された主食作物と栽培世帯数を示している。トウモロコシやトウジンビエは栽培しない世帯もあるが、モロコシはすべての世帯がいずれかの品種を栽培しており、主食作物として最も重要な位置づけであることがわかる。調査村で栽培される主なモロコシの品種は四種類ある。最も多くの世帯に栽培さ

表2-8　調査村における主食作物と年ごとの栽培世帯数（単位：世帯）

		2006/07	2007/08	2008/09	2009/10
モロコシ	クユマ	35	42	40	41
	ムジェメ	10	16	15	6
	ジェクソン	7	8	5	3
	ゴドラ	9	17	13	8
トウジンビエ		30	28	18	13
トウモロコシ		11	15	16	8

＊モロコシはクユマのみ改良種，その他は在来種．
各農業年度の調査世帯数は以下のとおり．
2006／07年度：40，2007／08年度：46，2008／09年度：45，2009／10年度：43.

れているクユマ（*kuyuma*）は改良種である。クユマは、国際半乾燥地熱帯作物研究所によって開発され、一九八九年に配布が開始された。短稈早生品種で、播種から開花までは六五—七〇日、登熟までは一〇五—一一〇日である［淡路 2006］。調査村には、一九九一／九二年度の干ばつ後に導入され、翌年の収穫期には種苗会社が調査村一帯の地域にクユマの種子を買い付けに来たという記録が残されている［FAO 1993］。

クユマ以外の品種は、在来種である。ムジェメ（*mujeme*）は長稈で、収穫までの期間が他の品種よりも長い。調査村のなかには、改良種よりもムジェメの味を好み、栽培を続ける世帯が多かった。しかし、ムジェメは穂の背丈が高いことから、鳥害に遭いやすく、鳥追いの作業にも人手が必要になる。また収穫も、一度刈り倒してから穂刈をするなど手間がかかるといった理由から、栽培を断念している世帯が多かった。ジェクソン（*jeckson*）やゴドラ（*godola*）は長稈の早生品種で、穎果《えいか》が赤色をしている。他にもいくつかの在来種が見られたが、わずかに高齢の世帯などで栽培されるものであった。

トウジンビエはクユマに次いで多くの世帯で栽培されている。トウジンビエはモロコシよりも乾燥に強く、肥沃でない土壌でも生育できる。干ばつの被害によって他の作物が収穫できなくても、トウジンビエだけは収穫が可能なこともある。そのため、保険としての役割も兼ねて多くの世帯で栽培されている。トウモロコシは、モロコシが植えられた畑のなかに混作されていることが多く、他の穀類に比べて栽培されている面積が小さい。収穫量が少ないため、シマとして食べられるよりは、実を煎ったりして間食として食べられる場面の方が多い。主食作物の畑には、マメ類、オクラ、カボチャ、スイカ、キュウリなどの野菜も混作され、適宜収穫されている。一部の世帯では、屋敷地内に設けられた庭畑でも小規模に栽培されている。

このような複数の主食作物を、各世帯はその特徴や生育期間、好みの味などを考慮して、組み合わせながら農耕を営んでいる。しかしながら表2-8を見てもわかるように、調査を行っていた四年間の間にも、モロコシの改良種クユマのみを栽培する世帯が多くなってきており、在来種やトウジンビエを栽培する世帯が減少する傾向がみられた。特に土地や労働力に乏しい若い世帯では、クユマの単作にすることで農作業を単純化する傾向がある。

✪換金作物

調査村で栽培される換金作物として、最も多いのはワタである。ワタ栽培では、種子や除虫剤などの購入費用が収穫物の買い取りの際に差し引かれる仕組みになっている。そのため、栽培を始めるのに初期費用はかからない。二〇一〇年調査時、ルシト一帯では三つの買付会社が取引を行っていた。それぞれの買付会社には、農民のなかから選ばれる種子配布担当者がいる。ワタ栽培を行う世帯は、彼らのところへ行って種子や農薬を手に入れる。収穫期になると、ルシト地域担当の買付人たちが出向き、種子配布担当者のところへ集められたワタを集荷する。その後、七月頃に諸経費を差し引いた各世帯の取り分が支払われる。毎年同じ企業に売却する義務はないため、その年の各買付企業の価格を見て、次年度は別の買付会社に簡単に乗りかえてしまう姿がよく見られる。

図2-3は、二〇〇六年度から二〇〇九年度までにワタ栽培を行った世帯数を降水量の変動とともに示したものである。二〇〇六/〇七年度、二〇〇九/一〇年度には、栽培世帯が減少し、年降水量と対応するように栽培世帯数は変動していた。この理由としては二つ考えられる。多くの世帯では、雨季の初期の降雨パターンを見て、その年に何をどのくらい植えるかを判断する。そのため、雨季の始まりに雨が少ないと、ワタ栽培にかける労働力等を考慮してリスクが大きいと判断し、前年度にワタを栽培していてもその年は栽培しない、ということがある。逆に、雨季の初期に雨がよく降っているような年は、これまで行っていなかったワタ栽培に挑戦しようと考える世帯が増加する。また、農業全般においてリスクが大きいこの地域では、ワタ栽培から安定した利益を得ている世帯が少ない。

ワタを栽培した世帯が得た粗収入には、世帯ごと、年ごとにかなりの差異がある。図2-3において、最も多くの世帯が参入していた二〇〇八/〇九年度は、二一世帯がワタ栽培を行っていた。この年の平均粗収

図2-3　ワタの栽培世帯数と降水量の変動

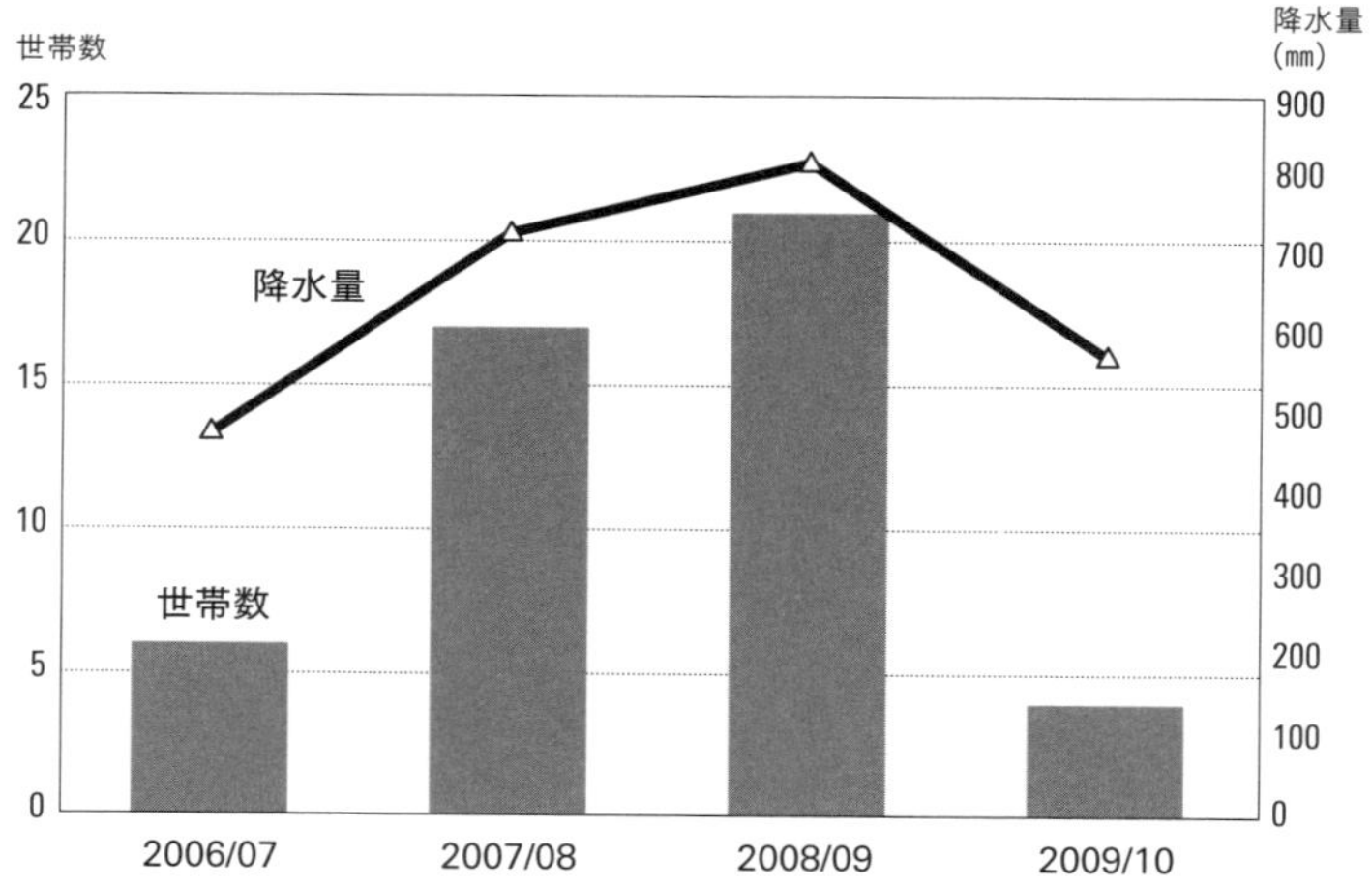

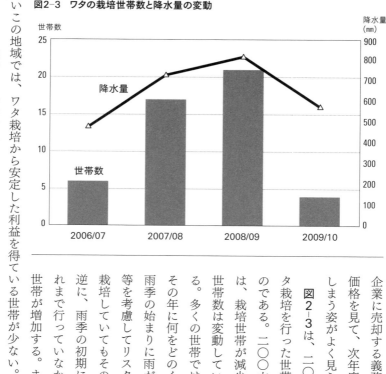

入は約八〇〇クワチャ(10)であった。しかし、粗収入が五〇〇クワチャに満たない世帯が九世帯いた。このような世帯では、農作業の手伝いを雇った賃金(後述するピースワーク)を支払ったり、端境期に商店で「ツケ買い」した分を支払ってしまうと、ほとんど手元に現金が残らない。一方で、その倍の一〇〇〇クワチャ近い粗収入を得られた世帯も三世帯存在していた。このような世帯では、コンクリート造りの家を建てるためのトタン屋根やセメント、自転車や家具などの消費財を購入するほか、牛や犂《すき》など農業生産財へ投資していた。

二……農事暦と農作業

調査村では乾季と雨季が明瞭に分かれている。一〇月の終わりか一一月の初め頃に雨が降り始め、三月頃まで降り続く。農作業は雨が降り始める前の一〇月頃から開始される。ここでは先述した主要作物を中心にした農事暦(図2-4)にそって、農作業について説明する。

◎圃場整地

雨が降り始める前には、前年度の刈り残しや雑草を取り除き、耕作の準備をする。多くの人が刈り残しの作物や雑草を数箇所に集め、燃やしている。雑木を燃やした箇所で生育が良いことは、調査地の人びとも認識しているが、焼畑農業のように火入れによる土壌養分の増加などの効果を狙っているというよりも、単に残渣を除去し次の耕作に備えるという意味合いが強い。牛を所有している世帯では、乾季の間、耕地を放牧地として利用しているため、残渣が比較的少ない。さらに、次に述べる牛耕によって土が掘り起こされるため、木本以外の雑草を細かく取り除く必要がなく、作業が容易になる。

図2-4　調査村における主要な栽培作物の農事暦

		雨季			乾季							雨季	
		1月	2月	3月	4月	5月	6月	7月	8月	9月	10月	11月	12月
モロコシ													
	クユマ	播種	除草		収穫							播種	
	ムジェメ	播種	除草		収穫							播種	
	ゴドラ	除草		収穫									播種
トウジンビエ		除草		収穫								播種	
トウモロコシ		播種	除草		収穫								播種
ワタ		播種	除草		収穫								播種

✪播種

雨が降り始めると、播種が開始される。その年初めての雨が降った後に、早々に播種を開始する世帯もいるが、多くの世帯は一一月初旬に最初の播種を行う。二〇〇六／〇七年の調査時には降水量が少なく、一月頃まで雨がほとんど降らなかった。そのため、シーズン最初の降雨で播種した作物は乾燥してしまい、農作業は一時中断されていた。そして、再び雨が降り始めた一月後半から二月に至るまで播種作業が通常より遅れて行われていた。反対に、降水量が多い年には、一一月に植えた早生の品種が一―二月に実ると、それらを収穫した後に再び播種することもある。

播種作業は、牛の所有によって作業量が異なっている。牛を所有している世帯では、犂を使って掘り起こしたところに一定間隔をあけて播種し、上から足で軽く土をかぶせていく(写真2-4)。牛を扱うのは結婚前の若い息子たちや男性世帯主であり、女性が行うことはほとんどない。普段から牛の放牧を任されている子どもたちが学校に通っていても、学校が休みの土日や早朝にこの作業を手伝う。

種を蒔く作業は、主に女性の役割である。自給用のモロコシ種は、ほとんどの世帯が前年度の収穫分から種子として貯蔵していたものを使う。主食であるモロコシやトウジンビエはもちろん、スイカ、オクラ、カボチャなどの種子も貯蔵している。種子を購入する世帯は少ないが、農業省で販売しているモロコシ種や野菜の種を購入する世帯もいる。牛を所有していない世帯では、長さ五〇センチ程度の平鍬を使用して播種を行う。種を蒔く部分を鍬で軽く掘り、種を投げ入れ、上から土をかぶせる方法がとられている（写真2–5）。この作業の繰り返しは非常に

写真2–4　牛を利用した耕起の様子．この後ろから女性がついてきて種を蒔く．

写真2–5　牛を使わない場合は，耕起せず小さな穴を開けて種を蒔いていく．

重労働であるため、牛を所有している世帯に牛を借りる事例が多く観察される。そのため、牛を所有していない世帯の畑には、無耕起栽培で播種した区画と、牛耕によって播種した区画が混在して見られる。しかし、農繁期は牛所有世帯も毎日牛を使用するため、借りることが難しくなる。

✿除草

播種作業が終了すると、次は除草作業である。除草作業は、すべての農作業のなかで一番の重労働であり、人びとが最も嫌がる作業でもある。作物がある程度の背丈に達する一月から二月頃まで、鍬による除草作業が毎日行われる。牛所有世帯においても同様に手作業による除草が行われる。土地面積が広い世帯や、世帯メンバーが少ない世帯などは、除草が間に合わないため、世帯外労働力を利用して作業を行う。一月から三月にかけては、収穫前で前年度の食糧が枯渇している世帯も多く、除草作業を請け負うことで食糧や現金を手に入れる風景が至るところで観察できる。また、各作物の収穫期が近づくにつれて、鳥害を防ぐために畑に見張りを置いて、声をあげて鳥を追いやる作業も行われる。

✿収穫

降水量が平均的であれば、二月頃からトウジンビエやモロコシの早生種の収穫が開始される。三―四月にはほとんどの主食作物の収穫が行われ、五―六月は換金作物のワタや二回目に播種された作物の収穫が行われる。収穫作業ではナイフを用いて穂刈を行う。草丈の高い種は、根元をナイフで切り倒してから、穂刈を行う。その後、乾燥させて、各世帯にある高床式の倉庫に保存する。

三……労働力の調達方法と労働需要の季節性

このような農作業の一連のプロセスは、世帯構成員だけでなく、労働交換や請負労働による世帯外労働力を利用して行われる。

◎世帯内労働

農作業は、家計を同一にする世帯の構成員によって担われる。通常は、子どもが結婚して独立した世帯を築くときに、両親や親族から土地を分けてもらう。こうして自分の土地を持つと、両親の耕作地での農作業を無償で行うことはほとんどなくなる。換金作物栽培に関しては、息子世帯と親世帯が協働する事例も見られる。例えば、C・M、D・M、B・MはE・Mの息子たちであり、現在は妻子とともに独立した世帯を築いている。彼らは結婚後、両親の耕地を手伝うことなく、父親から譲り受けた土地で農業を営んでいた。息子世帯はまだ子どもが幼いため、農作業は世帯主の彼らと妻のみで行われる。父親のE・M世帯の耕地では、結婚前の六人の子どもたちが農作業を手伝っていた。二〇〇八／〇九年、E・Mは、息子のB・Mと協力して自身の畑にワタを植えた。農作業は二世帯の協力によって行われた。ワタの販売によって得られた収入は、一〇〇〇クワチャであり、息子B・Mには二割の取り分が与えられた。同年度には、C・MとD・Mの兄弟世帯間においても、同様のワタ栽培での共同作業が行われていた。収穫後、B・Mは次のシーズンも父親と共同でワタを植えると話していたが、食糧の収穫がよくなかったため、次シーズンにはワタ栽培を取りやめ、食糧作物に集中していた。

このように状況に応じて、農作業を拡大家族間で協働して行い、労働力の少ない若い世帯が換金作物栽培に参入することを後押しすることがあるが、父―子間での牛の貸し借りや労働の分配はしばしば言い争いの種になる。私が滞在していたハレンガ世帯では、独立している長男ピーターが、二〇〇六年に二人の若い兄弟を父親世帯の代わりに養い、食事や学費を拠出していた。そのため、二人の兄弟たちはピーターの畑で農作業をすることが義務づけられる。その他の兄弟たちは父親世帯で扶養されているため、父親の農作業を手伝っていた。しかし、父親世帯の土地はピーターよりも面積が広く、農繁期になると除草作業の手が足りなくなる。そのため、父親は、普段は息子ピーターの畑で働いていた二人の子どもたちにも自分の畑での手伝いをするように言い渡した。二人の子どもたちは、父親に怒られないようにしぶしぶ作業を手伝うが、ピーターは「彼らの面倒は俺が見ているのだから、なぜ父さんの畑に手伝いに行かせなければならないのだ」と頻繁に文句を口にしていた。しかしピーターも、父親の持っている牛を借りなければ農作業がスムーズに進まないので、牛を無償で貸すのか、お金を払うのか、ピーターが養っている二人の労働の分としてワタの売上の取り分がもらえるのか、などのことが両者の間でしばしば口論の種になっていた[11]。このように基本的には農作業は世帯単位で行われるが、状況によっては、親―子、兄弟という拡大家族間で共同労働や労働力の提供が行われることもある。しかし、このような協働関係は言い争いになることも多く、必ずしも毎年続くわけではなく、状況に応じて行われるものであると考えられる。

✪請負労働

農事暦で見たように、耕起・播種作業は牛を所有しているかどうかによって負担が異なる。牛を所有している世帯は、少人数でも耕起・播種作業を容易に行えるが、牛を所有していない世帯では土地面積が小さくても大変な重労働になる。また、牛を所有している世帯でも、除草の際には猫の手も借りたいほど忙しくなる。そこで利用されるのが請負労働である。請負労働では、対価を労働で支払う場合と、現金で支払う場合とに分けられる。請負労働は、牛を所有していない世帯が、牛を所有する世帯に牛を借りるために頻繁に行われる。牛所有世帯が合意すると、日にちと耕す土地の面積を決める。牛を借りる当日は、牛所有世帯から息子が一人付き添いについてくるだけで、作業のすべては借りる世帯が行う。借りる世帯に牛を扱える男性がいなければ、牛所有世帯の息子たちが代わりに作業を請け負う。借りた世帯は、その対価として牛所有世帯の耕地で除草作業を後日手伝う。

調査村では全体の三割ほどの世帯が労働で対価を支払う請負労働を利用していた。牛の貸借における相手との社会関係はさまざまである。親族・姻戚関係にある世帯と労働交換をする場合が最も多いが、家や畑が隣接しているという理由から相手を選ぶ場合もある。毎年決まった相手を選ぶ世帯は少なく、相手の選択は可変的であった。なぜ牛耕を頼む相手を毎年変えるのかという私の質問に対して、Em・Hが話した答えは非常に興味深い。

「毎年違う人に牛耕を頼むのは、いろんな人とのつながりを作っておくためだ。それに、同じ相手に毎回頼み続けると、相手に負担をかけてしまう。そして同じ相手に頼み続けていると、今度は他の人に頼んだときに『あいつにはいつも引き受けてくれる相手がいるから断っても問題ないだろう』と考え、自分の頼みを引き受けてくれなくなる」。

彼が話すように、牛耕との労働交換を成立させることの難しさは、牛を持たない世帯の悩みの種である。私が滞在していたハレンガ世帯は牛を所有しており、農繁期になると他の世帯から労働交換の依頼が来ることがあった。ハレンガ世帯では牛の所有頭数が少ないこともあって、世帯主はそれをあっさりと断ることが多かった。牛の頭数が少ない世帯では、雨のタイミングを見ながら播種作業に追われ、一日たりとも休むことができないという時期があり、他世帯のために牛を貸すことは難しい。そのため、借りる側にとっても、播種をしたいタイミングで牛耕にアクセスすることは難しいのである。貸してくれる相手が見つからず、すべて手作業で行ったため、播種するタイミングが遅れて収穫がよくなかった、と話す人びとも多い。

Em・Hの発言にみられるように、労働交換には既存の親族・姻戚という社会関係のみならず、普段からさまざまなところで牛所有世帯との関係を構築しておくことが重要になる。二〇〇九年、妻の出身農村に移住していて久しぶりに村に戻ってきたP・Mは、労働交換の相手を見つけることの難しさを語っていた。彼は、「村に帰ってきてまだ日が浅いので、牛耕を頼めるような間柄の人はいない」と話していた。牛を所有する世帯が無償で牛耕をすることもあるが、それはハレンガ世帯と息子ピーターのような拡大家族間でのやりとりや、高齢女性への息子世帯からの協力など親しい間柄に限られ、それ以外の場合において無償で牛耕を提供することは稀である。年長者からは、以前は共同労働や無償での労働補助などが今よりも多く見られたが、最近では見返りを求めるやりとりや、現金を通じたやりとりばかりになった、との声が聞かれた。

年長者が語るとおり、牛を借りるにあたって合意を得やすい簡単な方法は現金を支払うことである。調査村では、一エーカー耕すのに対し三〇クワチャを支払うのがおおよその相場になっている。現金を支払って牛を借りていた世帯は、二〇〇六／〇七年度に四世帯、二〇〇八／〇九年度に七世帯、二〇〇九／一〇年度に一〇世帯あった。多くの世帯はすべての耕地ではなく、換金作物を植える区画など一部分のみを依頼する。自分の畑すべてを現金の支払いにより牛耕してもらうことができていたのは、定期的な現金収入が見込める世帯のほか、換金作物を栽培し収入が入ったら払うと約束する世帯、都市居住者からの支援がある世帯などに限られている。例えば、木工職人として知られるP・Hは、二〇〇八年の牛耕の利用に際し、合計で一八〇クワチャを現金で支払い、その他に自分が作った家具との交換で支払いをしていた。二〇〇九年には、合計で二八〇クワチャの現金と一六〇クワチャ相当の家具との交換を行っていた。彼は、四・七ヘクタールの土地を持ちワタ栽培も行っているが、牛を所有していないため、牛耕に多額の現金を費やし、作業の効率化を図っている。労働で対価を支払うのとは異なり、現金を支払うときの相手の選択は、親族や友人などの親しさ、家や畑の近さとは特に関係がない。また、毎年同じ相手でも、毎年異なる相手でも構わない。P・Hは、牛耕の相手の選択について、「自分と相手との関係よりも、その人が現金を必要としているか」が問題であり、「特に、一二月や一月はクリスマスや新年のイベントでたいていの世帯では現金が必要なため、相手は簡単に見つかる」と話していた。

四……食糧自給にみられる変動性

図2-5は、二〇〇六／〇七年度から二〇〇八／〇九年度までの各農業年度において、各世帯が自給できた期間を表したものである。ここでは多くの作物が収穫される四月を基準にしている。二〇〇六／〇七年度は四八〇ミリの少雨であったため、収穫後六カ月以内に収穫物が枯渇した世帯が一二世帯あった。一方で、一三世帯が年間を通して食糧自給を達成していた。翌二〇〇七／〇八年度は例年より多い七三〇ミリの雨が降った。二〇〇七年一二月には、ルシト川に架かっている橋のたもとで土砂崩れが起こり、四日間通行止めになるほどの強い雨が降った。南部州の他地域では、洪水による農作物の被害が多く報告されたが、調査村一帯では収穫が前年度よりも良かったと話す人が多かった。実際、この年に収穫された食糧で、半数以上の世帯が年間を通して自給を達成していた。しかし、二〇〇八／〇九年度は、前年度よりもさらに多い八一八

図2-5　調査村において各世帯が収穫した食糧で自給できた期間

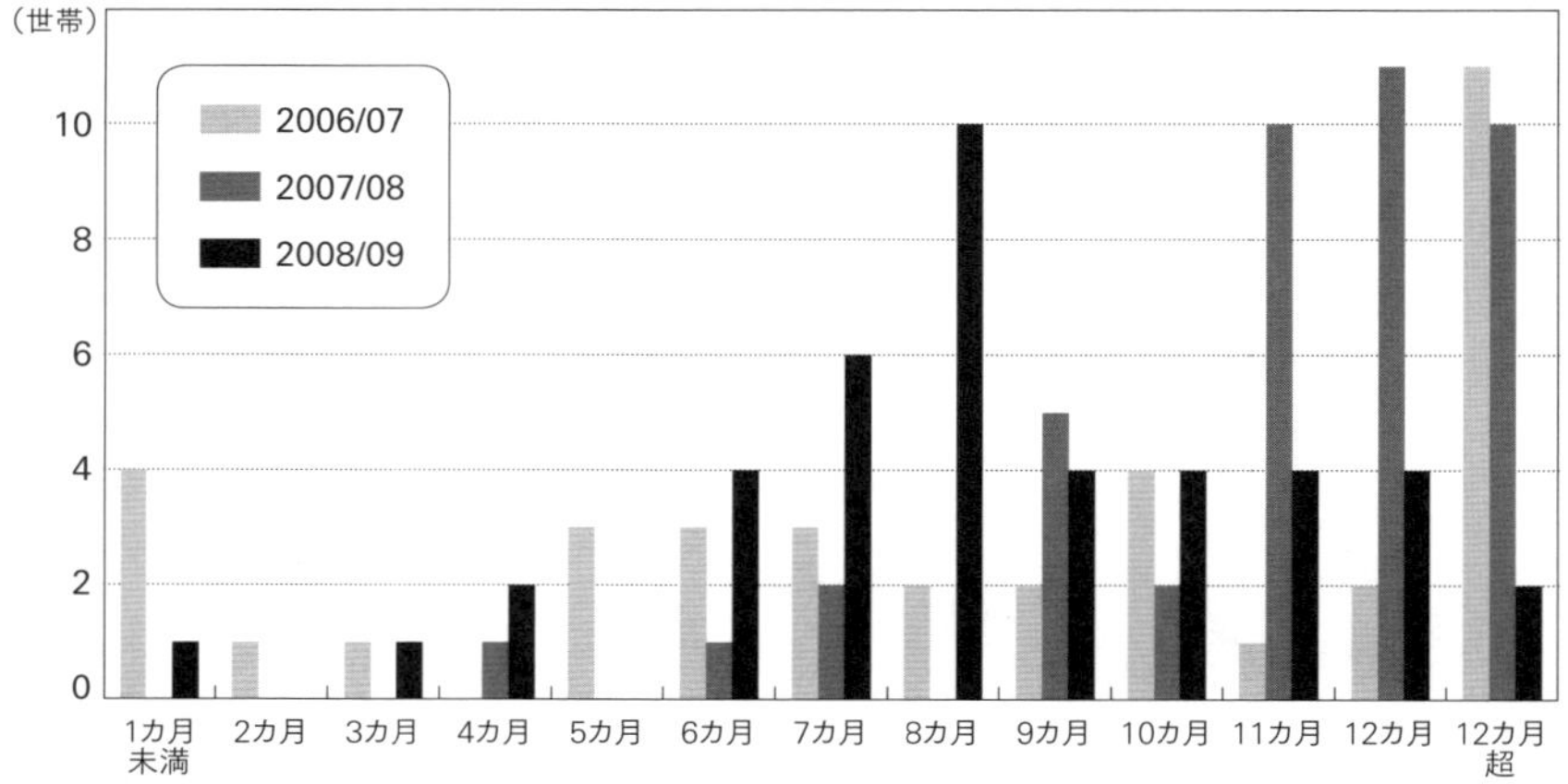

＊各農業年度における調査世帯数は，2006／07年度：37世帯，2007／08年度：42世帯，2008／09年度：42世帯．各農業年度における降水量は，2006／07年度：480mm，2007／08年度：730mm，2008／09年度：818mmであった．

ミリの多雨であり、モロコシやトウジンビエには雨が多すぎたようであった。そのため、一一月頃には食糧を切らした世帯が半数を超えていた。このように、自給用の食糧生産は年ごとに変動がある。そしてどの農業年度にも、「ほとんど収穫できなかった」という世帯や、収穫後半年以内に食糧を切らしてしまう世帯が存在している一方で、一年以上自給できる世帯が存在する。収穫した食糧を切らした世帯は、他の世帯からモロコシを買うのが一般的である。道路沿いの商店などで製粉された市販のトウモロコシ粉を購入するよりも、地域内の他の世帯からモロコシを買った方が安くすむからである。また、買うお金がなくとも、除草作業を請け負うことで対価として食糧をもらうことも可能になる。

収穫は降水量に左右されているが、それ以外にも農作業に関わる労働力の調達とも関係している。前述したように、作付けのタイミングに牛を借りることができるかどうかもその一つである。また、各世帯の個別の事情によっても、労働供給が変化することがある。例えば、女性世帯主M・Mは、二〇〇六／〇七年度に収穫した食糧が二〇〇七年九月には尽きてしまったことについて、「二〇〇六年に姉が亡くなり、病気の甥を引き取ることになった。甥の看病をしなければならなかったので畑に行く時間が少なくなり、除草や鳥追いが不十分になってしまった」と説明した。調査村では、鳥害の対策として畑に世帯メンバーの誰かを配置し、鳥が来ると大声を出して追い払っている。二月や三月になると、「ヤァーィ、ヤァーィ、ヤァーィ」と、畑から鳥を追い払う声があちこちから聞こえてくるようになる。M・Mの年長の子どもは学校に通っているため、平日は農作業を手伝うことができない。そして彼女自身は、看病のため家に留まる時間が多くなり、鳥追いの作業が十分にできず、収穫に影響があったということであった。この女性世帯主の事例以外にも、家族の看病や自身の体調不良、主要な農作業の担い手が遠方の葬式に参加するなどといったことが農繁期に重なったため、農作業に費やす時間が不十分になり収穫が良くなかったと話す人もいた。農作業への労働投入量が、先述したような偶発的なイベントによって左右されることは、食糧自給にみられる年変動や世帯差に影響を与える一つの要因になっている。そのため、何らかの外部要因によって、毎年の食糧生産の出来が左右されることは日常茶飯事であり、「自給できない」分を他の経済活動から得られた現金によって購入することは決して珍しいことではない。

第四節　非農業活動

調査村では、農業だけでなく、さまざまな経済活動が営まれている。非農業活動は、雨季・乾季ともに日用品や嗜好品の購入費、教育・医療費を捻出するために行われる。また、前述したような食糧不足の期間には、近隣の世帯からモロコシを買ったり、道路沿いの商店で市販のトウモロコシ粉を買ったりするためにも行われる。都市部への出稼ぎ労働については第四章で述べるため、ここでは農村部を中心に行われる非農業活動を、俸給職、自営業、ピースワーク(piecework)と呼ばれる雇用関係の三つに大別してその特徴をみていきたい。

まず、ここでの俸給職は、定期的に雇用主から給与が与えられる仕事を指す。M地区を含むルシト一帯には、学校、診療所、農業省のルシト支所、カトリック教会といったいくつかの公的機関や民間組織が存在する。これらの機関において正規に雇われる地方公務員や教員等は、施設周辺の特定の居住区に暮らし、各村の構成員としてはみなされていない。ただし地方公務員や教員も、後述するピースワークの雇用主となることがある。村の人びとのなかには、これらの機関・組織で掃除や種々の手伝い要員として雇われている人びとがいる。例えば、カトリック教会が運営する私設幼稚園の教員、給食調理人、掃除人などが含まれる。これらの職では、乾季・雨季を通じて毎月一定の給与が得られるため、安定した生活を送ることができる。

例えば、カトリック教会はM地区内に製粉所を一つ持っている。調査村に居住するE・Mはこの製粉所の作業員として雇われている(写真2-6)。彼は、月一〇〇クワチャを得ている。E・Mは月曜から金曜の日中と、土曜の半日は製粉所で働くため、雨季の農作業に参加することができない。そのため、妻や子どもが農作業を行うが、足りない分は人を雇い入れることで農業を営んでいる。このカトリック教会での仕事は、もともと地域の教会運営のリーダー的存在であった人びとや、敬虔な信者などが選ばれることが多い。E・Mはもともと教会運営委員会のメンバーであり、彼の妻も女性グループのリーダー的存在であったため、神父からの信頼が厚かったのだと思われる。

次に、自営業は、年間を通して行われている活動と、季節的に行われる活動とで性質が異なる。調査村で年間を通して行われる自営の仕事はあまり多くないが、第三章で取り上げる商店(食品や日用品の販売)の経営や、家具職人がこれに含まれる。これらの仕事を営む人びとは、農作業のない乾季に活動がより活発になる傾向はあるものの、雨季にも農作業の合間をぬって続けられている。

一方、季節的に行われる自営の仕事の代表的なものは、野菜や古着などの販売である。例えば、調査村の女性たちにとっての重要な収入源になっているのが、市場での野菜販売である(**写真2-7**)。彼女たちは、調

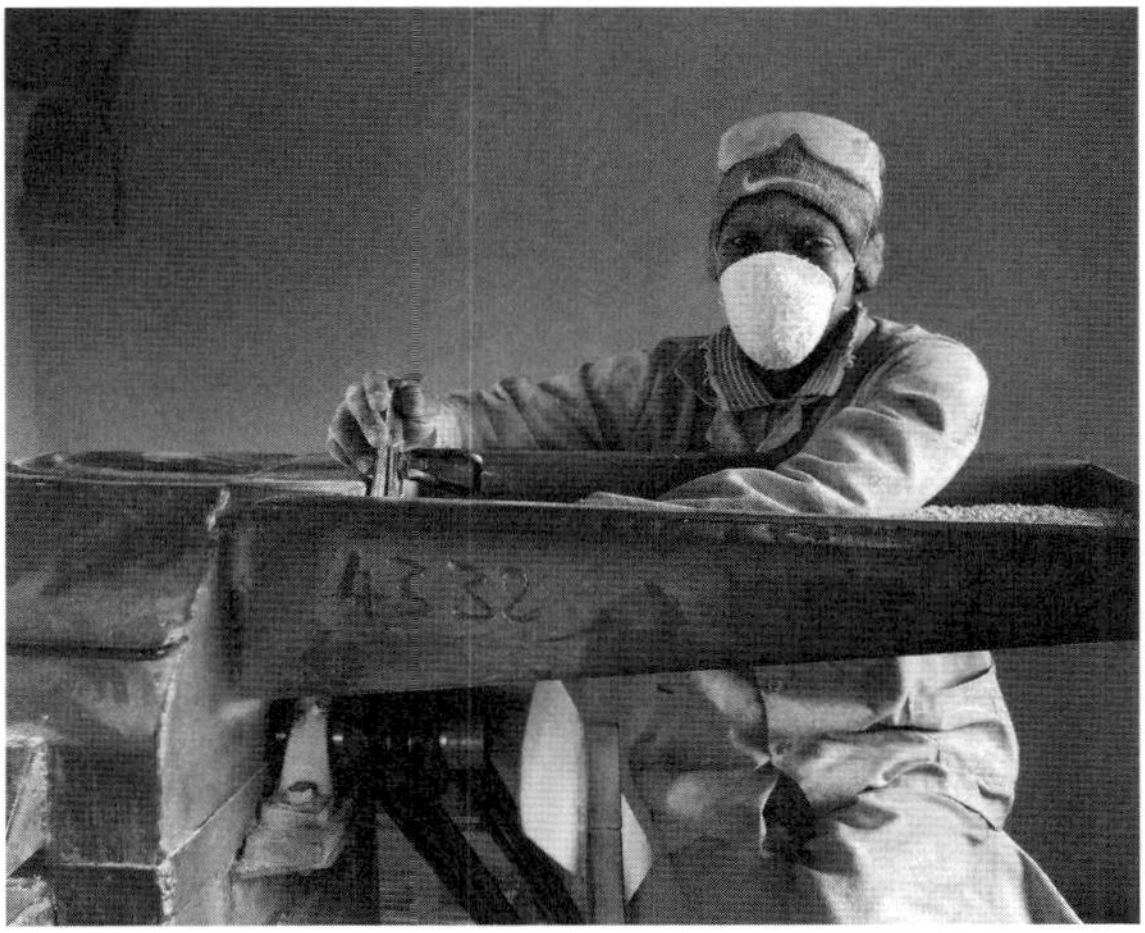

写真2-6　製粉所でE.M は毎日真っ白になりながら働いている.

写真2-7　バスや通りがけの車には一目散に売り子たちが集まる.

写真2–8　商店主に雇われ，ブロックを作る作業にとりかかるところ.

写真2–9　教会で行われたピースワークの様子.

査村から一〇キロほど離れたザンベジ河下流沿いにある灌漑農業地域[12]へと歩いて行き、産地で野菜や果物を安く仕入れる。それを村内や幹線道路沿いの市場で販売し、利ざやを得る。ルシト地域の住民だけではなく、幹線道路を往来する車がしばしば立ち止まって野菜を買っていくため客は多い。そして、彼女たちはときに、近郊都市のシアボンガに出かけて行って、同じように野菜販売をし、二、三日で帰ってくる。また、反対のことが都市部に居住するM地区出身者によっても行われている。シアボンガに滞在している世帯から、配偶

表2-9　調査村でみられる主なピースワークの仕事内容と賃金の相場

仕事の内容	賃金の相場
レンガ・ブロック作り	セメント1袋につき3−5クワチャ，1ブロックにつき0.05クワチャなど
穀倉や家屋の資材収集	1回につき30−50クワチャ
除草作業	半日作業につき10−20クワチャ
雨季前の圃場整地	1回につき30−75クワチャ
鶏小屋の作成	10−20クワチャ

者の女性が村に帰ってきて、一日かけて野菜を仕入れに行く。そして、それをそのままシアボンガへと持ち帰り、町の市場で販売するのだ。野菜以外では、採集したバオバブ等の野生果実を販売したり、既製品の酒を仕入れて村で販売を始めるなど、乾季にはさまざまな零細商業が営まれている。

日払いや出来高払いの一時的な雇用関係は、ピースワークと呼ばれている。ピースワークは、ザンビアに限らず、東南アフリカ農村部で広く見られる雇用形態である［Cole and Hoon 2013］。都市での日雇い労働などの簡単な仕事も同様に「ピースワーク」と呼ばれるが、ここでは地域内の住民が雇い主になる場合について説明する。

ピースワークでは、給与所得を持つ世帯や、通年で自営業を営む世帯、広い土地で換金作物栽培を行っている世帯などが雇い主になる。ピースワークは、雇う側が友人や知人に声をかけ、仕事を依頼して成立する場合と、現金を必要としている人が雇用主になっている人に頻繁に相談をもちかけ、仕事をもらう場合に分けられる。支払われる賃金は事前に協議され、仕事が終わってから支払われるのが一般的である（**写真2-8・2-9**）。

表2-9は調査村でみられる主なピースワークの仕事内容とその支払額の事例である。除草作業のピースワークは雨季に最もよく行われるもので、その賃金は除草した区画の広さに応じて決まる。だいたいは半日の作業で一〇—二〇クワチャが相場である。収穫後に各屋敷地で行われる脱穀作業や圃場

の整地なども、耕地面積の大きい世帯ではピースワークを利用する。非農業活動では、家屋や穀倉、家畜囲いなどに用いる建材の収集、建設作業、レンガやセメントブロック作りなどがよく行われている。支払額は雇用主の状況や、取り決めによって差異はあるものの、一般的に除草作業のように誰でもできる仕事では安く設定され、重労働の仕事や技術を必要とする仕事では高くなる。

ピースワークの雇用関係は、村やM地区といった地理的境界に関係なく起こっている。人びとは、日頃からルシト一帯、さらに他の農村や都市を含む広域で社会関係を築いている。親族はもちろん、友人や知人は時間があるときに近場であれば頻繁に訪ね、何気ない会話を交わし、雨季などはお互いの作物の生育状況や降雨について情報を交換しあっている。数日でも訪問しなければ、「顔を見せに来てくれ」、「なぜ最近来てくれないのだ」などと知人を介して伝言を送ってくる。このような毎日の何気ないやりとりが、ピースワークの情報や実際の仕事の成立につながっていく。

第五節　困窮時にみられる対処戦略と外部からの支援

一……干ばつ時の対処戦略

すでに述べたように、調査村の農業生産では自給できる期間に大きな世帯差がある。余剰がある世帯からモロコシを買ったり、給与所得のある世帯にピースワークをもらうことで食糧を購入することが可能になる。しかし、干ばつや多雨などによって近隣一帯の農業生産が大きな被害を受けているときは、通常の生計活動だけでは乗り切れない。ここでは、先述した日常の経済活動以外に生計を支えるさまざまな対処行動を紹介する。

まず、最も多くの世帯が行うのは、食糧そのものを節約することである。日に三回の食事を二回や一回に減らすことは、多くの世帯が食糧不足時に行う行動として挙げていた。昼や夜もポリッジを食べることで、使用する粉の量を節約し、次の収穫期までもたせるようにする世帯も見られた。また、シマを食べるには副食となる野菜や魚・肉が必要になる。貯蔵していた野菜が尽きてしまったときや、食材を買うお金がない場合には、通常時では食べることがない野生植物を採集する世帯もある。例えば、ソズウェ（*sozwe: Courbonia glauca*）と呼ばれる野生植物を、苦味が取れるまで二、三日煮込んでから食べることや、通常は味つけに用いられる野生果実を大量に採集し、乾燥させて粉にし、粥にして食べることなどが挙げられた。困窮時にのみこうした野生植物を採集することは、特に高齢世帯で行われている。一方、若い世帯では野生植物の採集自体が行われていないばかりか、先述の植物に関する知識を持っていない者も多くいる。

共食や贈与という慣行も食糧を確保するための手段の一つである。親しい近隣居住者や親族を訪ね、モロコシや現金を少しずつ「乞う」ことは、収穫前の時期に食糧が不足した場合に見られる。普段は生計を別にしていても、近くに居住している親、兄弟、子どもの世帯間で食糧を融通しあったり、子どもの食事だけを他世帯にお願いする、といった互助も見られる。

食事における対処以外で多く行われるのは、家畜を売った現金で食糧を購入することである。売却されるのはニワトリやヤギなどの小家畜が一般的で、よほどのことがないと牛を売ることはない。大きさによって異なるものの、ニワトリは一羽一〇—二〇クワチャほどで取引され、ヤギは五〇—一〇〇クワチャの相場で取引される。農村部よりも、チルンドやシアボンガなど近くの町で売却する方が高値になるため、徒歩や自転車で行くことのできるチルンドまで家畜を運ぶ事例も見られた。例えば、二〇〇四／〇五年の干ばつ時には、P・S世帯は三〇頭ものヤギを売却し、食糧を購入していた。また調査村の人びとは、食糧を購入する際、チルンドから国境を越えジンバブウェ側で購入する方が安く手に入ると話していた。そのため、家畜を売りにチルンドへ行き、その足でジンバブウェ側に渡り、食糧を購入することも行われていた。(13)

二……外部からの支援

食事に関する制限や互助、家畜を手放すことは、世帯内部、世帯間で行われる対処行動であるが、干ばつ時には外部からの支援も重要な生計維持手段になる。移住後のグウェンベ・トンガに対しては、さまざまな援助プロジェクトが実施されるようになったが、それはM地区においても同様である。調査村を含めたM地区一帯には、「干ばつ常襲地域」や「強制移住村」などのドナーを引きつける要素が揃っている。特にシアボンガ県は、グウェンベ県よりも首都ルサカからのアクセスが良いこともあいまって、ザンビア政府や国際機関、NGO、そしてローマ・カトリック教会によって食糧援助以外にもさまざまな支援プロジェクトが行われていた。ここでは、緊急時の食糧援助システムと、M地区に拠点を置くローマ・カトリック教会の活動について紹介する。

ザンビアでは、効率的な災害対策を目指して、国家災害対策委員会（DMMU：Disaster Management and Mitigation Unit）が一九九四年に副大統領府のもとに設立された。また二〇〇〇年度からの連続した干ばつの後には、災害被害を広域的に調査する機関として脆弱性評価委員会（Vulnerable Assessment Committee）が設置され、世帯調査の結果をＤＭＭＵに報告する体制が整えられた。現在のザンビアにおける災害対応では、この二機関が中心的な役割を担っている。国家災害対策委員会には調整機関として、県ごとに下部委員会（District Disaster Management Committee）が設置されており、さらにＮＧＯなどに実際の配布計画・実施を委託する体制が整っている［松村 2009］。

調査村の位置するシアボンガ県では、県庁所在地シアボンガに下部委員会が設置されており、食糧の配布にあたってはシアボンガに拠点を置く地元ＮＧＯが協力している。村落レベルでは、複数の村ごとに一つのサテライト委員会が設置されている。調査村ではＭ地区がサテライトの単位にあたる。サテライト内の村ごとの配布量は、各村の世帯数に限らず一定である。そのため、Ｍ地区では、食糧援助をより多くの人がもらうために、先にも述べたように村の細分化が進んできたのである。(14) 配給内容は、五〇キロのトウモロコシ粉や塩、油、砂糖などのパッケージが一―二カ月分配られる。この食糧援助を受給できる世帯数は限定されているため、すべての世帯が外部支援のみで干ばつを乗り切ることができるわけではない。

次に、Ｍ地区にとって最も身近な支援者であるカトリック教会の活動について紹介する。この教会は、一九六七年に設立された。二〇〇九年には、イタリア人の神父と、インド人、ザンビア人のシスターら計四名が滞在し、住民らで構成された委員会とともに運営していた。彼らの主な支援活動は、教育と保健・医療の二つに分けることができる。

まず、教育に関する活動では、高等学校設立への支援、学費の援助が挙げられる。一九五〇年代の強制移住当時に、政府によって建てられたのは基礎学校(15)（Basic school）のみであったため、高校に進学したい子どもは、村を出て他地域の寄宿学校に行く必要があった。そのため学費だけでなく、旅費や滞在費などがかさみ、進学できる生徒は少なかった。このような状況のなかで、教会は政府に対し、M地区周辺での高等学校の設立を訴えてきたが、聞き入れてもらえなかった。しかし、教会は自ら建設費用などを提供し、二〇〇五年には高校の設立に至ったのである。地元の生徒は毎学期一五〇クワチャ、他地域からの生徒は一八〇クワチャを支払うことになっているが、都市部などと比較すると学費が安く、遠方からも入学してくる生徒が多くなっている。(16)

高等学校に通う子どもを支援するため、教会は学費の援助も行っている。二〇〇九年調査時点では、高等学校で九五人、基礎学校のグレード八—九の生徒で六五人の学費を教会が支援していた。(17)学費の支援を受けるプロセスは、まず生徒と親が教会に相談に来ることから始まる。その後、神父が教会の運営委員会と学校側の担当者に相談をする。委員会や学校の担当者は、この地域の各世帯の家庭の状況について把握しているため、本当に学費が払えないような状況なのかを確認することができる。その後、支援が決定すると、学習の進捗状況に関するレポートを毎学期提出させ、成績がよくなければ支援を中止することもある。このような支援を受けて、例えば調査村のK・Bは高校を卒業することができた。その後、彼は近くの町シアボンガで働き、お金を貯めて、教員養成学校に進学することが決まった。すべての世帯に行き渡るものではないが、高校の設立や学費の支援は、この地域の教育レベルを長期的に高めるものになるであろう。

保健・医療に関する活動では、教会は社会的弱者への支援活動を日常的に行っていることが挙げられる。高齢者や妊産婦、孤児などを対象に、粉ミルクや食用油、大豆、毛布など食糧や日用品を支給している。二〇〇三年には、HBC(Home Based Care)というNGOを立ち上げ、HIV/AIDS患者や重病者への訪問とケア、薬や食糧の配布などの支援活動を行っている。HBCの食糧配布は、イタリアのNGOからの支援によって可能となっている。調査村のなかでは、肺結核の男性が世帯主である一世帯がこの支援を受けていた。

第六節

生計手段の組み合わせ

ここまで、調査村にみられるさまざまな生計活動の選択肢について紹介してきた。当然ではあるが、世帯ごとにどの生計活動に従事するかは異なっている。また、その生計活動の組み合わせは必ずしも継続性があるものばかりではない。ここでは、二〇〇六年度調査時と二〇〇八年度調査時に継続して生計活動の状況を知ることができた三六世帯をもとに、人びとがどのようにこれらの選択肢を組み合わせているか、そしてその組み合わせは何によって変化するのかについてみていきたい。

一……世帯間の差異

各世帯が自給用農業以外に従事していた生計活動の数は、二年間の平均で約三種類であった。**表2-10**は、各生計活動に従事した世帯数を表している。この表には、二つの調査年を通じて、同じ生計活動に携わっていた世帯数（連続）と、片方の年のみ携わっていた世帯数（一年のみ）が示されている。例えば、ワタを栽培する世帯は二〇〇六年に六世帯のみであったのが、二〇〇八年には一六世帯になった。しかし両方の年ともに栽培していたのは五世帯のみで、他の一二世帯はどちらかの年のみ栽培を行ったことを示している。これを見ると、俸給職や商店の経営など、収入が安定した生計活動に従事している世帯は少ないことがわかる。最も多くの世帯が行っている非農業活動は、ピースワークであった。

表2-10　2006年と2008年に各生計活動に従事した世帯の数（n＝36）

	ワタ（＊1）	モロコシ（＊1）	家畜売却	自然資源の販売（＊2）	野菜販売（＊3）	加工品販売	俸給職
2006年	6	4	7	4	8	2	4
2008年	16	2	8	7	10	1	2
連続	5	0	5	3	7	0	2
1年のみ	12	6	5	5	4	3	2
合計	17	6	10	8	11	3	4

	商店の経営	木工業	ピースワーク	都市への出稼ぎ	送金（＊4）	外部支援（＊5）
2006年	1	3	14	5	3	3
2008年	2	1	19	7	2	5
連続	1	1	11	2	2	0
1年のみ	1	2	11	8	1	8
合計	2	3	22	10	3	8

＊1　ワタ・モロコシは，地域内ではなく買付会社へ販売した世帯の数を示す．
＊2　自然資源には野生果実や野生動物の肉等が含まれる．
＊3　野菜の販売は，季節河川沿いの畑で自ら栽培した場合と，他地域で買ってきたものを転売する場合が含まれる．
＊4　送金には定期的な送金と一時的な仕送りが含まれている．定期的な送金を受け取っている世帯は両年ともに1世帯のみ．
＊5　外部支援は，ローマ・カトリック教会からの支援や政府からの食糧援助等が含まれる．

ピースワークに従事していない（雇い主になっている）ことは、相対的に裕福な世帯であると考えられる。そこで、三六世帯をピースワークにどちらの年も従事していない世帯（A）、どちらかの年のみピースワークに従事した世帯（B）、どちらの年もピースワークに従事していた世帯（C）に分類した。**表2-11**はこれら三つの世帯グループがどのような生計手段に携わっていたかを示している。まず、Aのグループでは、俸給職の雇用を持つ世帯、商店を経営する世帯、木工業を営む世帯、首都で働く妹からの定期的な送金を受け取る世帯などが含まれている。このような世帯は安定した非農業所得源を持っており、調査村全体の二割に満たない富裕層として位置づけられる。これらの世帯では、土地の大きさや換金

表2-11　世帯グループごとにみた各生計活動に従事した世帯の数（2006年と2008年）

A　ピースワークなし（n＝14）

	連続	1年のみ	従事していない
俸給職	2	2	10
商店の経営	1	1	12
木工業	1	0	13
加工品販売	0	3	11
家畜売却	2	3	9
自然資源の販売	0	1	13
野菜販売	1	1	12
都市への出稼ぎ	0	2	12
送金	1	1	12
外部支援	0	5	9
ワタ	5	5	4
モロコシ	0	5	9

B　ピースワーク1年のみ（n＝11）

	連続	1年のみ	従事していない
俸給職	0	0	11
商店の経営	0	0	11
木工業	0	1	10
加工品販売	0	0	11
家畜売却	3	1	7
自然資源の販売	1	3	7
野菜販売	3	2	6
都市への出稼ぎ	2	5	4
送金	1	0	10
外部支援	0	2	9
ワタ	0	3	8
モロコシ	0	1	10

C　ピースワーク連続（n＝11）

	連続	1年のみ	従事していない
俸給職	0	0	11
商店の経営	0	0	11
木工業	0	1	10
加工品販売	0	0	11
家畜売却	0	1	10
自然資源の販売	2	1	8
野菜販売	3	1	7
都市への出稼ぎ	0	1	10
送金	0	0	11
外部支援	0	1	10
ワタ	0	4	7
モロコシ	0	0	11

＊各項目については表2-10の註参照.

表2-12　各世帯グループの特徴

	世帯人数	土地保有面積（ha）	牛所有世帯数
A	7.1	5.4	9
B	4.8	1.8	2
C	5.5	2.4	0

＊分類については表2-11参照.

作物栽培をするしないにかかわらず、非農業所得によって一年を通して収入が安定し、農作業では雇用労働力を雇う傾向にある。そしてAの世帯のなかには、定期的な非農業収入源がない世帯も含まれているが、このような世帯では換金作物栽培を両年ともに行っている世帯が多かった。前述したようにワタ栽培の収入は安定しないため、参入と撤退が多く起こっているが、両年ともに換金作物栽培を行っているのはAの世帯のみであった。これらの世帯では、非農業活動にあまり従事せず、農業生産を拡大するという組み合わせの傾向が見られる。**表2-12**は各グループの特徴を示したものであるが、Aでは、土地面積や世帯人口が多く、牛の所有率も高いことから、豊富な生産財が農業生産の拡大を可能にしていると考えられる。

そして以下のディクソンの事例のように、換金作物栽培と非農業活動を組み合わせることで、収入をさらに高めることが可能になる。

◎事例一　男性世帯主ディクソン

ディクソンは牛を一二頭持ち、一七ヘクタールの土地を所有している。ディクソンの父親は、一九八〇年代前半に広大な未開墾地を切り開き、牛も多く所有していた人物として地域内でよく知られている。早くに亡くなってしまい、男性の子どもはディクソンしかいなかった。そのため、彼がほとんどの土地を相続した。二〇〇六年度には、換金作物としてワタとモロコシを植えていた。両方の合計で五〇〇〇クワチャを超える収入があるほどであった。除草や収穫の作業には、毎年多くの人を雇っている。換金作物栽培は販売価格が変動して収益が不安定であるため、少しでも安定した収入を得られるようにしたいと思い、二〇〇八年八月に食糧や日用品を売る商店を始めた。

ディクソンの場合、父親から多くの生産財を相続したことが、他世帯に比較して安定した農業基盤を作っている。このような他世帯にも雇用をもたらすような生計多様化の進展は、その他の季節的経済活動への多様化とは意味が異なると考えられるため、次章でもさらに検討する。このようにAの世帯には、非農業の安定的な所得を持つ世帯、そして生産財が豊かで換金作物栽培を安定して行える世帯、両者を組み合わせてさらに収入を高める世帯が含まれ、他の世帯にピースワークの雇用機会を提供している。

次に、BとCの世帯では、季節的な非農業活動に従事している。女性世帯主に多いのが、乾季に行う野菜の販売である。安定的な収入を持つAに含まれる女性世帯主を除いて、ほとんどの女性世帯主は近郊の灌漑農地から購入した野菜や果物の販売に従事していた。彼女たちは、雨季には自給用作物生産や余裕があればワタ栽培を行い、乾季になると野菜の販売、必要に応じて農作業などのピースワークに従事している。また、雨季には一緒に農作業を行うが、乾季になると、夫はピースワーク、妻は野菜の販売に従事するといったように既婚女性によってもこの活動は担われる。野菜販売に従事している女性への聞き取りと観察によると、この活動で得られる利益は、一回につき五―一〇クワチャ程度であった。一カ月に三回程度、多いものでは一週間に二回、野菜を仕入れに行っていた。そのため、一カ月に得られる収益は、すべて売れたと想定した場合、一五―六〇クワチャ程度になる。日頃の副食や日用品などを買う分には問題ない額であると考えられるが、食糧が不足した際にモロコシやトウモロコシを購入したり、子どもの学費を支払うなどのまとまった現金が必要なときには、必要額を下まわる場合が多い。例えば、F・M世帯では二〇〇七年一〇月、前年度に収穫した食糧がなくなり、同月に一度、食糧援助を受けたと話していたが、一カ月のみであったため、雨季の間、他世帯の畑で頻繁に除草作業のピースワークをして食糧を補っていた。その後、乾季に入り、七月には灌漑農地へとバナナを仕入れに行き、市場での販売を開始し、一一月頃まで続けて生計を維持していた。

最も多くの世帯において行われるピースワークは、女性世帯主の場合、F・M世帯のように雨季や収穫期に行う農作業が多い。乾季には建設作業や木材の運搬などの男性労働力が主体となる仕事が多くなるため、女性世帯主がピースワークを得ることは難しい。そして、ピースワークに連続して従事していたCの世帯グループは、どちらの年にも都市への出稼ぎを行わなかった一方で、どちらかの年のみにピースワークを行ったBの世帯では、出稼ぎを経験した世帯が多かった。この関係についてはさらに第四章で検討する。

二……資源や活動へのアクセスの変動

表2-11をみると、ある世帯が携わる経済活動が両年ともに行われていることもあるが、一年のみで終わってしまうことも多い。ではなぜ、ある活動を始めたり、やめたりするのだろうか。農業の場合は、降水量や世帯の労働力や土地など、生計活動に必要な資本や財が関連していると考えられる。また、人びとの生活を観察していると、現在の生計の組み合わせには、資本や財へのアクセスを取り巻くライフヒストリーや、偶発的なイベント、世帯メンバーの都市への移動等も関係していることがうかがえた。以下の事例で生計活動の組み合わせを動態的に見てみたい。

◎事例二　男性世帯主ジョン・ムデデ

ムデデは、五〇代の世帯主である。一九七八年に同じ村の女性と結婚して、六人の子どもがいる。彼は、一九八〇年に近郊の町シアボンガへ出稼ぎに行き、漁業関連の会社で働いていた。しかし一九八七年に仕事中に事故に遭い、足が自由に動かせない状態になってしまった。仕事ができなくなったので、一九九一年に村に戻ってきた。ほとんど農作業ができない状態にあるため、農業は妻や子どもたちが代わりに行っている。当時は、ローマ・カトリック教会からの支援を受けていた。一九九四年、長男と次男の学費を同時にまかなうのが難しくなり、家族で教会に相談に行った。当時の神父は、長男が教会で働いて、次男を学校に行かせて先に卒業させることを勧めた。そこで、一九九四年から長男ラフォードが教会で働きだし、定期的な収入が得られるようになった。二〇〇〇年、家が火事に遭い、同じ村内の別の場所に住居を移動する。同年にラフォードが結婚するが、父親の足が不自由なため独立した世帯を持たず、結婚後も両親と家計をともにしている。二〇〇三年、これまで支援してくれた神父が別の人に交代した。これをきっかけにラフォードは教会での仕事を辞めることになった。

ムデデ世帯は、ワタ栽培等は行っておらず、現金収入は長男ラフォードが雨季・乾季に従事するピースワークでまかなっている。ラフォードは教会で働いていた経験から塗装や溶接の技術を身につけたため、いろいろな仕事を頼まれている。教会関係者だけでなく、学校教員や商店経営者とも仲が良く、時間があれば頻繁に訪問している。彼は雨季になると月平均約六〇クワチャ、乾季になると月平均約三二〇クワチャもの現金を稼いでいた[18]。

ワタ栽培を行わない理由として、ムデデは、ワタ栽培には労働力が必要であるし、そのわりに収入が不安定であることを挙げ、彼の世帯は学校に通う子どもが多いため、自給用の食糧生産を大事にする、と話した。ラフォードが教会で働いていた時期は、安定した収入があり、食糧や日用品に困ることはなかった。彼が仕事を辞めたのは、神父が替わったこと以外に、人びとの妬みが関係していたという。ラフォードが安定した収入を得ていたことや、神父に特別に気に入られていたことを快く思っていなかった同僚や教会の委員会メンバーたちが、神父が替わったのを機に、彼を辞めさせ別の人に現金収入のチャンスを与えるように進言していたという。また、二〇〇〇年の火事も「同じ村の人に呪術をかけられたからだ」と話していた。

この事例からは、教会での雇用という安定した現金収入源へのアクセスは、父親の事故や神父の支援という偶然が重なって生まれてきたが、そのアクセスの消失には、神父の交代という出来事だけでなく、ラフォードへの妬みや呪術といった他者との関わりが関係していたことが示唆された。しかし、ラフォードが現在、ピースワークの依頼を頻繁に受けるのは、教会で働いていた時期に学んだ技術や人脈、加えて彼が日々の生活のなかで広げる富裕層との社会関係のおかげでもある。この点では、ピースワークへの現在のアクセスは、教会での雇用という以前の生計活動と連続性があると考えられる。そして、ワタ栽培を現在は行わないというムデデ世帯の意思決定は、比較的広い土地を持っているものの、彼が言及した学童の多さと労働力との関係という世帯のライフステージとも関係している。

◎事例三　エリージャ・ハレンガ世帯

私が滞在していたハレンガ世帯の次女セディアは、二〇〇七年にシアボンガに働きに出かけた。彼女は、カペンタ漁(第五章第二節参照)の管理職の男性のもとでハウスワーカーとして働いていた。セディアには前の夫との間に子どもがいたが、両親に預けて一人で町に出ていった。そのため、子どもの様子を見に、村を出たあとも二カ月に一回程度は帰ってきていた。二〇〇八年度の雨季に、セディアがシアボンガから大量のカペンタを送ってきて、それを売ったお金をワタ栽培をするための雇用労働にあてるようにとアドバイスした。

彼らは前年度もワタを栽培していたが、この年は前年を上まわる一一袋のワタを売却し、一〇〇〇クワチャの収入を得た。これでトタン屋根の家を建てると言って、レンガを焼いたり、セメントを買うお金にあてていた。

この事例では、世帯構成員の都市への移動と、村に残るハレンガ世帯の生計の向上との相互作用が示されている。次女セディアのシアボンガへの移動は、村に残るハレンガ世帯において、カペンタの販売やワタ栽培への労働力投入を増加させるという効果を持ち、結果的にこの年の収入向上へとつながった。しかし第四章で述べるように、セディアの都市への移動は「母親とのケンカ」がきっかけとなったもので、最初から意図された移動ではなかった。そのため、前述した定期的な送金を受け取っている世帯と異なり、この年に都市にいる子どもから支援が受けられることは彼らにとってはまったく予期していなかったことであり、いくつかのイベントが重なった結果、加工品販売やワタ栽培へのアクセスにつながったのだと考えることができる。

このように、生計活動を可能にする資源や財へのアクセスには、これまでの各世帯の経済活動との連続性、ライフサイクル、社会関係、構成員の都市への移動、突発的な出来事などが複雑に絡み合っていると考えることができる。そのため、ある時点での生計活動の組み合わせやその結果をもって、その世帯の状況を判断するのではなく、ある世帯がなぜその生計の組み合わせに至ったのかを理解するための動態的な視点が必要になる。

ピースワークという雇用関係が調査村では頻繁に行われ、それは多くの世帯が従事する重要な現金稼得手段になっている。他世帯を雇用できるようなAのグループのなかでも、安定的な非農業所得源がある世帯は、農業基盤も安定し、他世帯との格差を広げていると考えられる。一方でAのグループにおいても、非農業の所得源がなく、換金作物栽培に特化するような戦略は、他の世帯にも取れないわけではない。BやCの世帯が年齢を重ね、土地の相続を繰り返し、世帯人数が増えてくれば、同様の戦略を取ることも可能になるからである。そのため、ディクソンのような一部の世帯を除いて、他の世帯の差異や現時点での所得格差は、固定的なものではなく、年齢や各世帯の個別の状況によって入れ替わるものであると考えられる。

第三章

興隆する「農村ビジネス」

調査村で一番大きなバーにはたくさんの客がやってくる.

はじめに

「ジョン・シナー!!」

屈強なアメリカ人男性の登場に、店に入りきらないほど集まった人びとが歓声をあげて喜んでいる。「ジョン・シナ」「ジ・アンダーテイカー」「ビッグショー」というアメリカのプロレスラーの名前など、ザンビアの片田舎に行き着くまでまったく知る機会がなかった私は、彼らの人気にただただ驚いていた。プロレスの放映日には、テレビのあるワトソンの商店に多くの人が集まった。ハレンガ家の三男ギルバートも、村で一番人気の「ジョン・シナ」が大好きだ。「You can't see me」というジョン・シナ特有のポーズを至るところで真似していた。夕食後、プロレスの時間を前にいそいそと出かけて行くギルバートの背中に、「またビデオ（テレビのこと）か……」と、よくお母さんは嘆いていたものだ。プロレスだけでなく、サッカーの試合も大人気で、ワトソンの店にあるテレビの前にはいつも多くの人が集まっていた。自分もその輪に入って見ていると、数十年前に「三種の神器」と呼ばれたテレビを持っていた日本の家庭でも、こんなふうに一つのテレビにみんなが熱中する風景が広がっていたのだろうか、と想像してしまう。

調査助手のラフォードは、この商店の主であるワトソンと仲が良かった。商店の前を通るたび、ラフォードは「ちょっと挨拶していこう」と、頻繁に彼の店に立ち寄った。ラフォードがワトソンと話を交わすのは、最初に店に入ったときだけだ。ワトソンも店に入ってくる客の相手をするため、あとはずっと二人で会話を続けているわけではない。店内に二つばかり置いてあるイスに腰掛けて、テレビを眺めたり、店に入ってきた人びとと挨拶を交わしたりして時間が過ぎていく。私が、「もうそろそろ行く？」と声をかけなければ、一

写真3–1　夕暮れ時，テレビのある商店の前に集まる人びと．

時間でも二時間でもその場に居続けることもざらにある。初めの頃は、だんだんと「ここには何しに来たんだっけ？」と思い始め、入ろうと自分から言ったくせに「もう出よう」とは決して言いださないラフォードに対し、イライラした気持ちになっていった。しかし、そんなふうに店に「たむろ」している人はたくさんいて、本章で述べるように「ただいること」にも意味があることを私も感じるようになった。

先のプロレス観戦は一つの例であるが、商店には昼も夜もたくさんの人が集まっている（**写真3–1**）。こうして人が常にたむろしていることは、例えば私にとってはインタビューの相手を探すために役立っていた。私がインタビューをしたい相手が家にいないときには、彼らは家の近くの商店の軒先に集まって、友人と話をしたりしているものであった。また、私が探している相手がその場にいなくても、「さっきまではいたけど、あっちの方へ歩いて行った」、「通りがけに誰々さんの家に行くと話していた」などと、その場にいる人びとから探す手がかりが得られる。こうした人探しの情報だけでなく、常に人が行き交う商店は、村のゴシップや、最新のニュースが行き交っている「情報の結節点」だった。次第に私は、ラフォードがいないときでも、この地域内にある商店を巡回し、商店主や店にいる人びとと会話をすることが日課になっていった。

もちろんここは商店なので、塩や油、副食の食材や日用品など日々の生活に必要なものを売っている。しかし私が村に滞在しているときには、村長の家に居候しているため、お金を使う場面は多くない。また、調査を始めたばかりの頃は、「お金を使う」場面を誰かに見られるのが恥ずかしいと感じていて、村のマーケットや商店に立ち寄っても、自分で何かを買うという行為を私はほとんどしなかった。そのため私とワトソンの店との関係は、「自分でモノを買うために立ち寄る」よりも、「誰かの買い物についていき、しばらく居座る」、もしくは「用もないのに立ち寄ってしばらく居座る」という関わりの方が圧倒的に多かった。そんな「ほとんど何も買わない冷やかし外国人」の私にも、ワトソンはときに冷たいジュースをおごってくれた。

このように、商店という「場所」の特性に興味を持ち始めていたのと同時に、商店が増えていること、そして商店を営んでいる人が他の人びとよりも「金持ち」であることに関心を抱くようになった。彼らは、コンクリート造りの店を持ち、テレビやラジオ、ＤＶＤプレイヤーを店に置くなど、物質的にも豊かに見えた。そして最も重要だと思えたことは、商店主たちが地域で一番のピースワーク雇用主であるということだった。前章で紹介したディクソンもその一人だ。ピースワークは、この地域における日々の現金稼得オプションとして、最も多くの世帯で行われている。このように他世帯に現金を稼ぐ機会を与えられるような人びとが地域内に増加してきたことは、いかなる意味を持っているのだろうか。そして商店主たちは、どのような人びとなのか。彼らはどのようにして金持ちになったのか。本章では、調査村で行われている商業・サービス業を「農村ビジネス」と呼び、これらの問いについて検討する。

第一節　農村ビジネスに着目することの意義

アフリカ農村部における同種の商業・サービス業の展開に関しては、これまで「非農業活動」としてひとくくりに扱われることが多かった。しかし、非農業化の進展とともに、アフリカ農村部で階層化の可能性が指摘されている[Iliya and Swindell 1997; Oya 2010]。このような「富裕層」による経済活動は、不確実性のさなかにある「必死な」生計戦略として評価するよりも、それらの活動がより広義の地域・国家経済のなかでどのような機能を持ちうるのか、また、労働分業や産業の構造変化をもたらすような存在となっていくのかに留意する必要があると考えられる。ここではまず、世帯の生計戦略という文脈から離れて農村部の非農業活動を議論してきた「零細・小規模企業（MSEs：Micro and Small-scale Enterprises）」研究と、「農村インフォーマルセクター（農村IS：Rural Informal Sector）」論を参照しながら、この種の活動に注目することの重要性を述べたい。

まず、両者の定義について述べておきたい。MSEsは、一般に、従事者が五〇人以下で構成される一次産品生産を除く経済活動に従事している民間企業を意味している。構成員が一〇人以下であれば零細（Micro）に分類され、一一人以上の場合は小規模（Small）に分類される[McPherson 1996: 253]。政府登録の有無、つまりフォーマルなのかインフォーマルなのかは、定義に含まれていない。他方、農村ISは、商品やサービスの生産・供給に従事する一〇人以下の小規模民間事業を意味している[Bagachwa 1997: 141]。これらの事業体は、政府機関に登録されておらず、公的な統計からは漏れ、市場・金融・教育など公的サービスへのアクセスが限定されているという点において「インフォーマル」であると考えられている。つまりMSEsと農村ISの対象は、政府機関に登録している企業を含むかどうかと、従事者一一人以上五〇人以下の事業体を含むかどうかにおいて異なっているが、対象としてはほとんど重なり合っているといえる。

MSEs研究では、「企業Enterprise」という言葉を用いていることからもわかるように、この部門への雇用・所得創出可能性について肯定的な立場を取っている[Livingstone 1997]。アフリカにおけるMSEs調査で代表的なのは、東南アフリカ五カ国(ボツワナ、ケニア、マラウィ、スワジランド、ジンバブウェ)を対象に調査を行ったミシガン大学によるプロジェクトの成果である[Downing and Daniels 1992; Liedholm et al. 1994; McPherson 1991]。ミードとリードホルムは、MSEsは調査国の労働人口のうち一七—二七%を雇用する重要な部門だと報告している[Mead and Liedholm 1998: 62]。これらの企業は、個人操業の比率が高い。従事者のなかでは、「有給労働者」に分類される割合が少なく、「経営者」「家族労働者」が多い。最も多くの企業が商業に従事しているが、農村部では織物や食糧・飲料、木材などの製造業も重要であると述べている。そして、この部門では参入と撤退が高い割合で起こっていることが指摘された。これら一連の研究は、MSEsを、起業家や小規模資本家のダイナミックな部門であり、国家経済の成長の推進力として重要な役割を担うと考えている。

農村IS論は、農村部におけるあらゆる非農業活動を対象とし、MSEs研究と対象が重複している。そのため、その規模や農村世帯における重要性についてはMSEs調査の結果と同様に無視しえない存在であることは明らかである。しかし、農村ISの分析概念を整理した池野が指摘するように、同理論は「荒削りな作業仮説の域を出るに至っておらず、今後さらに議論を深めていく余地を多分に残している」[池野 2010: 234]。また同種の活動が、非農業活動、MSEsといった言葉を用いて調査されることからも、農村ISは学術的な概念として確固たる地位を築いているとは言いがたい。しかし農村ISにおいて注目すべきは、ここでの「農村」とは、農村集落だけでなく、村落と経済的機能が直接的に関係しているような小都市を含むのとしている点である［Bagachwa 1997: 141–142］。農村ＩＳの視点が重要だと考えられるのは、非農業活動を各世帯の生計戦略として評価することではなく、都市フォーマル部門が崩壊し、インフォーマル部門が外延的に拡大していくなかで、それらを代替できるような魅力的な農村経済圏の活性化が期待されるからである［池野 2010: 278–279］。

このようにＭＳＥｓ研究も農村ＩＳ論も、農村部の非農業活動を、農業部門と併存あるいはこれを補完し、代替するような労働市場としての発展可能性を検討しようとしている。しかしながら、これらの研究は、大規模な調査によって、この部門の規模、各企業の零細さや有給労働者の少なさ、農業との連関の弱さなどを示してはいるものの、その実態把握と企業成長の要因に議論が終始している。アフリカ全体の非農業活動のなかで商業・サービス業が多いという特徴をふまえれば、商業・サービス業を中心に据え、これらの活動が一つの農村社会や地方都市とどのような相互作用を持っているのかについて検討する必要があるのではないだろうか。

以上の議論を念頭に置き、本書においてＭＳＥｓや農村ＩＳという単語を使用せず、「農村ビジネス」という言葉を用いる理由を二つ述べておきたい。一つは、農村における非農業活動にとって、政府に登録されているか否かという区分は意味を持たず、「インフォーマル」という言葉を用いるのは適当ではないと考えるためである。事例で取り上げる調査村の商店のなかには、行政に登録している店舗もあれば、登録していない店舗もある。登録の有無は、彼らの経営の特徴に大きな差異をもたらしているとは考えられない。そのため、政府登録の有無によって同種の活動を排除することが、その全体像を把握する妨げになるのではないかと考える。また、ある個人が営む経済活動がフォーマルとインフォーマルの両方の領域に含まれる活動に複数従事している事例も珍しいことではないため、農村における非農業活動の複雑な現状を政府機関への登録の有

写真3–2　ワトソンの店，その名も「Whatever's Grocery」．

無で区切ってしまうのは適当ではない。

もう一つの理由は、ＭＳＥｓや農村ＩＳにおける議論では経済活動の季節性が考慮されていない点である。例えばＭＳＥｓの調査結果で、農村部における製造業の割合が高まるのは、女性による酒造りや炭焼きなど、季節的に行われる経済活動が含まれているためである［Livingstone 1997: 211］。したがって、農村ＩＳやＭＳＥｓでの議論では、農家世帯によって生計補塡的な意味合いで行われる活動と、個人や世帯を超えて地域社会全体に影響を与える可能性があるような活動とがひとくくりにされてしまい、その質的な違いが見えてこないと思われるのである。

以上のことから、本章では、季節的な非農業活動ではなく、年間を通して農村を拠点として行われる商業・サービス業を「農村ビジネス」という言葉で表現する。「ビジネス」とは、調査村の人びとが新たな経済活動を始めるときに使う言葉である。実際には彼らは季節性を問わず、現金を得るための自営の経済活動を「ビジネス」と言及する。ここでは通年行われる商業活動について、調査地の人びとが日常における生計維持とその向上という意図を含んで表現している「ビジネス」という言葉を用いて、その特徴と影響を明らかにする。

本章で用いる主なデータは、雑貨店や酒場等の商業・サービス業を営む一八名(以下、ビジネス事業主)を対象とした聞き取り調査に基づいている。彼らは、M地区およびルシト中心部に位置する市場に店舗を持っている人びとである。家の軒先に木で作った小さなスタンドを建てて、野菜や副菜の魚などを販売する世帯もあるが、ここではレンガやコンクリートで造られた「店舗」を持ち、通年営業を行っている店のみを対象としている(写真3-2)。調査では、現在の商店の運営状況や、商店以外の経済活動について、また開始の経緯などを中心に聞き取りを行った。また、他の世帯への雇用機会の提供という側面での影響を調べるために、ビジネス事業主六名が六月二六日から七月二六日までの一カ月間に提供したピースワークの記録をとった。

第二節　ザンビアにおける農村インフォーマルセクター・小規模企業の概観

事例を紹介する前に、ザンビア全体におけるMSEs・農村ISの実態について概観しておきたい。ザンビアにおけるMSEs・農村IS研究は、一九七〇年代後半から一九八〇年代前半にかけて盛んになったが、一九八〇年代後半以降は研究が衰退している傾向にある[児玉谷 1996]。この衰退要因として、児玉谷は、そもそもザンビアにおいて一九七〇年代にインフォーマルセクターという用語を用いた調査・研究が登場したきっかけが「政策的関心」にあったためだと指摘している。初期の調査・研究の関心は、首都ルサカにおける低所得者住宅改善事業にともなうスクォッター居住地にあり、そのなかで経済活動に対する調査も行われた。しかし、一九七〇年代後半に入り、都市の低所得者住宅改善事業が、世界銀行の援助方針の転換や政府の財政難から縮小されたために、関連する調査・研究も減少した。ザンビアに関しては、本章において注目する農村部も含めた状況を調査したものは非常に少なく、多くが主要都市、特にルサカとコッパーベルト周辺に偏っている［児玉谷 1996］。

農村部を含めた動向を示すものとして貴重なのは、七県の農村地域・小都市地域（semi-urban, 人口五万人以下の都市）の雇用者数五〇人以下の小企業を対象に行ったミリモらの調査である。[1] この調査によると、ザンビアにおける小規模企業の数は、農村部と小都市部をあわせて二一万事業体、就業者数は三四万三〇〇〇人であると推計されている。調査対象外となっているルサカやコッパーベルトなどを含めれば、全国で三四万の事業体、五七万五〇〇〇人の就業者がいると推計されている[2]［Milimo and Fisseha 1986］。

産業別では、製造業が小規模企業全体の約八〇％を占め、続いて行商（Vending）が一四％、商業・サービス業（Trade and Service）が五％を占めていた。この結果は、アフリカの農村ＩＳ・ＭＳＥｓは商業・サービス業が支配的であるという他の先行研究が指摘する特徴とは異なっている。しかし、このザンビアにおける製造業の比率の高まりは、製造業の約五〇％を占める地酒の醸造によるものである。地酒醸造は、女性によって季節的に行われる活動であり、世帯の生計維持の意味合いが強く、製造業部門としての発展が期待できるかは疑問が残るところである。そのため、この調査において製造業の割合が高いことが、ただちに農村工業の進展を意味するものではないことに注意が必要である。就業上の地位からみると、経営者（Proprietors）が全体の六〇％を占めている。これは、就業者全体のうち三分の二が一人企業であるためである。家族従業員（Family Members）は全体の約二七％を占めており、有給労働者は全体のわずか六％を占めるにすぎない。一企業あたりの平均就業者数は一・六人ときわめて零細的である。この零細性という特徴は、多くの先行研究の指摘と一致している［Liedholm et al. 1994］。

近年に入り、ザンビア政府も「非農業インフォーマルセクター」[3]に特化した報告書(The Non-farm Informal Sector in Zambia 2002–2003, 以下、IS報告書)を発表した[CSO 2006]。この報告書は、ザンビア統計局が二〇〇二年一月から二〇〇三年一月に行った「生活状況モニタリング調査(LCMS: Living Condition and Monitoring Survey)」[4]のデータをもとに作成されている。報告書の序文には、近年のザンビアにおけるインフォーマルセクター活動の急速な増加を背景に、これらの活動の国家経済への貢献や、その規模・種類などを特定し、政策を提言する意図が述べられている。報告書では、これらのインフォーマル経済活動が増加する要因として、一九九一年以降の構造調整計画の導入や経済自由化への移行が挙げられている[CSO 2006: 1]。

ザンビアのIS報告書は、インフォーマルセクターを、①政府機関に登録されていない、②当該期間における従事者規模が五人以下、③公的な賃金契約が労働者に課せられていない、④有給休暇が与えられていない、非農業活動に従事するインフォーマルな生産単位、職業であると記している。特に、①および②が主な基準として用いられている。IS報告書は、ザンビア全体の二〇〇万五六七七世帯のうち五〇万六七二四世帯(二五・三%)がISの活動に従事する世帯構成員を含んでいるとしている。特に都市部では三一・四%であり、農村部の二二・二%に比べて割合が高い。ISにおける企業総数は六一万八八七七であり、従事者数は六八万五八一〇人である。

企業の産業区分では、農村・都市部双方において商業部門が最も多く、全体の五四%を占めている。その多くが小売業に分類された。製造業の割合は、全体で一四・五%と低く、農村部における比率が都市部を上まわっている。これは先の調査にあるように、農村部における酒造りや手工芸品作りなどが含まれていることが反映されているのではないかと考えられる。

さらに、二〇〇五年の労働力調査報告書(Labour Force Survey Report 2005)においては、IS従事者数は、農村地域で一七万七五四二人、都市部で五二万七六九七人、ザンビア全体では先の調査を上まわる、七二万七一四九人と推計されている。(5) これは、全国の労働力人口のうちの一七・六%にあたり、農村部では雇用の五・八%、都市部では四七・四%を占めていることを意味する。自営業(Self-employed)が五三・六%と半数を占め、有給労働者はわずか四・七%にすぎないと報告されている[CSO 2007]。

以上のように、ザンビアでは他の多くのアフリカ諸国と同様、農村ＩＳ・ＭＳＥｓには多くの労働人口が従事していることが指摘できる。同様に、きわめて零細的であるという特徴も類似している。また、このような調査では活動の季節性を区別していないため、農村部での実態は、生計維持の目的で行われている補助的な活動を多く含む可能性が高いことが示唆される。

第三節　調査村における農村ビジネスの概要

本章が対象とする農村ビジネス事業主は、主に商店やレストラン等を経営する一八名である。一八名が経営する二二店舗のうち、一二店舗は生活必需品を扱う店(以下、雑貨店)である(写真3-3)。これらの店では、塩や油などの調味料や、豆や乾燥魚など副食として利用される食料品、洗剤、ろうそく、マッチなどの生活用品、文房具など、日常で必要になりそうなものはなんでも売っている。最近では、農村地域でも急速に普及している携帯電話のプリペイドカードやＳＩＭカード、女性用のヘアーエクステンション(つけ毛)など、以前は都市部でしか手に入らなかったものまでが並び、品揃えが年々豊富になってきている。また、アメやガム、スナック菓子などの菓子類は、子どもたちの大好物になっていて、いまやクリスマスや新年など特別なときに必ず食べる「お楽しみアイテム」となっている。先に述べたように、多くの商店にはテレビやラジオ、ＤＶＤプレイヤーなどが設置されている。サッカーやプロレスの試合があるときや、クリスマス等のときには商店は多くの人で賑わう中心地になる。

写真3–3　ワトソンが2店舗目に開業した店ではさまざまなものが売られている．この店のテレビは少し小さめだが，それでも人は集まってくる．

写真3–4　女性が営むレストラン．

次に多いのは酒類を販売する店で、全部で七店舗あった。ここでは酒類のみを販売するバーと、前記のような雑貨類とあわせて酒類を販売している店を含めている（以下、バー）。村の人びとに馴染みがあるのはチブク（Chibuku）と呼ばれる紙パック入りのビールであるが、農業省の役人や学校関係者、都市部から訪れた人が買うのはザンビアの地ビールのモシ（Mosi）や南アフリカのビールであるキャッスル（Castle）といった瓶ビールである。雑貨店とバーの他には、鍋やタライなど台所用品のみを取り揃えた店が一店舗、衣類や靴などを販売する店が一店舗、レストランが一店舗ある（**写真3-4**）。

図3-1は、商店の位置を示している。多くの商店は幹線道路沿いに位置し、シアボンガとルサカを往復するバスの停留所付近に集中している。そのため、調査村だけでなくザンベジ河下流域の農村部からもバスを利用するために人が集まる場所になっている。

これらの店舗の営業には、名目上は県が発行する営業許可証（Trading License）が必要になる。レストラン以外は小売（Retail）の種別に含まれ、二〇一〇年のライセンス登録料は一四クワチャであった。許可証は、毎年更新が必要である。商店主たちの話では、更新の際は自ら役所に出向くこともあるが、役人が村に出向いて確認しに来る場合もあるという。二〇一〇年調査時には、二二店舗のうち一九店舗は許可証を取得していた。残りの三店舗は、一年か二年の間、更新がなされていない期限切れの許可証を持っていた。この三店舗は、幹線道路沿いではなく、集落の内部で営業している。ライセンスの確認に役人がまわってくるのであれば、道路沿いにある店舗は必ず更新を行わなければならないため許可証の取得が徹底されているが、道路からは簡単に確認することができない集落内部の店舗では更新が遅れているのではないかと考えられる。

図3-2は、調査地域での店舗の累積数を示している。現在営業している店舗のなかで、最も古いものは一九九二年に創業した店であった。聞き取りでは、一九九二年以前にも商店はあったものの今ほど多くなく、

最近になって店舗数は増加してきているとの声が多く聞かれた。そのため、この図に廃業した店舗の数は含まれていないが、ここ二〇年ほどの間に増加してきたと推計できる。

事業主一八名のうち、男性は一六名、女性は二名であった。男性一六名のうち、既婚者は一四名、未婚者

図3-1　調査村一帯における商店の位置

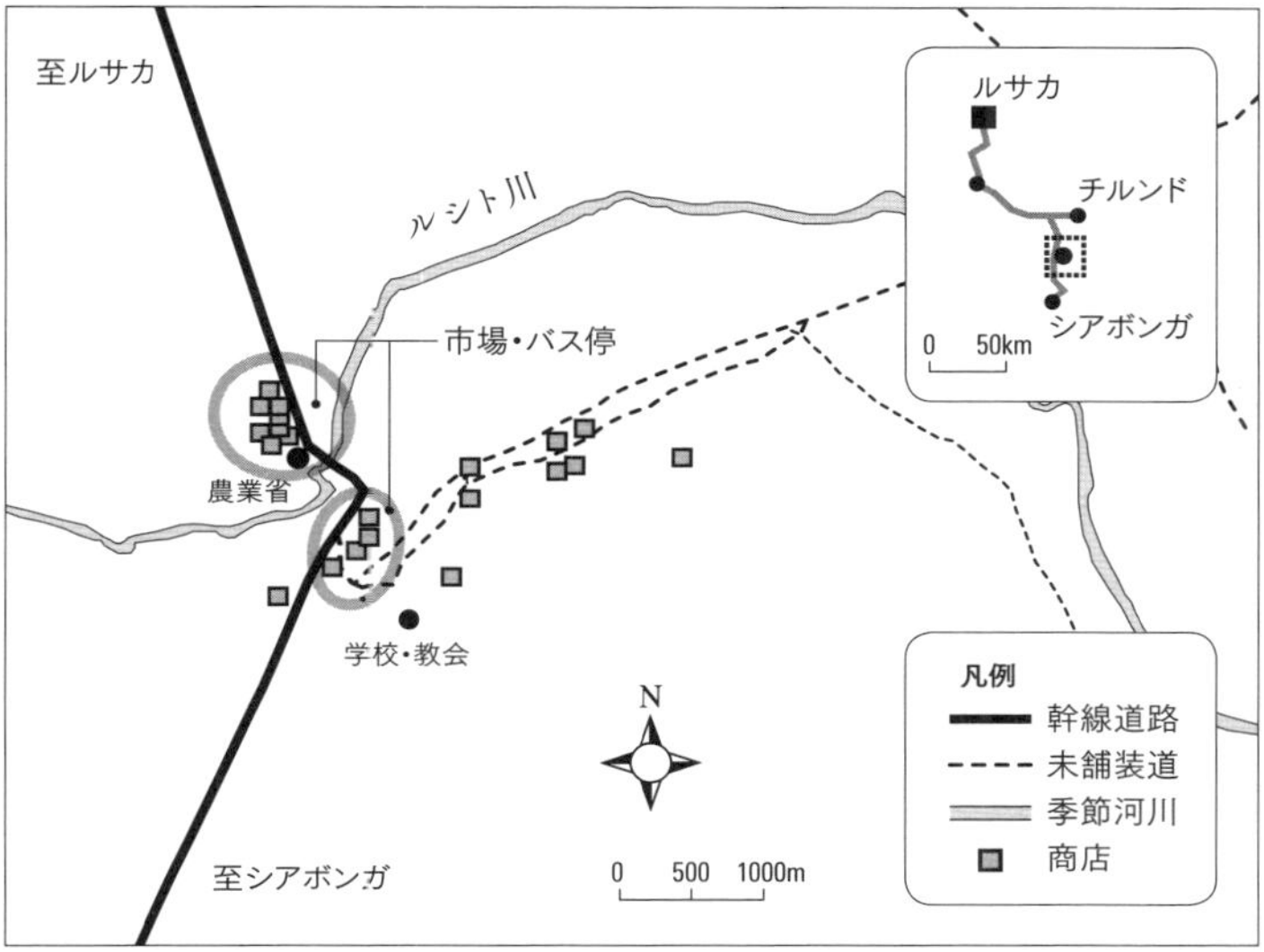

図3-2　店舗数の推移（累積）

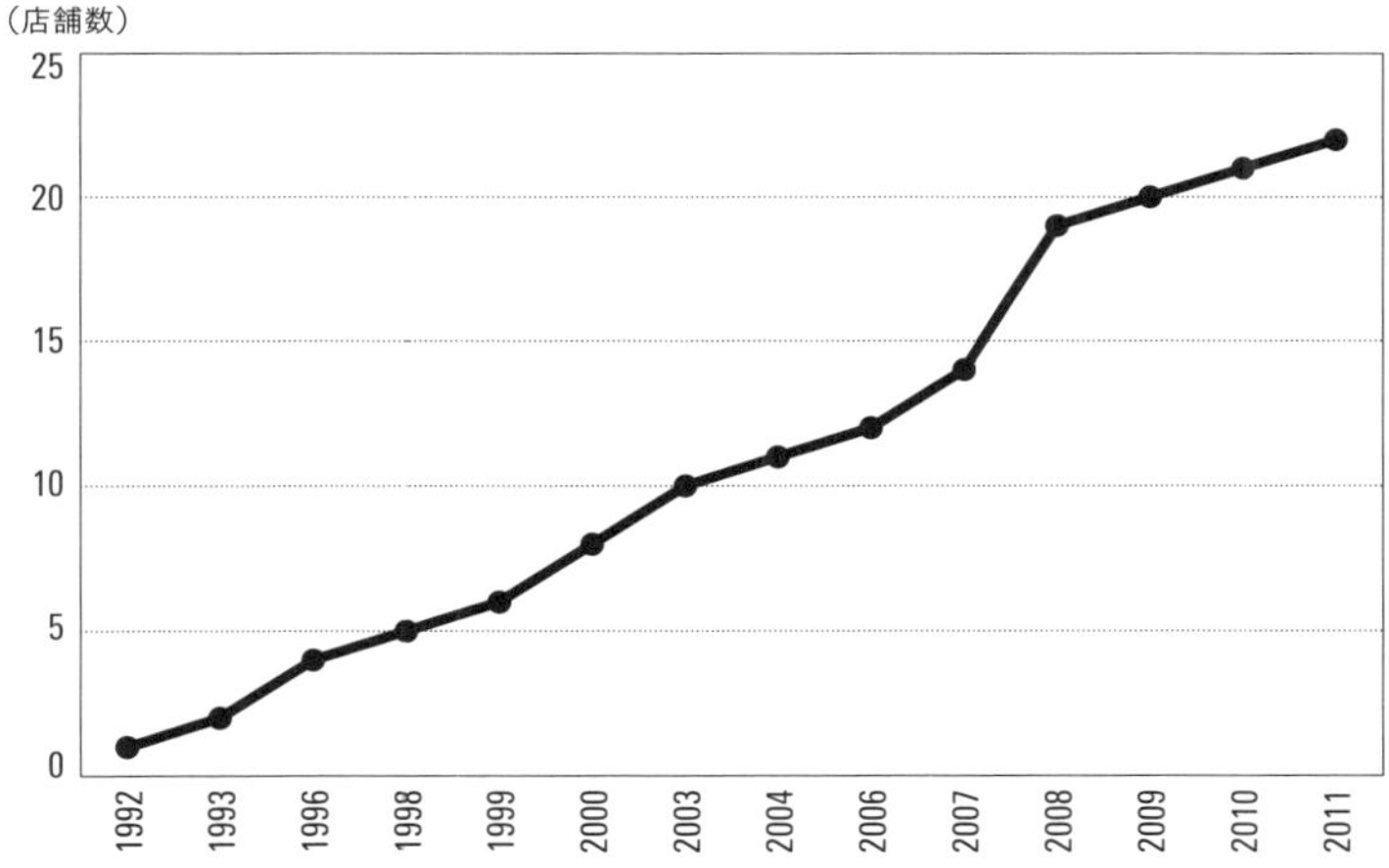

＊現在営業している店舗のみに限る.
出所：Ito［*in press*］

図3-3　ビジネス事業主の最終学歴（左）と調査村における15歳以上人口の最終学歴（右）

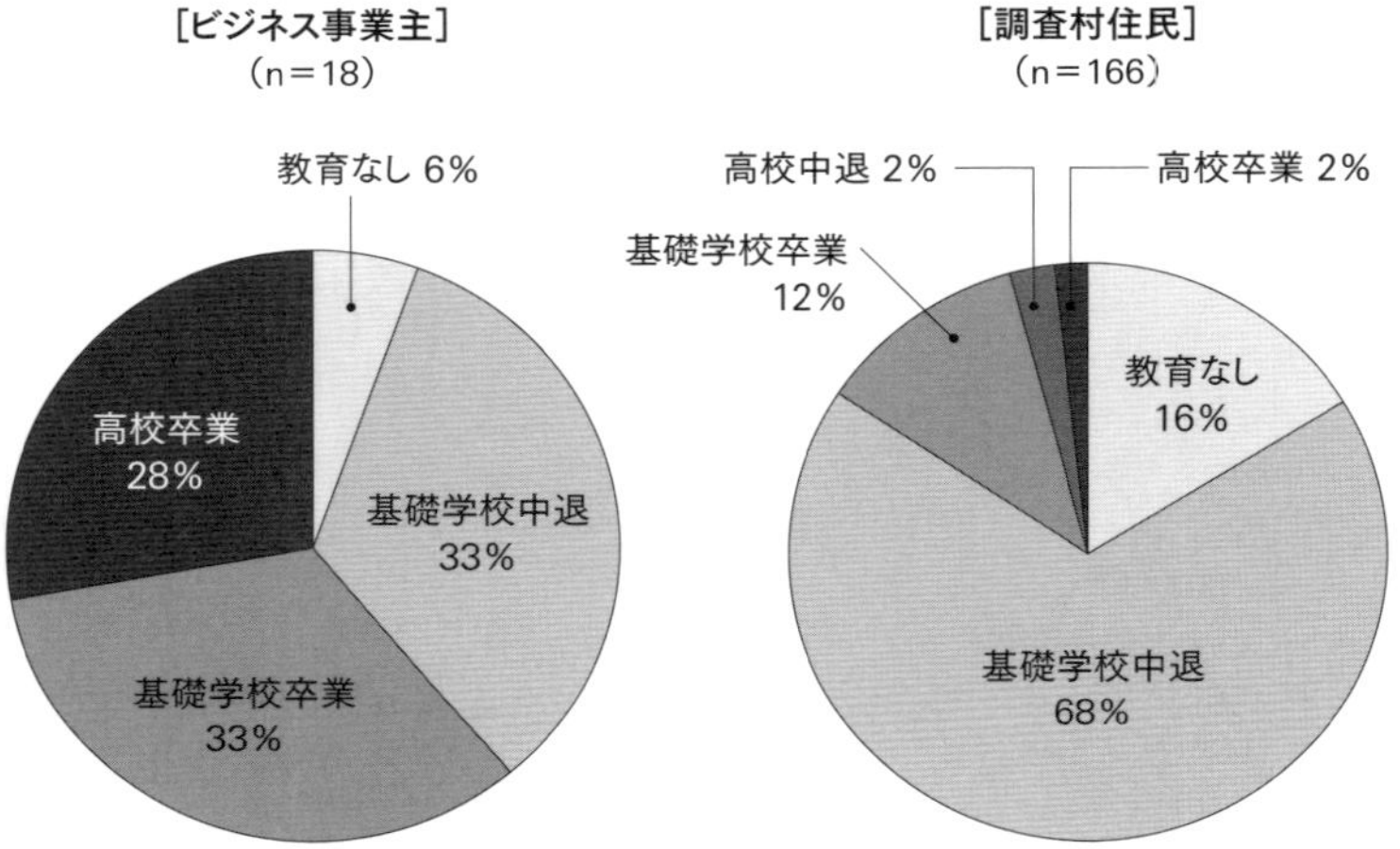

は二名であった。女性は、既婚者が一名、寡婦が一名である。年齢は、平均三六・八歳であった。最高齢は四三歳、最年少は二二歳であった。一八名のうち一六名は、調査地で生まれ、現在も調査地に居住している人びとである。他二名は他地域出身者である。一名は現在ルシトで学校教員をしている女性であり、もう一名はシアボンガに居住し、ミニバス運転手をしている男性であった。

図3-3は、ビジネス事業主一八名の最終学歴と調査村における一五歳以上人口の最終学歴を示したものである。調査村では基礎学校中退が最も多いのに対し、ビジネス事業主は基礎学校卒業か高校卒業が多くを占めている。前章で述べたように、この地域に高校が新設されたのは二〇〇五年であった。そのため以前は、他の地域の寄宿学校に通う必要があった。高校進学のための支払いや寄宿先での生活費なども考慮すると、ビジネス事業主たちの年齢層で高校を卒業している者は限られている。事業主たちに高学歴が多いことは、彼らの進学を当時支援してくれた家族や親族の存

在があったことを示唆している。

彼らが商店から得る収入については、正確な数値を得ることが難しく、三名のみにおおよその収入を聞くことができた。収入の情報が少ないことについては、ビジネス事業主の多くは帳簿をおおまかにしかつけていないことや、筆者に回答することによって他の人びとに自分の収入が漏れることをおそれていることが影響している。回答した三名は、月一〇〇―一五〇クワチャ、月五〇〇クワチャ、月一五〇〇クワチャの収入を得ていた。収入には季節的な変動もあるため、一年を通して一定ではないと考えられる。

第四節 同時多発的なビジネス展開と近郊都市との関わり

商店を営む人びとは、商店だけに特化しているわけではない。彼らはさまざまな経済活動を行い、それらの活動は相補関係にある。まず、彼らがもともと生業として行ってきた農業もその一つである。他地域出身である学校教員の女性と、シアボンガに居住するバス運転手以外の一六名は、毎年農業を営んでいる。表3−1は、実際に計測することができたビジネス事業主七名と調査村五〇世帯の土地保有面積の差異を示したものである。調査村五〇世帯の平均土地保有面積が二・九ヘクタールであったのに対し、ビジネス事業主の平均は七・二ヘクタールであった。また、農耕の際に牛耕を行った方が作業効率は良いが、調査村では牛を所有しているのは二割程度にすぎない。その一方で、ビジネスを営む人びとの約半数は牛を所有していた。

このように広い土地や牛などの財を活かして、ビジネス事業主らは自給用農業生産と換金作物生産を行っ

表3-1　ビジネス事業主と調査村各世帯の土地面積の差異

	調査村世帯	ビジネス事業主
2ha未満	23 （46）	0 （0）
2ha以上5ha未満	19 （38）	4 （57）
5ha以上	8 （16）	3 （43）
合計	50 （100）	7 （100）

＊（　）内はパーセント.
出所：ビジネス事業主7名，調査村50世帯の各圃場をGPS受信機を用いて実測.

ている。第二章で述べたように、調査地での主な換金作物はワタとモロコシである。ワタは参入が容易だが価格の変動が激しいため、調査村ではワタ栽培を行う世帯数は年ごとに大きく変動していた。他方、モロコシは種子用に売却するために、品種管理の技術や栽培面積の広さの点から参入が難しく、調査村では換金作物としてモロコシを栽培している世帯は四八世帯中三世帯と少なかった。一方で、ビジネス事業主らは、一八名中八名がモロコシを換金作物として栽培していた。例えば、ビジネス事業主のディクソンは、約一七ヘクタールという広大な土地と九頭の牛を所有している。彼は、雑貨店を始める以前から、ワタとモロコシを換金作物として栽培していた。二〇〇九年には、棉花販売から四八〇〇クワチャ、モロコシから九六〇クワチャの収入を得ていた。これは同年に調査村でワタ栽培を行った世帯の平均粗収入約五八〇クワチャをはるかに上まわる金額であった。ディクソンは、年間を通して店を営業しているが、雨季になると朝早くに自分の畑で農作業をし、その後、一〇時か一一時頃までには戻ってきて店を開けている。この場合、午後には畑に行かず店にいることが多い。ときには、ディクソンは畑に行かずに、妻や子どもたちに任せる日もある。また、彼らの多くは、世帯内の労働力だけでなく、雇用労働者を利用している。ビジネス事業主のなかには、畑にはほとんど顔を出さない者もいる。現在、調査地域では未開墾地が減少し、人びとは相続・譲渡によって細分化した土地を利用している。ビジネス事業主のなかには、ディクソンのように父親や祖父から引き継いだ広い土地をもともと所有していた者もいるが、商店経営を開始した後に土地を借り上げたり、牛を新たに購入するなどして農業生産を拡大している者もいる。

さらに彼らは、商店の経営や農業で得られた収入を元手に、新たな経済機会を発掘し、投資している。例えば、J・Mは二〇〇〇年に雑貨店を開き、現在は集落内と幹線道路沿いの二店舗を営んでいる。彼は、二〇〇八年に製粉機を購入し、店の隣に新たな部屋を増設し、製粉所を始めた。彼が製粉所を開く以前は、この地域にはカトリック教会が運営する製粉所が一カ所のみ存在していた。J・Mは、順番を待つ女性たちの列が毎日のようにできるのを見て、「きっとうまくいく」と見込みを立て、製粉機の購入に踏み切ったのである。雑貨店の隣に製粉所を併設することで、その日に買う予定のものを、他の店ではなく自分の店でついでに買ってもらうという狙いもある。これがうまくいったのを機に、彼は二〇一〇年に二台目の製粉機の購入に踏み切った。

最近では、貸家業に手を出すビジネス事業主たちが増えてきている。調査地には、学校や診療所があり、他地域から赴任してきた公務員たちが居住している。彼らの住居は政府が供給し、施設周辺の一角に建ち並んでいる。しかし、数の不足と住宅の質は、都市部からやってきた教員や職員たちを満足させるものではなく、不満の種になっていた。そこに最初に目をつけたのが、冒頭で紹介したワトソンであった。ワトソンは、一九九〇年代に雑貨店を始めたこの地域の先駆者的存在の一人である。ワトソンは自らの資金を投じ、村の標準からすると豪邸とも言えるコンクリート造りの家屋を二棟建設し、月三五〇クワチャと、六〇〇クワチャで貸し出し始めた。短期間赴任してくる診療所の職員や、転勤が多い教職員にとっては、自分で家を建てることは面倒で手間がかかる。ワトソンが建てたような立派な貸家は、彼らには非常に喜ばれていた。これに追随するように、一九九三年に店を始めたM・Mも小さな部屋が六つ並ぶ家屋を建設し、一部屋を月六〇クワチャで貸し出している。M・Mは、ルシト高校に通う学生を狙い、値段を低く設定し、ワトソンとの差別化を図っていた。また、二〇〇八年に雑貨店を始めたH・Hも、翌二〇〇九年には換金作物栽培の利益を元手に貸家を三棟建設するなど、最近の調査地では小さな不動産投資ブームが起こっていた。

このようにビジネス事業主たちが新たな経済機会に積極的に参入していく姿勢は、農村という域を越えて、近郊の都市にも向かっている。ほどなくしてワトソンは、チルンドにも貸家を建設し、農村よりも高値で貸し出し始めた。また、ワトソンと同じく先駆的な存在であるアレックスは、チルンドの中心部に土地を買い、商店を開いた。このため、アレックスは週に一度はチルンドに出向き、様子を見に行っている（写真3-5）。

ビジネス事業主たちが都市での経済活動を始める以外にも、近郊都市との関係は彼らの農村での商店経営に重要な役割を果たしている。一九九〇年代に店を始めたビジネス事業主の多くが口にするのは、「最近は店が増えて客が少なくなった」という言葉である。しかし、それでも彼らが経営を続けていけるのは、客が農村部の人びとだけではないからである。幹線道路沿いに店が集まる市場には、ルサカとシアボンガを往来するほとんどのバスが停車し、運転手をはじめ、乗客らが携帯電話のプリペイドカードや飲み物、酒などを購入していく姿が頻繁に見かけられる。道路沿いに店を構えるC・Mは、地元の客と都市の客は半々くらいであると話した。この最も特徴的な例は、一九九五年から市場に店を構えるアレックスである。彼は、「最近では店が増えてきたので、地元の客ではなく、シアボンガやチルンドに住む人びとを狙っている」と話していた。実際に、彼の店には周辺集落からの客も多く訪れるが、それ以上にバスや自家用車から降りてくる「都市からの客」の姿が目立つ（写真3-6）。アレックスの店は、都市の客を引き寄せるために、町のバーと遜色のない品揃えをしている。ビールやワインなどの酒類、ソフトドリンク類も、他の店が揃えるような「農村向け」に売られる低価格品ではなく、都市のバーや商店と同じような商品を揃えている。調査村の人びとはシアボンガやチルンドに親戚や友人を多く持っているが、アレックスは特に顔が広く、都市居住者らとのつながりが強い。私がシアボンガで調査をしているとき、電力会社の職員や各省庁の役人にルシトのことを話すと、ほとんどの人が「アレックスの店」を知っているというように、特に近郊都市のエリート層とのつな

写真3–5　アレックスがチルンドに建設中のバー．

写真3–6　アレックスの店はいつも都市からの客で賑わっている．休日には，必ずと言っていいほど2，3台の車が停まっている．

がりが深いのである。それだけでなく、シアボンガにあるホテルのオーナー、チルンドのバナナ農園主といったこの地域に古くから居住し経済活動を展開する白人層や、インド系商人とも友人関係を築いている。彼は、このような友人、親戚、同業者らと携帯電話で頻繁に連絡を取り、コミュニケーションを欠かさない。もちろん彼自身もシアボンガやチルンドを頻繁に行き来し、同業者の店に立ち寄ったり、ホテルやバーで酒を飲んだりと一緒に時間を過ごしている。アレックスは、「この道路を通り過ぎるときには自分のバーに立ち寄って顔を見せてくれ、一杯飲もうじゃないか」と会ったときや電話で声をかけている。週末にアレックスの店に顔を出すと、そこにはシアボンガやチルンドに居住する彼の友人たちが車でやってきて、酒を飲みながら歓談している姿がよく見かけられる。アレックスにとって、気前よくお金を使ってくれる都会の上客は欠かすことのできない収入源であり、近郊都市へのビジネスの拡大やその調整にも役立っている。

第五節　起業のプロセス

では、ビジネス事業主たちは、なぜ、どのようにして、これらの活動を始めるに至ったのだろうか。ここでは彼らのライフストーリーをもとに起業のプロセスをみていきたい。

◎事例一　アレックス（一九七二年生まれ）

子どもの頃、病気になって体調を崩し、基礎学校八年目で学校をやめた。一九九一年、マザブカに働きに出た。マザブカで働いていたとき、再び病気になってしまい、ルサカで働いていた兄に連れられて一九九二年にルサカに移動することになった。病気がよくなってからは、土地を借りて小さな酒場をしばらくのあいだ営んだが、ルサカには同じようなバーがたくさんあったため、もうここでは商売は無理だ（良くならない）と思った。当時、村ではこういうビジネスをやっている人はいなかったので、村で同じことを始めてみようと思った。一九九五年にルサカから村に戻ってきて、ルサカで得たお金を元手に店の建設を始めた。一九九六年に雑貨店をオープンして、その年の終わりには雑貨店の隣にバーを建てた。

アレックスは雑貨店、バーの二店舗を経営し、さらに二〇一〇年七月にはテイクアウェイ・レストランの開店を控えていた。また先述したように、チルンドにも土地を買い、店を建設するなど積極的にビジネスを拡大している人物である。彼の父親は、昔、地域で唯一の雑貨店を営んでいたという。彼は、その父親によく「教育がないなら商売でがんばるしかない」と言われた、と話していた。このようなことから、彼が店を始めたのは、高校も卒業していない自分が生きる道は商売であるという意志や、兄に連れられて来たルサカで同様の商売をしていた経験と資本が培われたからであった。

◎事例二　C・S（一九七三年生まれ）

ンドラ（コッパーベルト州）の高校へ通っていた。高校の学費は父方のいとこが支払ってくれていた。高校を卒業したのは一九九五年だった。しかし、ンドラで学校を修了しても、大学に行っていないと職を得るのは難しかった。その後、面倒を見てくれていたいとこが暮らすチルンドへ帰った。いとこは、バナナ農園をやっていて、市場で商店も経営していた。一九九六年から一九九八年までは、その商店で働いていた。チルンドで稼いだお金で教員の養成学校へ行きたかったが、それにはお金が足りなかった。一九九八年の後半になった頃、自分のためのビジネスを始めようと思い、村に戻ってきて商店を開いた。

C・Sは、雑貨店を一店舗経営しながら、ワタとモロコシを換金作物として栽培している。彼の父親はかつて、自分で栽培したタバコをリヴィングストンに売りに行き、そのお金で日用品を買って帰り、村で売っていた人物であった。都市で高校を卒業し、そのまま職を探していたC・Sだったが、結局仕事は見つからず、いとこが住むチルンドへ戻った。そこで、いとこの経営する商店で働いたC・Sは、いずれ学校の教員になりたいと思っていたが、雇われ仕事では収入が不足していた。彼は「自分のための」お金を稼ごうと、村に戻って新たなビジネスを始めた。

❂事例三　ワトソン（一九七二年生まれ）

一九九四年に高校を卒業した。学校を終えた後の一年間は村にいて何気なく過ごしていた。その後、働き先を探してルサカに行き、ザンビア鉄道(Zambia Railways)に応募したものの、採用されなかった。家が貧しかったので、交通費が払えず、何度も都市へ職探しに行くことはできなかった。村には何も仕事がなかったので、何かビジネスを始めようと思い立った。当時、村では、日用品や食品を手に入れるのにみんなが苦労していて、近くの町まで買いに行かなければならなかったのを見て、雑貨店を始めようと思った。一九九六年に、自分が持っていたニワトリを売ったお金で小さなスタンドをつくって店を始めた。その後、徐々に店を大きくしていった。一九九七年にはモロコシを換金作物として栽培し始めた。一九九八年になり、道路沿いにもう一店舗を開設した。

ワトソンは、雑貨店とバーの二店舗を経営している。ピースワークの雇用主としてもよく名前が挙がる人物で、アレックスと並んで、地域内では商売の先駆的な存在であり、常に新しいことを試している。また、ワトソンは、自身がモロコシの換金作物栽培に携わるかたわらで、モロコシ買付会社K社と他の生産者との仲介役を二〇一〇年まで引き受けていた。その役目を退いた現在でも、彼自身はK社にモロコシを販売し、K社と取引をする生産者たちのなかで中心的な役割を担っている。ワトソンと親交が深い調査助手のラフォードは、人を集めるためにテレビやDVDを商店に置き始めたのもワトソンが最初であり、他のビジネス事業主はワトソンのすることを次々と真似しているだけだ、と話していた。彼が店を始めた当初は、家畜を売ったお金で建てた小さな小屋であったが、その後、コンクリート造りの店舗を構え、二年後にはもう一店舗の店を構えることに成功した。彼は英語も流暢に話し、K社の担当者などとも臆することなく議論する聡明な人物であるが、現在、彼が村でビジネスを行っているのは、そもそも彼が都市で職を得られなかったことがきっかけになっている。

◎事例四　M・M（一九六七年生まれ）

子どもの頃、学校には通っていたが、基礎学校七年目になったときに学費を払ってもらえなくなってやめることになった。それからは農業を手伝っていた。一緒に暮らしていた祖父は、土地をたくさん持っていて、トウモロコシやモロコシを育てて、他の地域に売りに行っていた。自分も祖父にならってトウモロコシなどを育て、売りに行っていた。その利益で一九八九年に牛を四頭購入した。都市に働きに行きたいと思ったこともあったが、祖父は「お前がいなくなったら誰が俺の牛の面倒を見るのだ?」と言って許してくれなかった。

一九九〇年代に入り、商店を始めている人たちの様子を目にして、自分も祖父が死んでから一人で生きていくためにお金が必要だと思って店を始めようと決めた。一九九二年に農業で稼いだお金で雑貨店を始めた。初めは村のなかに店を持っていたが、一九九三年に道路沿いに移った。

M・Mは道路沿いでバーを営んでいる。農業ではモロコシを換金作物として育てており、二〇一〇年に彼の畑を訪ねたときには、今後は他の世帯から土地をさらに借り上げてもっと広い土地でモロコシを生産したいと話していた。彼は英語が話せず、アレックスやC・Sと違って都市での滞在経験もない。それは、前述したように、彼が村から出ることを厳しい祖父が許さなかったからである。しかし、ここで彼は農業に励み、資産を蓄えていったと同時に、祖父に頼らずに生きていける資産を構築するという意志が芽生えていた。

以上のように、ビジネスを営むに至るライフヒストリーの一部を見てきた。他の事業主も含め、彼らが商売を始めた資金源については、大きく分けて二つの要因が関係していた。一つめは、都市での同種の職業の経験である。アレックスはルサカのインフォーマル居住区の一角でバーを営んでいた経験があり、C・Sは地方都市チルンドで兄の商店を手伝った経験があった。これらの経験で培ったノウハウや資金が、農村での新しいビジネスを始める元手になっていたのである。また、都市での滞在経験をもつアレックスやC・Sの話からは、都市で働く兄やいとこの存在、都市部での就学を支援してくれる親族の存在がうかがえる。彼らは直接口にしないが、都市に居住する親族からの資金援助があった可能性も捨てきれない。二つめは他の生計手段との組み合わせである。職探しに失敗して農村に戻ってきたワトソンや、農村から出ることが許されなかったM・Mは、農業や家畜で得られた資金を元手に、少しずつ商売を拡大させていった。

一方、「農村で」ビジネスを始めるきっかけや動機に関わる個別の状況を理解するには、当時のザンビアの社会・経済的な背景との関連をみる必要がある。ビジネス事業主の多くは、一〇代後半から二〇代の働き盛りの時期に、一九九〇年代というザンビア経済の転換期を経験している。一九九一年、ザンビアではそれまでの一党制の社会主義体制から、複数政党制へと移行した。新政権MMDは、世界銀行やIMFが推奨する新自由主義的な構造調整計画の本格的な実施に踏み切った（詳しくは第一章参照）。構造調整の影響としては、都市での実質所得の低下や、国営企業の民営化にともなう大量失業の発生、貧困問題の顕在化などが挙げられる。それらが主にルサカやコッパーベルトの大都市における経済状況の悪化に結びついたことは、これらの都市への移動者の減少や、都市からの人口流出という現象に現れている［Potts 1995, 2005］。インタビューのなかでは、直接的に政権交代や市場自由化の影響は口にされないが、ワトソンのルサカでの職探しが難航したことや、C・Sがンドラで高校を卒業しても職を得られずに地方都市に戻っていったことは、当時の経済状況を反映していると考えられる。なぜなら、ワトソンが応募したザンビア鉄道は民営化の対象となった国営企業であるし、C・Sの滞在していたンドラは鉱山関連企業の民営化により失業率や都市貧困の悪化が顕著に現れていた地域であったからである。また、アレックスが同時期にルサカでバーを営んでいたことも、都市フォーマル部門の崩壊によって、インフォーマルセクターに参入する者が急増した時期と重なっており、競争が激化していたのではないかと考えられる。

しかし、先行研究が都市の状況悪化の退路として「農村部への帰村」を描いてきた一方で、インフォーマントたちは、都市から村に戻ることの理由に「村でのビジネスチャンス」を挙げている。例えば、C・Sはチルンドでいとこが経営する商店で職がありながらも、雇われる立場ではなく「自分のためのビジネスがしたい」という意志によって村に戻ってきている。アレックスも、ルサカでバーの仕事をしていながら都市でのビジネスにこれ以上の進展の兆しが見られなかったため、別のチャンスを求めて村に移動していた。これらは「現在」の彼らが語る「当時の状況」であるため、本当に「村にビジネスチャンスがあった」と思っていたのかどうか、その真偽は確かめようがない。しかし、結果的には、単純に都市での状況が悪化して「追い返された」だけでなく、チルンドやシアボンガを含めた調査地一帯における経済機会の増加という都市―農村間関係の構造の転換が、「農村ビジネス」を立ち上げ、支えるきっかけとして作用していたと考えられる。

第六節　農村ビジネスは地域に何をもたらしたのか？

一……ビジネス事業主たちは雇用機会をもたらすのか？

ビジネス事業主がもたらす雇用機会の形態は二種類ある。一つは、店番やバーテンダーとして常雇いで人を雇う場合であり、もう一つは一時的なピースワークである。常雇いは、この地域では数少ない安定的な収入源という意味で重要な機会になるが、常雇いで家族以外を雇用しているビジネス事業主は一八名中四名しかいない。ほとんどが事業主一名、もしくは配偶者および子どもの手伝いによって事業を営んでおり、常雇いの雇用は概して少ない。四名のうち二名は、学校教員とシアボンガ在住のバス運転手である。彼らはもちろん自分の毎日の仕事があるため、店番を雇う必要がある。他二名は製粉所の手伝いに二名を雇っている

J・Mと、バーテンダー一名を雇うアレックスである。

常雇いで人を雇うことが少ない理由として、ほとんどの事業主は一店舗のみという零細規模であり、家族の手伝いがあれば十分にまかなえることが挙げられる。しかし、複数店舗を経営する者でも、人を雇うことを控えている傾向がうかがえた。例えば、二店舗を経営するワトソンは、これまでに三人の店番を雇った経験があった。しかし、彼は「雇うたびに在庫をごまかしたり、商品や現金を盗んだりするので辞めさせた」と話した。彼がこれまでに雇ったうち二人は血縁関係のある親族だったというが、三人目は血縁関係がない人物だった。ワトソンは、これらの事件に懲りて、一店舗を自分で切り盛りし、もう一店舗を妻と長女に任せている。そのため、食事などからすぐ戻れるように、店の近くに家を新しく建てたほどである。

バーテンダーを雇うアレックスも、同様にバーテンダーによる「売上のごまかし」について話していた。彼が経営する雑貨店とバーは建物が隣接している。アレックスはたいてい雑貨店の方を切り盛りし、バーでの客とのやりとりはバーテンダーに一任している。アレックスはバーテンダーに帳簿をつけさせ、一週間に一度は酒の在庫、売上本数、売上金を確認している。私が店に立ち寄ったとき、アレックスとバーテンダーが売上を確認している場に遭遇したことがある。ビールの在庫と帳簿に書かれている売上を確認していったところ、誤差が生じ、アレックスがバーテンダーを問い詰めていた。ごまかしをほのめかしたバーテンダーが去っていった後に、アレックスは私に向き直り、「彼らはいつも売上をごまかそうとする。雑貨店はバーよりも品数が多く商品の管理が大変だから、とても人には任せられない」と言った。アレックスは商品の仕入れでルサカに行く以外にも、シアボンガやチルンドに出かけるためによく村を不在にする。彼の子どもはまだ小さいため、寄宿学校に行っている長男が村に帰ってくるとき以外は、雑貨店に鍵をかけ、バーだけをバーテンダーに任せて町へ出かけて行く。

常雇いの雇用が少ない一方で、事業主たちは店を営んだり、他の経済活動で生じる労働需要を、一時的な雇用形態であるピースワークを頻繁に活用することで確保している。例えば、ビジネス事業主たちは広い土地で食糧生産と換金作物生産を行っているため、除草や収穫に必要な労働力の需要も大きい。広大な土地を所有しているディクソンは、二〇〇八年度の一二月から二月までの三カ月間、除草作業に計二二回のピースワークを利用していた。彼はこの期間、合計で四四〇クワチャをピースワークに支払った。雨季に行われる除草作業のピースワークは他の仕事に比べて安価なので、一回のピースワークで支払った平均賃金は約二〇クワチャと少額ではある。しかし、モロコシの一バケット[7]は約二〇クワチャで購入できるため、端境期で食糧や現金が不足している人びとにとっては貴重な収入源になる。[6]

乾季になると、次第に建設作業など非農業の労働需要も多くなってくる。二〇一〇年六月二六日から七月二六日までの一カ月間における、ビジネス事業主六名のピースワークの記録によると、合計で一九回のピースワークが行われ、のべ六六人が雇用された。一九回のピースワークのうち、九回(四七%)が建材の収集やレンガ作りといった建設作業であった。次いで多かったのは、収穫が終わった後の畑の圃場整地や、換金作物として収穫したワタやモロコシの袋詰め作業などの農作業補助が五回(二六%)、その他塗装や溶接といった専門知識と技術が必要な作業や、薪集めといった本来なら配偶者や子どもなどによって行われるような作業も含まれていた。ビジネス事業主たちが自ら労働者を募った事例は一九回中一四回、反対にビジネス事業主が頼まれて仕事を与えた事例は五回であった。

表3-2は、これらのピースワークの特徴を示したものである。一回のピースワークで雇用する人数は、少人数の場合が多く、平均では三・五人であった。雇用した人数が最も多かった事例は、地元のサッカーチームに所属する青年たちが、チームの運営資金を得るためにビジネス事業主に「仕事がほしい」と依頼した

表3-2　2010年乾季にビジネス事業主によって提供されたピースワークの特徴

	平均値	最大値	最小値	中央値
1回のピースワークで雇われる人数（人）	3.5	24	1	2
1回のピースワークで雇用される日数（日）	4.7	30	1	2
1回のピースワークで1人あたりに支払われる賃金（クワチャ）	92	680	5	25
1回のピースワークで支払われる賃金（クワチャ）	218	1,360	5	69

出所：Ito［*in press*］

事例で二四人であったが、通常は一―二人ほどの少人数を雇用する場合が多い。一回のピースワークにおける雇用日数は、家の建設のためのレンガ作りを一カ月間行ってもらうという事例が一回見られたが、平均では一週間以下と短期間である。一日や数時間で終わる簡単な仕事を依頼する場合もある。一回のピースワークにおいて、雇用労働者一人あたりに支払われた賃金をみると、平均九二クワチャであった。これは、前述した雨季のピースワークの平均賃金よりも高額である。また、最も長い期間雇用していた一カ月間のレンガ作りでは、二人を雇用し、一人あたり六八〇クワチャという額が支払われた。これは農村部で普段の生活をする分には十分な額と言える。

そして、この期間にビジネス事業主たちがピースワークに費やした金額は、一人あたり平均六八〇クワチャに及ぶことが明らかになった。ザンビアでは、地方公務員の月給が全国平均で三八〇クワチャ、農村地域の平均では二〇〇クワチャである。つまり、ビジネス事業主たちは、地方公務員の月給の約二倍に相当する額をピースワークに支払っていたことになる。常雇いの雇用が少ない代わりに、彼らはさまざまな場面で生じる労働需要を、ピースワークという一時的な雇用形態を多く活用し、地域内に雇用機会を提供している。

二……雇用機会は均等にもたらされるのか？

しかしながら、このような雇用機会が「すべての世帯」に均等に与えられているのかという懸念は、当然生まれてくる。ここでは、先の雨季と乾季のピースワークの記録を用いて、ビジネス事業主と、彼らがもたらす雇用や機会にアクセスできる人びととが、どのような社会関係にあるのかを検討することで、影響の限定性について考えてみたい。

まず、雨季のピースワークから検討してみたい。**表3-3**は、ディクソンが雨季に行ったピースワークにおいて雇った相手を、社会関係および居住地域の重なりによって分類したものである。この表からは、親族・姻族に限らず、友達や近隣住民、そしてディクソンが特別な関係はないと答えた人びとも含めてやりとりが行われていることがわかる。また、ここでも「村」に限らず、M地区一帯でこのピースワークの関係性が広がっていることがうかがえる。雨季の農作業に関連したピースワークは、ビジネス事業主に限らず、俸給職の者などによっても提供されている。彼らは、農繁期に農作業のみに自らの労働を投入することは難しく、かつ他の世帯よりも広い土地を耕さなければならない。その作業すべてを妻子のみに任せるのは困難であるため、多くの世帯外労働力を必要としている。そのため、雨季にはピースワークの需要が多くある。村の人びとは、ピースワークを手に入れることは簡単で、親族関係に限らず、家や畑が近い人に頼むことも多い、と話していた。

次に、乾季のピースワークについて見てみよう。**表3-4**は、乾季に六名のビジネス事業主が提供したピースワークにおける、労働者と雇用主の社会関係および居住地域の重なりを示している。ここではピースワークの交渉を行った一九名の代表者のみを示している。雨季と同様に、最も多いのは、雇用主と親族関係などがなく、友人とも区分されなかった人びとである。つまり、相手の名前や住んでいるところを知らない場合においても、ピースワークは成立するということである。これには「いつも商店のまわりにたむろしている少年に頼んだ。彼がどこに住んでいるかなどは知らない」という場合や、「働いてくれる人を探していて、いろんな人に声をかけていた。店の近くに住んでいる人がちょうどお金を欲しがっていた」という場合が含

表3-3　雨季にビジネス事業主が提供したピースワークにおける労働者との社会関係と居住地の関係（単位：人）

	同村 *1	同地域他村 *2	他地域 *3	その他	合計
親族関係あり	3	4	0	1	8
姻族	0	2	0	0	2
友達・近隣	0	4	0	0	4
その他 *4	1	7	0	0	8
合計	4	17	0	1	22

＊1　雇用主と同じ村に居住.
＊2　M地区内の他村に居住.
＊3　同行政区内の他地域に居住.
＊4　雇用主が特別な関係はないと答えたものを含む.
出所：Ito［*in press*］

表3-4　2010年6月26日から7月26日にビジネス事業主6名が提供したピースワークにおける労働者との社会関係と居住地の関係（単位：人）

	同村 *1	同地域他村 *2	他地域 *3	その他	合計
親族関係あり	0	6	0	0	6
姻族	1	1	0	0	2
友達・近隣	1	2	0	0	3
その他 *4	0	2	3	3	8
合計	2	11	3	3	19

＊1　雇用主と同じ村に居住.
＊2　M地区内の他村に居住.
＊3　同行政区内の他地域に居住.
＊4　雇用主が特別な関係はないと答えたものを含む.

まれる。すなわち、社会関係というよりも、ピースワークの需要が発生したときにすぐに情報をつかめるかどうかが重要になっていると考えられる。一方、特定の人物に頼む事例や、その人物に依頼して労働者を集めてもらうという事例も存在する。これらの事例では、依頼された人物と雇用主との関係は、おじ・おい関係や親密な友人である場合が多い。親族関係の分類のなかでも、「おじ・おい」関係の取引は、他の親族関係よりも多く現れた。調査対象であるトンガの人びとは、伝統的に母系制の社会である。土地や家畜の生産財は、伝統的に母方オジから相続される。第二章でも述べたように、調査地では、移住後に母系相続の伝統が父系相続へと変化しつつあり、母方オジからの土地相続は少ない傾向があった。しかし、依然として母方オジは、経済的・社会的な問題が発生した場合には相談したり、頼られたりする存在である。そのため、ピースワークの仕事をもらう／あげるという関係においても表出したのだと考えられる。

一方で、親族関係以外にも、技術的な仕事は必ず特定の人物に依頼するビジネス事業主や、仕事ぶりが気に入り、何かあると仕事を依頼するという事例もみられる。例えば、データ収集の期間が短かったため、前述した調査期間には現れなかったが、私がほとんど毎日のように顔を出していたワトソンの店では、塗装や溶接など特定の作業を「マスター」と呼ばれる男性に任せていた。建設作業など多くの人数が必要な場合には、別の人を雇用する場合もあるが、マスターが塗装や溶接などの仕事に長けているため、何かあると携帯電話で彼を呼び出し、仕事を任せていた。マスターは二〇〇四年に結婚し、妻と幼い子どもとともにM地区に暮らしている。換金作物栽培などは行っていないため、現金収入はピースワークのみに頼っている。彼は、「ワトソンとは親族関係にはないが、二〇〇五年に一度、彼にピースワークを頼まれて働いたら、そのときの働きぶりを気に入ったらしく、その後も何かあると声をかけてくれるようになった。それまではこんなふうに頻繁にピースワークをすることはなかった」と話していた。ピースワークで得られたお金を貯め、マスターは二〇〇八年にコンクリート造りの新しい家屋を建てた。現在では携帯電話を持っている彼は、ワトソン以外にも、学校の教員や農業省の役人などから同様の仕事で頻繁に呼び出されるようになっていた。

このように、ピースワークは、雨季と乾季で性格の違いは多少あるものの、名前も居住地域も知らない人にとってもアクセス可能である一方で、特定の雇用主と労働者の関係によって偏在的になる可能性もうかがえる。特に乾季は、除草や収穫作業のように「誰もが」行える仕事は少なくなり、「特定の誰か」に頼みたくなるような技術職も増えてくる。また、雨季は女性にもアクセス可能だったのに対し、乾季に雇用主との間でピースワークのやりとりを行ったのはすべて男性であった。そのため、今後、特に乾季を中心としたピースワークの記録を長期的に収集し、影響の偏在性を検討していくことが課題となる。また、同様に、このような一部の雇用主と労働者との関係が、パトロン―クライアント関係のような階層的関係に変化していくのかについても、今後検討すべき課題である。

三……情報・機会を媒介する

最後に、先述した雇用のように直接的に利益を再分配するような形式とは異なる影響について触れておきたい。これは、冒頭で紹介した商店の特性とも関わっている。

◎事例　モロコシ買付会社の仲介役となったディクソン

二〇〇九年、ビジネス事業主ディクソンのもとに、新しいモロコシの買付企業N社が訪れた。N社は、種子用に栽培されたモロコシだけではなく、通常の方法で育てられたモロコシも買い取るという条件を提示した。(8) これまで調査村一帯では、種子用以外のモロコシを企業に販売することはなく、地域内での売り買いがあるだけだった。自分たちが普段栽培しているモロコシの現金化が容易になったことにより、従来モロコシを販売することのなかった世帯がN社との取引に乗り出した。二〇一〇年の収穫後まもない六月から八月の間には、ディクソンを介して調査村の四世帯がモロコシをN社に販売した。

種子用モロコシの販売は、品種管理などの側面から参入が難しく、調査村では換金作物としてはワタを栽培する世帯の方が圧倒的に多かった。ディクソン自身はN社が現れる以前から、モロコシを換金作物として別の民間会社に販売していたが、調査村ではこれまでディクソンを含めた三世帯のみしか種子用モロコシの販売を行っていなかった。しかし、N社の登場により、モロコシを現金化する人びとが増加したのである(写真3-7)。ディクソンは幹線道路沿いではなく、道路から約二キロ離れた集落内部に店を構えている。市場や道路沿いの商店ならまだしも、わざわざN社が集落のなかの商店をめがけて交渉に来るとは考えにくい。ディクソンはルサカに知り合いが多くおり、自らも仕入れに週に一回程度出かけて行くため、ルサカの知り合いから仲介役としてディクソンの名前が伝えられていたということも考えられるが、理由は定かではない。

調査村ではこれまでも、政府系種苗会社ザムシード(ZamSeed)と民間のK社がモロコシの買い取りを行っていた。ザムシードは農業省が仲介し、種子の配布などの農民とのやりとりを請け負っている。一方、K社は二〇〇九年まで、商店主であるワトソンが会社側との交渉や連絡を請け負い、配布された種子や肥料の管理、支払いなどにおいて他の農民との仲介役を担っていた。また、農業以外では、ルシト地区に携帯電話の電波塔の建設を計画していた携帯電話会社が農村部で建設作業の労働力を集めたいという話を、ワトソンが仲介し、建設労働に慣れている者を呼び集めたということもみられた。このように彼らが外部からの情報や機会を仲介していることは、ビジネス事業主たちが道路沿いに店を構えていることや、英語を話せることなども関係していると考えられる。また、彼らが商品の仕入れによって一―二週間に一度はルサカを必ず訪れ、他の人びととは異なるような都市部でのネットワークを築いていることも、他地域からの情報・機会が流入しやすいことと関わっているのではないかと考えられる。

写真3-7　N社に販売するため，ディクソンの店の前に集められたモロコシ．このほとんどはディクソンが出荷するものである．

　以上のように、これまでは農業省や生産者組合、村長などが仲介していた「新しい機会」に、ビジネス事業主という別の受け皿がもたらされたことは、何を意味しているだろうか。先の事例で重要なのは、ディクソンはN社が来た後に、人びとに声をかけて寄り合いを開いてN社の情報を伝達したわけではない、ということである。N社の情報は、彼らがやってきてすぐさま、「口コミ」で村じゅうにあっという間に広まったのである。この口コミ情報伝達に一役買っているのが、ビジネスが営まれる場所ではないかと私は考える。冒頭で述べたように、商店やバーの前を通ると、土曜や日曜の礼拝の時間帯以外では、数人から数十人の人びとが何をするでもなく店の前に集まっている光景を目にすることができる。特に夕食の後には、サッカーの試合や映画をテレビで見るべく、多くの人が店に集うのである。商店のまわり、特に道路沿いや市場など、村以外の人びとも行き交う場所では、ルサカやシアボンガ、チルンドなどの都市部からも最新の情報が届く。また、ビジネス事業主たちは、携帯電話を頻繁に利用し、農村内外の人びとと連絡を取り合っていることもあいまって、新しい情報は、店にたむろしている人びとのあいだに瞬く間に広がる。冒頭で紹介したような、ワトソンの店にラフォードが「意味もなく」座り続けることも、他の人からさまざまな情報を得たり、ワトソンが突然必要とするかもしれないピースワークをもらったりすることにつながっていたのだ。このように、商店の立地特性や、ビジネス事業主たちの都市を含めた広いネットワークによって、彼らは情報や機会を媒介するような役割を担っているのではないかと考えられる。

第七節　農村ビジネスの可能性

本章では、農村ビジネスの特徴や、地域社会への影響を見てきた。この事業の特徴としてまず指摘できることは、農村ビジネスの多角的経営の実態である。私の調査は当初、商店の経営によって対象者を特定してきたが、彼らは商店の経営に特化せず、自給農業や換金作物生産なども継続していた。また、商店で得た利益が、農作業のピースワークや、土地の借り上げ、牛の購入といった農業の拡大に使われることもあり、農業と彼らの商店経営は相互に補い合い、高め合うような関係になっていた。そして、農業部門以外にも、製粉所の開設や貸家業への参入など、ビジネス事業主たちは新たな機会に積極的に参入し、さまざまな経済活動を同時に展開するという特徴を共有していた。

また農村ビジネスの特徴で重要なことは、彼らの活動は狭義の農村にとどまらず、農村ＩＳが念頭に置くような「小都市を中核としてその周辺農村部を巻き込んだ一個の経済圏」[池野 2010: 262]において展開していることである。ビジネス事業主たちは、前記の経営多角化を都市にも延ばし、チルンドの商業・サービス業に参入していた。そして、シアボンガやチルンドの都市居住者たちが、農村ビジネスの上客となり、彼らの活動資金にも一役買っているのだ。それは、中小都市から農村へのモノやサービスの提供や、農村から中小都市への農産物供給という、従来想定されていたような関係のあり方とは異なる様相を示している。ビジネス事業主らは、自らもまた頻繁に都市との往来を繰り返し、社会ネットワークを拡大させ、投資や消費の連関によって中小都市とつながっている。このような農村ビジネスの特徴は、量的な調査によって一つの業種ごとにその規模や影響を見ていては捉えきれないものである。そのため、この部門の可能性を論じるには、フォーマル／インフォーマル、農村／都市という枠組みを超えて、経済活動の主体に注目し、その実態を見ていくことが重要になると考えられる。

次に、農村ビジネスが調査地で発達してきた背景について考察しておきたい。この地域における商店やバー等の店舗は、この二〇年間ほどで増加しており、これはザンビアにおける経済構造の変化と無関係ではない。ビジネス事業主らの起業の元手となったのは、都市への移動経験によるノウハウや資金の蓄積か、農業や家畜の売却といった既存の生計手段を拠り所とするものであった。都市への移動経験のある事業主たちは村内の標準からすれば高学歴であり、都市で求職活動をしていたことからも、時代が異なれば都市フォーマル部門、もしくはインフォーマル部門に吸収される見込みもあったはずである。しかし、当時の都市経済の悪化から、彼らは農村に「追い返された」形となった。アフリカでは農業不振などの経済悪化が、農村世帯をこのような非農業部門へと追いやっているという見方もあるが、農村ビジネスが発達してきた背景には、一方的に追いやられるだけでなく、自らの経験を活かし、「よりよい生活」のために新たなチャンスを積極的に試す人びとの主体性があることを忘れてはならない。

ＭＳＥｓや農村ＩＳで指摘されるこれら同種の活動における雇用労働力の少なさは、農村ビジネスにおいても当てはまっていた。複数の店舗を所有する者でも、労働者の盗みや金銭のごまかしから常雇いで店番を雇用することをためらう姿勢がみられた。一方で、ビジネス事業主たちは、店舗運営や換金作物栽培に必要な労働力をピースワークという一時的な雇用労働によって調達していた。調査期間が収穫期の直後であったにもかかわらず、ビジネス事業主たちは一カ月の調査期間中、地方公務員の月給を上まわる金額をピースワークに費やしていた。店員の盗みやごまかしによって人を雇うことを敬遠するという実質的な問題もあるが、機会をみてさまざまな活動にそのつど参入していくような彼らの活動形態には、ピースワークによって必要なときに必要な分だけ労働力を確保する方が柔軟に対応できるのではないかと考えられる。このような統計上には表れないピースワークの存在が、端境期や乾季の現金稼得手段として、他の世帯の生計維持に重要な役割を担っていることは前章で指摘したとおりである。しかし、ビジネス事業主からの雇用機会は、当然のことながら、すべての人びとが享受しているわけではない。ピースワークは、基本的にオープンアクセスと捉えられるが、乾季には仕事が限定されるため、技術や知識、雇用側との関係などによってアクセス可能な人数は限定される可能性も示唆された。今後はこのようなピースワークの雇用関係により、階層的な関係性に発展していくのかを検討していく必要は確かにあるが、次章で述べる「都市への出稼ぎ労働」という選択肢も含めて、この点についても広義の農村を視野に入れて検討すべきである。

本章は、雇用以外にも、ビジネス事業主らが農村への情報・機会の流入における媒介者となっている側面を示唆した。例えば、モロコシの買付企業の事例では、ビジネス事業主ディクソンは、農村にやってきた新たな機会のインフォーマルな受け皿になっていた。彼のもとに届いた新たな機会・情報は、「商店」という場所の特性によって、口コミで瞬く間に他の人びとへと広まった。このような「情報交換・受発信」の場の中心にいるビジネス事業主らは、都市をはじめとする他地域との媒介者として重要である。

本章が示してきた農村ビジネスは、近郊都市の動態および都市居住者と密接に関わって成り立ち、他の人びとに雇用や機会・情報という側面で影響力を持っている。これまで、人びとは都市に移動することによって直接的に都市と関わり、また都市居住者をもつ家族は移動者を通じて間接的に都市からの影響を受けてきた。しかし、この農村ビジネスの発達によって、都市とはまったくつながりを持たない人びとも、ビジネス事業主らを通して、間接的につながるという重層的な構造が形成されている。すなわち、都市の社会・経済変動による農村社会への影響は、これまでよりも伝播の仕方や速度の点で複雑化し、ビジネス事業主が都市とつながるがゆえに生まれる新たな脆弱性といった問題を考える必要性が示されているのではないだろうか。もちろん、これまでも都市―農村間関係の研究では、都市への移動労働がもたらす農村の労働力不足問題や、都市経済の悪化による農村の土地や送金の影響などが示されてきた。しかし、今後は、単純に移動という形でつながる都市と農村の関係以外にも、本章が示したような重層的な都市―農村間関係を考慮することが必要になってくると考えられる。

第四章

変わりゆく農村における「都市に働きに行くこと」の意味

電力会社の社宅でハウスワーカーとして働く調査村出身の男性とその一家．

はじめに

ザンビアに初めて調査に入ったとき、村での生活にはすぐ慣れたものの、単調な毎日に飽きてきた私の楽しみはシアボンガに行くことだった。シアボンガは、カリバ湖沿いに位置し、村の人が最もよく訪れる都市だ。人口二万人弱の小さな町である。ルサカのような大都市と比べると、大きなスーパーマーケットも、チャイニーズ・レストランも、インド料理屋も、何もないのだが、それでもシアボンガは私にとって一時間ほどでたどり着ける「非日常」を感じる場所だった。

それは調査村の人びとにとっても同じだった。女性や子どもは、農閑期や学校が休みの間、都市に住む親戚を訪ねる。この行為は人びとに「ホリディ Holiday」と冗談まじりに呼ばれていて、数週間で帰ってくることもあれば、数カ月間行きっぱなしのときもあった。行き先で多いのはシアボンガだった。「ホリディ」と言っても、外国人観光客のように湖でクルーズをするわけでも、湖岸のホテルでのんびりするわけでもない。ただ親戚の家に滞在し、家事から離れ、農作業から離れ、気ままに友達とおしゃべりに興じたり、テレビのある家に出かけたり、マーケットで買い物をしたりするだけだ。村と違うことはほんのわずかである。トウモロコシのシマに魚のおかず、トンガ語とともに飛び交うニャンジャ語、たくさんの古着が並ぶ大きなマーケット。人びとは、農作業や毎日の家事から離れ、シアボンガという小さな町で「村と少ししか違わない」けれど特別なホリディを過ごす。それは、シアボンガに何らかの「非日常性」を感じているということだった。

一方で、本章が対象とする「都市に働きに行くこと」は、どのように位置づけられるのだろうか。農村から都市への出稼ぎ労働は、ザンビアの農村社会が近代・都市・産業部門と関わる唯一の手段であったといっても過言ではない。しかしながら、構造調整政策の実施以降は、農村部においても非農業化が進展し、これまでみてきたように調査村ではさまざまな生計活動の選択肢が見られるようになった。このようななかで、人びとはどこに働きに行くのだろうか、そしてなぜ都市に働きに行くのだろうか。それは他の生計活動とは異なる特別な選択肢なのだろうか。本章では、現在の調査村における「都市に働きに行くこと」の意味を探求していく。

ここでは「都市に働きに行くこと」を「出稼ぎ労働」という言葉で表現する。出稼ぎ労働とは、生計上の必要のために一定期間、生活の本拠地を離れて他所で働き、その後に戻るという回帰的な就労形態として定義される。しかし、その定義は研究や調査によってさまざまであり、本拠地を離れている期間が六カ月以内と定義されることもあれば、一年以内、二年以内と定義されることもある。一般的に、出稼ぎとは一定期間の就労ののち、故郷に戻るという点において移住とは異なると考えられる。しかし、移動するたびに住民票を移すといった行政手続きをふまないザンビアの農村部では、故郷を離れた時点では、出稼ぎなのか移住なのかは判断しがたい。また第一章でもみてきたように、長期間都市に滞在していても、農村とのつながりを保ち、状況が変われば「故郷」へ帰ることが多く報告されてきた。そして後述するように、実際に都市での「滞在期間」は変動性が高い。そのため、本章では都市での滞在期間によって出稼ぎを定義せず、「農村から都市に移動し、都市で一定期間就労し、その後農村へ戻ってきた」現象を出稼ぎ労働として扱い、その実態や影響を広くみていくことにしたい。

本章で用いるデータは、主に二〇〇六年八月から二〇〇七年三月までの第一回調査時に行った聞き取り調査と参与観察を基本としている。調査対象としたのは、出稼ぎ経験者（調査時点で村に居住し、過去に出稼ぎを経験したことのある者）四一名である。出稼ぎを数回行っているインフォーマントもいるため、四一名から得られた出稼ぎの総事例数は九六事例であった。ほとんどの事例は、村から出て行った後、出稼ぎ先の都市で働いて村に戻ってくる事例であったが、最初の行き先から別の都市へ移動するという事例も少数確認された。この場合には、一つの都市での滞在期間を一事例として扱う。(1) それぞれの事例について、移動の理由や離村当時の状況、行き先、都市での滞在期間、都市で従事していた仕事、賃金、都市での生活(頼りにしていた親族や友人、住居や職探しの状況など)、都市滞在中の農村との関係について聞き取りを行った。

第一節　アフリカ農村社会における出稼ぎ労働の位置づけ

多くのアフリカ諸国において、労働移動は鉱山やプランテーションの労働力確保のために行われてきた。第一章でもみてきたように、特にザンビアにおいては、植民地支配の早い段階から契約労働が導入され、農村部から南ローデシアや南アフリカ、そして国内鉱山への出稼ぎが大規模に発生し、都市化を支えてきた。植民地政府は、課税制度によって人びとに現金収入の必要性を促し、鉱山開発や商業農業に必要な労働力を確保していた。この点において、初期の労働移動は、構造的な政策の枠組みのなかで発生していたといえる。そのため、この時期の先行研究では、個人や世帯がなぜ移動するのかといった点についてはあまり関心が払われず、その形態や送り出し地域への影響に焦点が当てられてきた。しかし、独立以降、多くのアフリカ諸国において都市への自由な人口移動が急増すると、次第に移動の決定要因についての研究が盛んになり、さまざまな研究が行われるようになった。

本章では、調査村の人びとにとって都市への出稼ぎがどのような意味を持っているのかを明らかにするため、出稼ぎが行われる状況や、意思決定のプロセスに注目する。そのため、本節では、移動の意思決定に注目した出稼ぎ労働の先行研究について整理しておきたい。

移動の意思決定に関する議論は、労働移動研究の主要な論点であり、経済学や社会学などさまざまな学問分野からのアプローチがなされてきた。その多くは「プッシュ—プル理論」として理解できるものである。トダロは、自身の効用を最大化する合理的な個人を想定したうえで、都市と農村の所得格差がある限り、たとえ近代部門で仕事を得られる可能性が低いとしても人びとは高い賃金や雇用が得られるという期待に引きつけられて（プルされて）、都市に流入してくることをモデル化した［Todaro 1969］。また反対にボーズラップは、農村部における人口増加、それにともなう土地不足が人びとを都市へとプッシュ（押し出）していることを理論化した［Boserup 1965］。

このような研究に対し、スタークは、個人はある社会グループの一部であり、移動の意思決定やその影響を理解するには、対象を個人ではなく世帯に引き上げる必要性があると主張した［Stark 1991］。この分析視点の転換は、その後の研究に大きく影響を与えた。この主張の背景には、アフリカをはじめとした途上国の研究を行っていたスタークらが、多くの事例において、移動者が送り出し地域との関係を断ち切るわけではなく、送金等によってその影響が共有されていることを観察していたことが挙げられるだろう［Stark 1991］。このように「世帯」を分析視点にしたことは、それ以前のトダロモデルをはじめとする経済学が前提としてきた完全に「利己的な個人」ではなく、世帯のなかに位置づけられた「利他的な部分」で決定が左右される個人として主体を捉えることへとつながり、出稼ぎを世帯の生計戦略として位置づける研究を後押しした(2)。

社会変動や環境変動に対して農村世帯が主体的に対処していくことを描く生計アプローチの研究潮流とも

あいまって、世帯の生計戦略として出稼ぎ労働を位置づける研究は増加した。特に西アフリカでは、干ばつなどの環境要因によって世帯の生計戦略としての出稼ぎが行われることが報告されてきた(3)[Cordell et al. 1996; Findley 1994; Hampshire and Randall 2000]。例えばフィンドレイは、干ばつの状況下においては、移動の事例が増加するのではなく、その特徴や構成が通常時から変化するということを指摘した。彼女は、マリの調査データを用いて、干ばつ時には、短期還流型(六カ月以内)の移動が占める割合が二五％から六三％に増加することを示し、その背景として、通常時に行われている国外への出稼ぎはコストがかかるため、困窮時は移動コストが安い国内移動の割合が高まっていることを述べた。そして、干ばつ時に移動の事例の全体数が増加しないのは、すでに外国への出稼ぎが多いこの地域では、都市居住者を多数送り出しているため、送金によって生計を維持できる世帯も存在していることを明らかにしたのである[Findley 1994]。

世帯の生計戦略として出稼ぎを分析する場合には、いつ、どのくらいの移動が起こっているのかを知ることと同時に、誰が移動するのか、という点にも関心が払われる。ハンプシャーとランドールは、移動に関わるコストは貧困層の出稼ぎへの参入の制限要因となっており、資本・労働・ネットワークの観点から富裕層の方が出稼ぎに行きやすいことを指摘した。そしてまた、富裕層の方が出稼ぎから得られる利益が大きいため、季節労働移動は従来の経済的地位を固定化する傾向にあることを示した[Hampshire and Randall 2000]。同様にベイカーは、他の生計活動と同様に、マイグレーションは「勝者」も「敗者」も生み出すことを指摘し、場合によっては個人や世帯の生存もしくは蓄積につながるような機会に対するポジティブな対応として捉えることが必要であると主張している[Baker 2001]。

出稼ぎの意思決定に関わる要因は、都市との所得格差、環境変動や土地不足など、さまざまな分野で構造・個人・世帯という分析視点から検討されている。しかしながら、このような研究では村内の他の現金稼得手段との関係が不明瞭であり、農村経済が多様化するなかでの出稼ぎの位置づけはまだ十分に検討されていない。以下では、これらの議論をふまえながら、調査村における出稼ぎの特徴とその変遷を明らかにし、都市へ働きに行くことが、現在の調査村でどのような意味を持っているのかを、人びとの意思決定に着目して検討していきたい。

第二節 出稼ぎ労働の特徴の変化

一……出稼ぎ経験者の当時の属性

調査対象の四一名の出稼ぎ経験者のうち、男性は二八名、女性は一三名であった。一人が別の時期に複数回出稼ぎを経験していることもあるので、事例数はあわせて九六事例(うち男性が七六事例、女性が二〇事例)となった。彼らの平均出稼ぎ経験回数は、男性二・七回、女性一・五回であった。最も多かったのは、これまでに七回の出稼ぎを経験した男性であった。

彼らが最初に出稼ぎを経験した年齢は、平均二一・六歳であった。最年少の事例は一〇歳の女性が家事手伝いとして都市に居住する親族のもとへ出かけたものであり、最高齢の事例は四六歳の女性であった。最初の出稼ぎ経験当時の年齢は、ほとんどが一〇代後半から二〇代前半にかけての若年層に位置づけられた。

表4−1　離村当時の婚姻状況と世帯内での社会的地位（単位：事例数）

	未婚		既婚	
	世帯主	娘・息子	世帯主	合計
女性	6	14	0	20
男性	3	25	48	76
合計	9	39	48	96

表4−2　出稼ぎ経験者の最終学歴（単位：人）

	基礎学校中退	基礎学校卒業	高校中退	高校卒業	なし	合計
女性	22	2	1	1	2	28
男性	13	0	0	0	0	13
合計	35	2	1	1	2	41

表4−1は、全九六事例について男女別に離村当時の婚姻状況と世帯内での社会的地位を示したものである。男性の場合は既婚世帯主の割合が最も多い。既婚女性が出稼ぎに行く事例は見られず、女性の場合は当時の婚姻状況はすべて未婚であった。既婚女性の事例が見られない要因としては、既婚女性は世帯主のもとに扶養され、家事や育児、農作業などさまざまな労働を任されていることや、出稼ぎの必要が生じた場合は世帯主である男性が出かけるからであると考えられる。そして、女性の二〇事例のなかには、配偶者と離婚・死別した寡婦が七事例含まれているのも特徴的である。男女あわせても世帯主の事例は最も多く、全事例の約六割を占めていた。

表4−2は、四一名の出稼ぎ経験者の最終学歴を示したものである。多くの人が基礎学校中退であり、これは調査村全体の傾向と一致する。基礎学校のなかでも、七学年から八学年に進級するときの試験に挫折する者が多く、七年目で中退する傾向が顕著にみられる。したがって、出稼ぎを行う人びとが特別に学歴が高い、もしくは低いという傾向はみられない。

図4-1　出稼ぎに出かけた月（離村月）と村へ戻ってきた月（帰村月）の月ごとの事例数

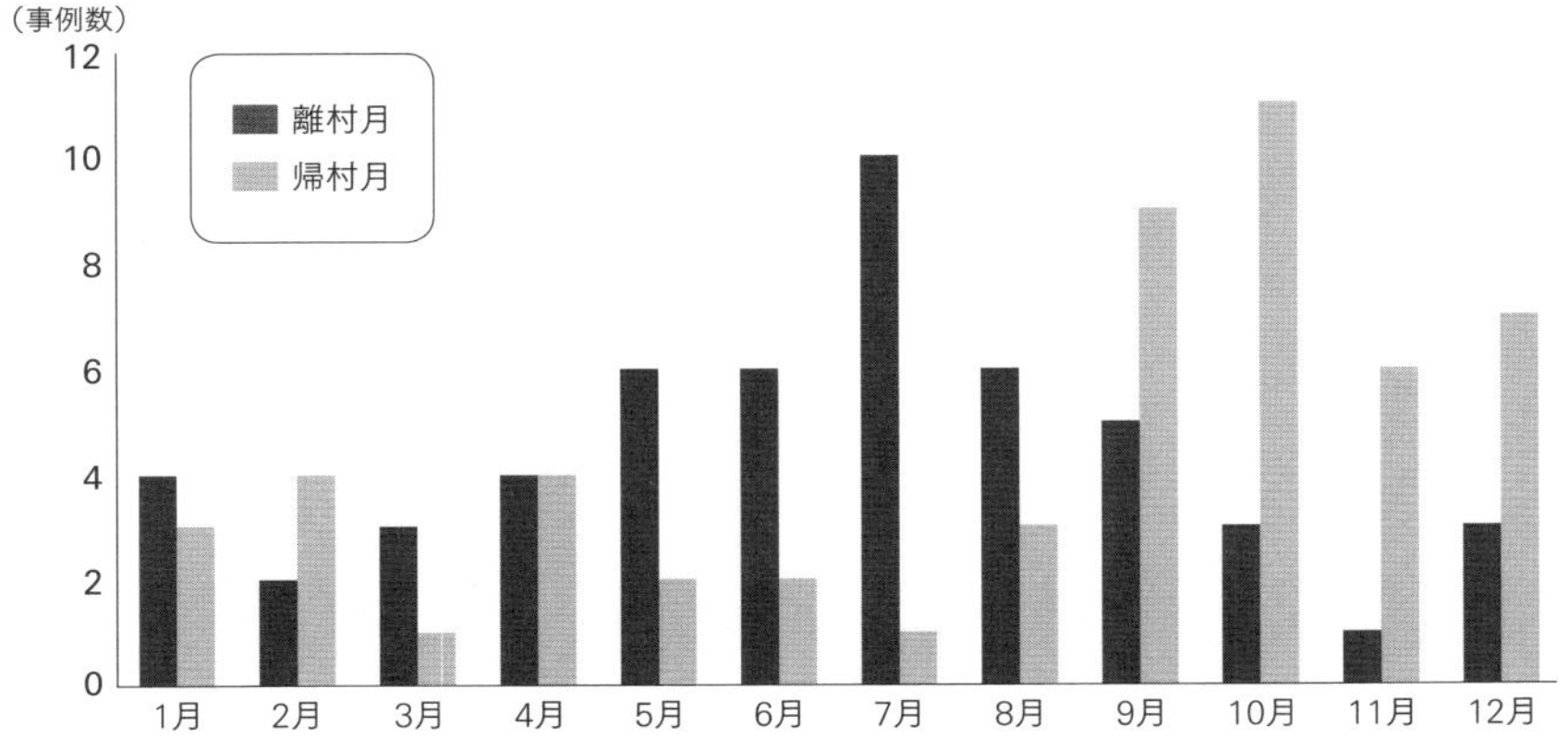

＊離村月と帰村月が判明している53事例のみ.

二……出稼ぎが行われる時期

次に、都市に出かけた月（以下、離村月）と、村へ戻ってきた月（以下、帰村月）についての特徴をみてみたい。図4―1は、離村・帰村月が明らかであった五三事例について、月ごとの事例数を表したものである。離村月では、乾季、特に五月から八月にかけてが多くなっていた。五月は、世帯によっては換金作物であるワタの収穫作業が残っている場合があるが、食糧作物の収穫はほぼ終了している。そのため、農作業を終えたこの期間が、村を離れるタイミングと重なることが多いと考えられる。

一方、帰村月は雨季が始まる直前の一〇月に最も事例数が多くなっていた。雨季が始まるのは、一〇月の終わりから一一月の初旬にかけてである。人びとは雨が降り出す前の一〇月頃から圃場整地などの農作業を始める。したがって、一〇月に帰村が多くなる要因としては、村に戻るならばちょうど農作業が始まるこの時期を選ぶためである。しかし、例えば雨季のまっただなかである一月や二月にも村を離れるという事例が見られるように、それ以外の時期にも離村・帰村の事例がある。そのため、すべての事例が農事暦と連動しているわけではないと考えられる。

三……年代ごとの変化

ここでは、全九六事例を離村年ごとに、一九六〇―七〇年代、一九八〇年代、一九九〇年代、二〇〇〇年以降の四つに区分して、移動先と滞在期間の移り変わりをみていきたい。

表4-3は各年代区分別の都市滞在期間を示したものである。聞き取り対象者の年齢構成上、一九六〇―七〇年代は一〇事例と他の年代に比べて事例数が少なくなってしまうため、傾向は読み取りにくいが、そのなかでは、一年を超えて都市に滞在する事例が多く見られた。反対に、一年以内の事例は他の年代に比べて少なかった。一九八〇年代も一年を超える期間の出稼ぎが全体の約七割を占めており、同様の傾向が続いていた。一九九〇年代に入ると、一年以内の短期間、都市に滞在する事例が増加する。一九九〇年代には、一年以内の出稼ぎは全体の半数以上を占めるようになった。二〇〇〇年以降になると、短期間の出稼ぎの割合はさらに増える傾向にあった。一年以内の事例が占める割合は八割に達していた。一方で、一九九〇年代以降も一年を超えて都市に滞在する事例は併存しており、調査村からの出稼ぎは必ずしも季節的なものだけでないことに注意が必要である。

次に、移動先の変化について見てみたい(**表4-4**)。一九六〇―七〇年代では、マザブカ、チョマ、カフエなど、同じ南部州にある鉄道沿線都市が半数を占めていた。年長者への聞き取りによると、この地域ではもともとコッパーベルトやルサカへの移動が少なく、植民地時代から独立期にかけてはジンバブウェや南部州

表4-3　離村年代別にみた都市滞在期間の推移（単位：事例数）

	1カ月以内	1年以内	3年以内	3年超	不明	合計
1960－70年代	0	3	5	2	0	10
1980年代	0	5	5	6	0	16
1990年代	3	14	6	8	1	32
2000年以降	8	21	7	0	2	38
合計	11	43	23	16	3	96

表4-4　離村年代別にみた出稼ぎ先の推移（単位：事例数）

	シアボンガ	チルンド	ルサカ	南部州他都市	不特定	その他	合計
1960－70年代	2	1	0	5	2	0	10
1980年代	8	1	2	2	0	3	16
1990年代	17	5	7	2	0	1	32
2000年以降	14	11	8	1	2	2	38
合計	41	18	17	10	4	6	96

表4-5　調査村からの過去の移出者の移動先（単位：人）

	シアボンガ県内			南部州内			その他		合計
	県内農村部	シアボンガ	チルンド	グウェンベ県	シナゾングウェ県	南部州都市部	ルサカ	その他	
1960－70年代	3	0	0	4	6	4	1	2	20
1980年代	5	5	0	0	0	0	1	0	11
1990年代	0	2	0	5	0	0	1	0	8
2000年以降	4	1	3	0	0	0	2	0	10
移出年不明	3	2	1	7	0	2	1	1	17
合計	15	10	4	16	6	6	6	3	66

＊調査村の世帯主の両親・兄妹で，現在M地区に居住していない66名．

の都市への出稼ぎが多かったということであった。一九八〇年代になると、調査地近郊に位置するシアボンガが最も多い移動先となり、反対に南部州の他都市への移動は減少していた。一九九〇年代以降の移動先にみられる大きな特徴は、近郊都市であるシアボンガとチルンドへの出稼ぎが増加したことである。この二つの近郊都市への出稼ぎが総事例数に占める割合は、シアボンガが四三%、チルンドが一九%であり、全事例数の約六割が近郊都市への出稼ぎとなっている。ルサカの一八%をあわせると全体の八割を占めることから、この三都市が調査地からの主要な出稼ぎ先であると考えることができる。

ここで、調査村からの過去の移出者について触れておきたい。調査年中に移出した者については第二章でも示したが、それ以前に村を出たまま現在も他所に居住する人びとが存在している。彼らは現在、村の構成員としてはみなされていない移出者である。過去の移出者の概要を示すために、ここでは調査村の世帯主の両親・兄妹で、現在M地区以外に居住する人びとについてみてみたい。表4―5は、現在M地区に居住していない世帯主の両親・兄妹が村を出た年代と、当時の移出先を示している。一九七〇年代まではグウェンべ県やシナゾングウェ県など南部州の農村部への移出が多かったが、一九八〇年代に入るとシアボンガへの移出者が現れている。都市部への移出者は、その他、ルサカと二〇〇〇年以降のチルンドに存在する。これらの移出者の子ども世代を含め、このような移出者の存在は、以下に述べるような職探しや滞在先での一時的な寝床の提供などに活用され、出稼ぎ先での社会ネットワークの基盤となっている。

四……職業の変化

では次に、主要な移動先である三都市で彼らがどのような仕事を得ているのかを見ていきたい。表4―6

表4-6　主要な移動先における職業の変化（単位：事例数）

シアボンガ（n＝41）

	漁業	宿泊施設サービス業	ハウスワーク	公共事業等	その他	不明	合計
1960－70年代	0	0	0	2	0	0	2
1980年代	5	0	0	0	3	0	8
1990年代	5	2	6	2	1	1	17
2000年以降	0	2	10	1	1	0	14
合計	10	4	16	5	5	1	41

チルンド（n＝18）

	農場労働	ハウスワーク	宗教施設	日雇い労働	不明	合計
1960－70年代	0	0	1	0	0	1
1980年代	0	0	1	0	0	1
1990年代	4	1	0	0	0	5
2000年以降	1	1	0	7	2	11
合計	5	2	2	7	2	18

ルサカ（n＝17）

	工場労働	農場労働	ハウスワーク	その他	合計
1960－70年代	0	0	0	0	0
1980年代	0	1	0	1	2
1990年代	1	1	5	0	7
2000年以降	1	2	3	2	8
合計	2	4	8	3	17

は、シアボンガ、チルンド、ルサカにおいて調査村からの移動者が携わっていた職種を離村年代別に示したものである。

シアボンガは、調査村から約五〇キロ南に位置したカリバ湖沿岸の町である。調査村の人びとが得ている仕事はハウスワークが最も多く、次いで漁業、観光業や公共事業であった。年代別にみていくと、シアボンガへの移動は一九八〇年代に増加し始め、この年代の就労先は漁業が多くを占めている。カリバ湖には一九六〇年代後半にタンガニーカ湖からカペンタと呼ばれる小型の淡水魚が導入されたが、ジンバブウェの独立をめぐる紛争の影響を受け、一九八〇年までは漁が行われてこなかった。紛争が終わり、白人移住者らが参入し始めた一九八〇年代以降、カペンタ漁は漁に直接関わる人びとだけでなく、間接的な雇用も生み出す産業へと成長してきた。一九八〇年代にシアボンガの出稼ぎや前述した移出者が増加し始めたのは、この時期の労働需要の高まりと呼応していると考えられる。

一九九〇年代になると、ハウスワークの職に就く者が現れ始め、二〇〇〇年以降はその傾向が顕著になる。シアボンガや調査村一帯の地域は、一九九二年まではグウェンベ県の一部であったが、一九九〇年代における地方分権化の流れを受けてシアボンガ県として分離することになった。漁業と観光が主であった小さな町に、県議会、郵便局や銀行などが徐々に立地し始めた。同時に、公務員らフォーマルセクターで働く人びとが新たに移住し始めた。これ以前にも、シアボンガに居住する白人宅でのハウスワークの雇用は存在したが、全体数としては一九九〇年代以降に比べると少ない。九〇年代以降に、ザンビア人の正規雇用者たちが町に出現したことにともない、家事手伝いや庭師といった低熟練労働の需要が増加してきたのではないかと考えられる。

シアボンガの街中には、行政機関の職員や電力会社の職員らがまとまって居住する区画がある。これらの家々では、屋敷地内の一角にハウスワーカー用の小屋が建てられているのが一般的である。ハウスワーカーたちはこの小屋で寝泊まりができるため、貸家を見つける必要がなく滞在コストも節約できる。また、仕事内容は掃除や洗濯、料理、庭の手入れなどの簡単なものである。雇用主が黒人ザンビア人であれば、英語の能力が問われることもない。ハウスワークの職業に就いた一六事例では、一事例を除いてすべてが黒人ザンビア人がオーナーの家で雇われていた。正規雇用者の家が集まる区画や、コンパウンドに暮らす富裕層の家の近くを歩いていると、人びとが家々を訪ねては「仕事がないか」と聞いてまわっている姿を目にすることがある。シアボンガでハウスワークの職に就いた一六事例のうち、一一事例はこのように自ら歩きまわって仕事を得たというものであった。残りの五事例は、親戚や知人の紹介で仕事を見つけている。町の人びとの間では、普段の会話のなかで、近隣者や友人、同郷者などが仕事を辞めた、変えたという噂は常に駆けめぐっている。知り合いや同郷出身者を通じて雇用主に紹介してもらい、空きのポジションに滑り込むことも重要である。そのため、情報ネットワークがまったく役に立たないというわけではないが、かといって必ずしも強固なコネが不可欠というわけでもない。また、ハウスワークは特別な能力や技術を必要とするものでもないため、他の仕事に比べて参入が容易だと考えられる。

そして、二〇〇〇年以降をみると、漁業の仕事に就く者はほとんどいなくなってしまった。漁業の仕事は漁獲量によって給料が変動し、労働時間も夜中から朝方にかけてになる。漁業の職を経験した人からは、漁業は重労働であるわりに給料が少ない、疲れる、といった声も聞かれた。しかし、現在シアボンガに居住している調査村出身者のなかには、カペンタ漁の企業で働いている者もいるため、調査村の人びとが漁業の職から完全に離れてしまったとは考えられない。それよりも、もともとの主産業であった漁業・観光業以外にも低熟練労働の選択肢が増えてきていることを示していると思われる。

次に、二番目に多い移動先であるチルンドについてみていきたい。チルンドはジンバブウェとの国境に位置する町である。調査村からは幹線道路を使えば三〇キロほどの距離にあるが、未舗装の道路を使えば二〇キロ弱で行くことができる。チルンドはザンビアの国境地域のなかでも、物流の中心地として位置づけられる(写真4-1)。貿易量の約七割を道路輸送に依存するザンビアのなかで、南北回廊(4)(North South Corridor)に位置するチルンドは、貿易大国の南アフリカやジンバブウェとの交易量が多いザンビアの物流の要衝である。チルンドは、南北回廊のなかでは、南アフリカとジンバブウェの国境に位置するベイトブリッジに次いで二

写真4−1　チルンドの町はトラックが常に行き交っている．

番目に取扱貨物量が多い地点になっている［Kwaramba 2010］。そのため、街中ではトラック運転手を相手にした行商や露天商、換金商などが多く見かけられる。また、トラック運転手を相手にした売春も多く、HIV／AIDSの感染率が高い地域として政府やNGOによる調査や援助プログラムが数多く行われている場所でもある。チルンドには県内で最も大きいミッション系の医療施設があり、調査村をはじめ周辺集落からも多くの患者が訪れる場所となっている。

　この町で、調査村の人びとが最も多く従事しているのが、ピースワークと呼ばれる日雇いの雑業である。これには、富裕層宅での水汲みや洗濯、道路から市場までの荷運びなど、さまざまな仕事内容が含まれる。二―三時間の仕事で賃金をもらう場合もあれば、一週間同じピースワークを続けることもある。調査村の人びとは、このような簡単な仕事は中心部などを歩きまわっていればたいてい見つかると話す。また、チルンドの特徴としては、農場労働が多いことが挙げられる。町の中心部から少し離れた地域には、ザンベジ河下流やカフエ川の支流を利用した灌漑農地が広がっており、白人が経営するバナナ農園がある。これらの農場でも季節的に労働需要が増加し、町の住民や周辺に住む人びとを労働者として雇用している。五事例のうち四事例は先に働いている知人・親戚や、農場周辺の集落に住む知り合いが紹介してくれたなど、農場関係者とのネットワークが職探しに影響していた。

最後に首都ルサカについてみてみよう。ルサカにおいても最も多くの事例で見られたのはハウスワークであった。これは後述するように親戚や知人に呼ばれて出て行ったものが多い。シアボンガやチルンドと比べると、ルサカでは自ら探しまわって仕事を見つけた事例は四事例と少なかった。シアボンガ、チルンドと比べると市域や人口規模が圧倒的に大きいルサカでは、何らかのコネやネットワークがないと職探しが難しいと考えられる。

第三節

なぜ村を離れるのか？——複雑な意思決定

一……出稼ぎに行く理由

ここまでは、出稼ぎの形態的な特徴とその年代ごとの変化について示してきた。特に一九九〇年代以降に顕著になってきた傾向として、シアボンガやチルンドという近郊の中小都市への移動が増加していること、そして都市での滞在期間が短期化していることがわかった。ここでは、都市への出稼ぎがどのような意味を持っているのかを明らかにするうえで最も重要となる「なぜ都市に働きに行くのか」という問いについて、出稼ぎに行く理由とその意思決定を見ることで考えていきたい。

まず、都市に働きに行った理由について分類すると、九六事例のうち最も多かったのは、干ばつや食糧不足を主な理由にしたものであった(二九事例)。これらの事例は、干ばつで収穫物が不足し、次の収穫期までの間の食糧が不足した世帯が、食糧を購入するための現金を稼ぎに都市に出かける、という位置づけである。以下では、これらの事例を便宜的に「干ばつ・食糧不足」に起因する事例と呼ぶ。

次いで二七事例と多く見られたのは、対象者たちが村にいる間に、都市に暮らす親戚や友人が直接訪問してきて、もしくは人づてで、仕事を頼まれたり、紹介されたりしたことがきっかけで都市に働きに出る、というものである。例えば、ルサカなどの都市に住む調査村出身者が、ハウスワーカーを雇おうと考えたときに、都市で探すのではなく、親戚・姻戚関係をたどって村に探しに来るという事例等が含まれる。ほかにも、ルシトにはローマ・カトリック教会があるが、神父やシスターに雇用されている人びとが、彼らが他地域に移動になった際に一緒についてきてくれと頼まれる、といった事例もある。これは、都市での職を得た「手段」を説明しているのであって、「理由」ではないと考えられるかもしれない。しかし、いくら私が「その年は雨が少なかったとか、服を買いたかったとか、そういう理由もあった？　なぜそのとき、都市に行く気になったの？」と聞いても、人びとは口々に「当時、自分には都市に行こうという計画や意思はなかった。頼まれた(紹介された)から出かけただけだ」と返すばかりであった。そのため、自分が都市に行く主体的な理由よりも人づてによる機会が先行しているという意味を込めて、便宜的に「機会先行型」と呼ぶ。

三つ目に多く挙げられた理由は、前記で挙げられた干ばつや食糧不足といった問題とは関係なく、雇用機会や収入源を求めて都市に移動した事例である(二〇事例)。これには、例えば、婚資の支払いのためにまとまった現金を稼ぐという目的もあれば、服や欲しいものを買うため、専門学校に行くお金を貯めるため、と

表4-7　離村理由別にみた移動先（単位：事例数）

	シアボンガ	チルンド	ルサカ	南部州他都市	不特定	その他	合計
干ばつ・食糧不足	17	7	2	3	0	0	29
機会先行	4	4	7	3	4	5	27
現金稼得	10	3	5	2	0	0	20
都市間移動	0	1	2	2	0	1	6
その他	10	3	1	0	0	0	14
合計	41	18	17	10	4	6	96

表4-8　離村理由別にみた都市滞在期間（単位：事例数）

	1カ月以内	1年以内	3年以内	3年超	不明	合計
干ばつ・食糧不足	6	12	5	6	0	29
機会先行	5	7	12	1	2	27
現金稼得	0	13	3	4	0	20
都市間移動	0	4	0	2	0	6
その他	0	7	3	3	1	14
合計	11	43	23	16	3	96

いった個人・世帯レベルのさまざまな目的が含まれる。これらの事例を、以下では「現金稼得」と呼ぶ。その他に、より良い雇用機会を求めて他都市へ移動したという「都市間移動」の事例が六事例、理由を覚えていないため「その他」としたものが一四事例であった。

表4-7および**表4-8**は、前記の理由カテゴリー別に、移動先と都市での滞在期間を示したものである。まず「干ばつ・食糧不足」の事例では、ルサカや南部州他都市に行く事例の割合は少なく、シアボンガやチルンドといった近郊都市が多いことがわかる。そしてこの理由による出稼ぎ労働は、都市での滞在期間が一年以内のものが約六割を占めていた。そのため、「干ばつ・食糧不足」の事例は、世帯の農業所得を補填するための一時的・季節的な出稼ぎ労働の典型的なパターンであると考えられる。例えば、五〇代の女性世帯主F・Mは、二〇〇二年、二〇〇五年の干ばつ時にチルンドへ出稼ぎに

行った経験を持っていた。彼女は、チルンドへは歩いて行けるので、当時は何人かでグループになって町に出かけたと話した。町には親戚もいるが、ピースワークの情報を他の人よりも早く得るために、マーケットで寝泊まりしながら朝早くから日雇いの仕事を探した。お金を貯めては食糧を買って村に送る、また自ら歩いて村に持って帰り、子どもたちに食べさせていたという。このような状況においては、「コストがかからない」「近い」というシアボンガやチルンドのメリットが、出稼ぎという選択肢を可能にしている。

しかし、第二章でみたように、調査村には家畜の販売や、狩猟採集、食糧援助、ピースワークといった食糧不足に対応するさまざまな生計手段が存在していた。そのため実際には、安定した非農業所得源がない世帯でも、食糧に困っても都市へ出て行く必要のない世帯もいる。例えば、Pe・H世帯は、二〇〇七年の乾季に食糧が足りなくなった際、ヤギ五頭、ハト一三羽を売却し、その利益で食糧を購入することができたと答えた。また、A・M世帯は、同年の一一月から三月まで政府の食糧支援を受けており、食糧を購入する必要がなかった。このように、世帯が保有する財の状況や、農村内で得られる他の生計手段にアクセスできる(偶然にもアクセスできた)場合には、同じ状況に陥っても必ずしも出稼ぎに行く必要性が生じるとは限らないのである。先のF・Mは、牛やヤギ、ニワトリ等の家畜を保有していない。また彼女は、「村にはピースワークがないのでチルンドへ行った」と話していたことからも、財の少なさや、村内の他の生計維持手段にアクセスできなかったことを意味している。そこで、都市に働きに行くという選択が取られた。そのため、干ばつ時における出稼ぎ労働の必要性や重要性は一様ではなく、農村内の対処行動へのアクセスとの関連で世帯によって異なっていると言える。

一方、「機会先行型」では、移動先にあまり大きな偏りが見られなかった。また、他の理由カテゴリーよりもルサカの事例が多く見られた。これは、機会先行型の事例において、移動先は移動者自らが決定するものではなく、「雇う側」がどこから来たかに依存しているためである。「行くつもりはなかったが……」と人びとが回答すると先に述べたが、彼らの当時の社会・経済状況がどうであったかを今は彼らの語り口からしか知ることはできないので、都市居住者からの誘いが「ちょうどいいラッキーな機会」であったのか、文字どおり「しぶしぶ出かけて行った」のかは推測の域を出ない。しかし、例えばルサカからハウスワーカーを探しに来ていた知り合いに紹介されたというC・Mは、「頼まれたから引き受けたけれど、当時、自分もちょうど服やモノを買うお金が欲しかった」と話していた。そのため、これらの事例では、個人や世帯の社会的なネットワークによって都市部での雇用機会にアクセスするチャンスが整うが、それらは当時の個人や世帯の現金収入の必要性や、都市滞在への憧れなどを満たすための機会としても利用されていると考えることができる。

「現金稼得」の事例でも、「食糧不足・干ばつ」と同様にシアボンガは主要な移動先であり、一年以内の短期間の事例が多いという特徴が見られた。先に述べたように、これらの事例は、婚資の支払いや、両親が服を買うお金などを与えてくれない、日用品を買うお金を稼ぐといった個人・世帯レベルでの現金収入の必要性を満たすことが目的となっている。この場合にも、例えば牛を多く所有している世帯のメンバーであれば、婚資を自分で稼ぐためにわざわざ村を出て働きに行く必要はない。また、服を買うお金や個人的な現金の要求を、村のピースワークで満たすことができる者もいる。

例えば、第二章でも触れたようにジョン・ムデデ世帯では、長男ラフォードが雨季・乾季ともにピースワークを頻繁に行っており、両親、兄弟、ラフォードの妻子を含む八人を扶養している。彼は、ピースワークの主要な雇い主となる商店主や学校の教員などと仲が良い。彼は、自らピースワークを探しまわるというよりも、もっぱら雇用主の方から「仕事があるから来てくれないか」と依頼されている。ラフォードは、これまで一度も都市へ働きに行ったことがなく、彼に、なぜ行かないのかと聞くと、「村でピースワークをすればお金が手に入るのだから、都市に働きに行く必要はないよ」と答えるのだ。

ラフォードのような人物は、決して特殊な事例というわけではない。三〇代の男性世帯主ファイソンは、一九九五年と二〇〇二年の干ばつのときに出稼ぎに行った経験を持ち、どちらも乾季のみの短期間の出稼ぎであった。しかしそれ以降は、都市には働きに行っておらず、村でのピースワークによって生計を立てている。その理由について彼は、「今は村でピースワークを手に入れる方法を身につけたから、町に働きに行く必要はない」と話す。先の女性世帯主F・Mの「ピースワークがないから出稼ぎに行った」という語りとは正反対のものである。

第二章では、二〇〇六年と二〇〇八年の生計活動の組み合わせについて検討した。ここで、改めて表2-11を見直すと、二〇〇六年と二〇〇八年の両方の年にピースワークをしていた世帯は、出稼ぎに行った世帯が一世帯のみであった。一方で、どちらかの年のみにピースワークをしていた世帯では、出稼ぎに行く世帯が多く含まれていた。ここからも、「ピースワークがあるから出稼ぎには行かない」、「ピースワークがないから出稼ぎに行った」という彼らの語りが支持できるのではないだろうか。つまり、何らかの理由で現金収入の必要が生じたときにも、都市へ働きに行くことは「絶対的な」選択肢ではなく、それは農村のピースワークと「代替可能性があるもの」として人びとに受け止められていると考えることができるだろう。

より最近では、調査地とシアボンガやチルンドを数日ごと、あるいは数週間という非常に短い期間で頻繁に行き来する人びとが出現したため、以下に紹介しておきたい。

❂事例一　パトリック・ムウェンバ

五〇代の男性世帯主パトリックは、日頃から家屋などの建築作業のピースワークに従事し、生計を立てている。調査村を含めた近隣の集落に暮らす人びと、学校や診療所に勤める人びとなどから作業の依頼を受け、雨季でも乾季でもこうしたピースワークを行っている。彼は都市部でも働いた経験を持っていた。二〇〇九年九月の調査時には、パトリックはシアボンガに住む知人から家屋の建設の依頼を受けた。このとき彼は妻子を家に残し、平日のみシアボンガで働き、週末には村に帰ってくるという働き方をしていた。また、このときの彼の仕事ぶりを見ていた人物に誘われ、二〇一〇年には別の都市カフエで家屋や学校の建設作業に携わることになった。このときも、妻子は村に残していたが、二週間ごとに家に戻ってきていた。

◎事例二　ジョージ・ムウェンバ

ジョージは二〇一三年の一月初旬、シアボンガのコンパウンドの一角にある家で改築作業を請け負っていた。家主の男性は、彼の友人であり、調査村近隣の集落出身者であった。この期間中、妻子は村に残していた。二週間ほど滞在し、仕事が一段落すると村に一度帰ったが、また別の人物から仕事の依頼を取りつけたため、数日後に再びシアボンガに戻ってきた。

これらの事例では、数日ごと、数週間ごとという短期間のサイクルで都市の仕事と農村を行き来している。パトリックとジョージは兄弟である。前述した移出者のなかに、彼らの姉と弟が含まれており、シアボンガに居住している。そのため、彼らがシアボンガに働きに行った際には、こうした姉弟の家に泊まることができる。そのことも彼らの移動を容易にしている。特にパトリックは、携帯電話によって姉弟や友人等と連絡を取り合い、仕事の機会があれば紹介してもらっている(写真4-2)。こうして、シアボンガに滞在していなくとも、弟や友人らを通して、都市居住者の間の職探しネットワークのなかに入り込むことができるのであ

写真4–2　調査村では近年，急速に携帯電話が普及し，日々の生活に浸透している．商店など電気のある場所で多くの人が充電を頼む．

る。彼らのような人物にとっては、「都市で働くこと」と「村でのピースワーク」を区別する意味はほとんどなく、「機会がある場所」で働くことが生活のなかの当たり前の一部となっている。このような事例は、シアボンガやチルンドという彼らのネットワークが密に広がっている近郊都市部において頻繁に見られる。それは、移動コストが安いという地理的近接性と、彼らのネットワークが密に広がっているという社会的な要因によってこうした頻繁な移動が促進されているからである。一方で、パトリックのように「機会がある場所」につながるネットワークに依存して、移動する場所は近い都市に限定されない可能性もある。このような頻繁な移動を可能にする地理的範囲がどこまで広がっているのかはまだ定かではなく、今後のさらなる調査が必要である。

二……意思決定の背後にある社会的イベント

前述したような移動に関わる主要な理由とあわせて、移動の同時期に起こっている社会的なイベントの存在に注目することの重要性について述べておきたい。インタビューにおいてインフォーマントは、干ばつ、食糧不足、婚資の支払いなど、一見すると類型化できそうな項目を挙げている。しかし、当時の状況を詳しく聞いてみると、その背景にある社会的な出来事（父親や経済的に頼りにしていた親族などの死、離婚、家庭内でのいざこざなど偶発的・突発的なイベント）が移動への意思決定に影響を与えているということがうかがえたのである。

写真4–3　シアボンガでハウスワーカーとして働くセディア（奥）.

ここでは、私が身近で見ていた「母親とのケンカ」の事例を紹介したい。私が生活をともにしていたハレンガ家では、二〇代前半の次女セディアが家事のほとんどを任されていた。彼女が家事を放り出して友達とのおしゃべりに出かけてしまうと、食事の支度が遅くなり、母親とたびたび口論になっていた。二〇〇八年に私が調査に訪れた際、セディアは家にいなかった。私が「セディアがいないけど、どうしたの？」と聞くと、母親は「セディアはシアボンガに働きに行ったよ」と答えた。私には、彼女が都市に働きに行くなどということを考えている様子は感じられなかったため、とても驚いた。家族の話では、セディアはシアボンガで、カペンタ漁の企業の管理職をしている男性の家でハウスワーカーをしているとのことだった。その後、シアボンガを訪れた際、私はセディアを訪ねた（**写真4–3**）。

コンパウンドにある立派な家から現れた彼女は、私を家のなかに招き入れてマゾエと呼ばれるオレンジジュースを作ってくれた。再会の挨拶をすませると、すぐに私は村を出て行った理由を彼女に尋ねた。セディアは最初、「お金が欲しかったから」とだけ答えた。私は腑に落ちない気持ちでいっぱいだったが、それ以上聞くことをやめ、仕事のことや町での暮らしについて聞いた。すると会話の途中で彼女がふと、「村にいると、*Bama*（お母さん）にあれをやれ、これをやれ、と命令されるのが嫌になったのよ」と笑いながら話したのである。その以前にも、「服が欲しかった」などとインフォーマントが答える理由の裏には、日々の生活をそれまでサポートしてくれていた父親の死や、配偶者との死別などが同時期に重なっていることが、他の対象者からも見えてきていた。

同じくザンビアのトンガ社会を調査したクリゲットは、農村間移動を事例にして、父親と息子との関係、土地相続に関わる問題、また、頼りにしていたネットワークの喪失などが契機となって移動が発生していることを示し、移動の要因を検討するうえで、経済的な理由だけでなく、社会・文化的な関係や衝突も重要であることを主張している[Cliggett 2000]。こうしたセディアのような事例は、町に働きに出るきっかけが純粋に経済的な理由だけで捉えられるのではなく、意思決定の背後にはそれぞれの社会的な文脈が広がっていると理解することの重要性を示唆しているように思える。

第四節　なぜ戻るのか、いつ戻るのか？
——変動する都市滞在期間

表4-9　主要な離村理由と帰村理由の関係（単位：事例数）

		離村理由			
		干ばつ・食糧不足	機会先行	現金稼得	合計
帰村理由	突発的・偶発的な出来事	5	8	4	17
	疲れた・農業を始めたい	9	1	5	15
	給料への不満・都市での生活苦	6	2	4	12
	仕事の契約が終わった	2	9	0	11
	職場でのトラブル	3	1	3	7
	帰る予定	2	1	3	6
	その他	2	1	1	4
	不明	0	4	0	4
	合計	29	27	20	76

「なぜ村を離れるのか」という疑問と同じくらい私にとって関心があったのは、「なぜ村に戻るのか」、そして「いつ戻るのか」という問いである。干ばつや食糧不足といった理由によって行われる労働移動は、多くの場合、農作業が休みである乾季のみ都市で働き、彼らの「本業」である農業の不足分を補うという世帯の生計戦略として行われていると想定でき、「出稼ぎ労働」「還流型労働移動」という言葉で表現される現象である。先行研究においては、特に環境が厳しいサヘル地域などにおいて、乾季のみ働いて次の雨季には農作業のために帰ってくる季節的な出稼ぎが数多く報告されてきた。一方、先の表4-8を見てみると、干ばつや食糧不足に起因する出稼ぎはその多くが一年以内の短期間であるのは事実だが、都市での滞在期間が一年以上になる事例も併存している。本章で、一般には「移住」として捉えられるような三年を超えるような長期間、村を不在にする形態をも対象にしてきたことはこのことと無関係ではない。

表4-9は、村に戻ってきた理由と離村の理由との関係を示したものである。ここでは主要な三つの離村理由

のみを抽出している。「もともとこの期間だけ都市で働いて村に帰る予定であった」と、離村当初の計画どおりに村に戻った事例は六事例と少ない。賃金の安さや雇用条件の悪さ、都市での生活が辛くなったという理由や、雇用主とのトラブルなど職場環境に関わる理由が多く見られる。また、「突発的・偶発的な出来事」としたのは、自身の健康問題、家族の病気や死といった移動者自身、もしくは世帯構成員や拡大家族の身のまわりで起こった出来事がきっかけで、村に帰ることを決意した事例である。これらは、移動者本人や都市で一緒に生活をしていた妻子が病気になったので、村で療養するために戻ったという事例や、村にいる母親や父親、おじなどの親しい間柄にある人びとが病気になったり、亡くなったりしたことで、村に戻る決意をしている事例もある。シアボンガやチルンドで働いている人びとは、自分の両親が病気になると頻繁に村に様子を見に来るようになる。そのときに、雇用環境が思わしくない場合や、ちょうど職を失った時期と重なった場合には、「村に帰る」という選択がなされるのだと考えられる。「都市での生活に疲れた」、「村ならば農業をしていれば生活にお金がかからない」というのは出稼ぎを経験した者たちの常套句である。これを直接口にする者もいるが、多くの場合、「職探しの失敗」や「職場でのトラブル」など、都市での生活が苦しくなったことと関係して発言される。

そして、重要なことは、当初の計画どおりに「村に帰る」という行為が少ないことである。多くの移動者は、帰村について明確な意思を持っているわけではない。彼らは、都市での雇用状況や村の家族や親族の状況に左右されながら、「都市に残るか」「村に帰るか」の間で常に揺れ動いている。そうしてさまざまな状況をきっかけとしながら、次の移動のタイミングを決めていく。そのために、都市での滞在期間は自身が決めていたかどうかにかかわらず、多くの場合、変動するものなのだと考えられる。

第五節　都市を天秤にかける

本章では、調査村からの出稼ぎの特徴とその位置づけについて検討してきた。調査村からの出稼ぎは、男性だけでなく未婚の女性も行っている。出稼ぎに行く人の多くは、農作業の労働需要との関連で村を離れる月や戻ってくる月を決定していた。人びとが都市に滞在する期間は、短期と長期の両方が確認されたが、特に二〇〇〇年以降においては、都市滞在期間が一年以内の事例が占める割合が高まっていることが明らかになった。そして、調査村からの出稼ぎの最大の特徴は、シアボンガやチルンドといった近郊の都市への移動が多いことであった。シアボンガへの移動は一九八〇年代頃から増加し始め、出稼ぎの総事例数の四三％を占めるに至った。また、チルンドへの移動は二〇〇〇年以降に急増し、全体の約二〇％を占めるに至った。調査村から首都ルサカへのアクセスは悪くないにもかかわらず、どの年代においても主要な移動先とはならなかった。

右記のような近郊の中小都市へ移動先が増加してきたことの背景として、以下の三点が指摘できる。まず、「移動コストの安さ」である。出稼ぎにかかわる経済的な費用は、交通費や仕事を得て給料をもらうまでの都市での滞在費が代表的である。シアボンガやチルンドはどちらも調査村から五〇キロ圏内に位置している。チルンドへは自転車や徒歩で行くことも可能であり、この場合、交通費はまったくかからない。バスを使ってもルサカの半額以下の値段で行くことができる。また、調査村の人びとはシアボンガやチルンドに親族や知人を持っているケースが多い。ほとんどの人が、給料を得て自分で家を借りるまでの間、親族や同郷者の家に滞在していたと答えている。このような社会ネットワークの存在もあって、バス代や都市での滞在費をまかなえないであろう未婚の若い男女や、離婚した後の女性世帯主などでも出稼ぎという選択肢が可能になっているのである。

次に、「仕事の得やすさ」である。シアボンガはカリバ湖沿いに位置し、一九六〇年代にカペンタが放流された。一九八〇年代から白人の参入によって漁業が産業として成長してきた。特にカペンタ漁は、季節的に労働需要が高まる時期があり、出稼ぎ労働者を多く受け入れている。加えて、一九九〇年代以降の地方分権化の流れのなかで、シアボンガが県庁所在地となり、行政機関や政府関連機関が立地したことにより、ザンビア人富裕層が増加してきた。そのため、ハウスワーカーや警備員などの低熟練労働の需要が高まってきたと考えられる。これらの一連の変化は、調査村からの出稼ぎの事例にみられる職種の変化にも現れていた。一方、チルンドでは、経済自由化を背景に、南アフリカやジンバブウェからの物流が増加し、町が急速に発達してきた。目立った産業はないものの、調査村の人びとの話では、荷物の積み下ろしや水汲みなどの日雇いの仕事が簡単に得られるという。このように、行けば何らかの仕事にありつける、という彼らの期待は、シアボンガやチルンドへの出稼ぎの意思決定を後押ししているのではないかと考えられる。

最後は、「居心地のよさ」である。冒頭で述べたように、調査村の人びとは幼少期や青年期に都市を訪問する。ホリディと称されるこの訪問は、彼らの将来的な出稼ぎ先における地理情報の認識や社会関係の構築につながっている。「以前にも訪ねたことがあったから」、「よく知っているから」というのは出稼ぎ先としてシアボンガやチルンドを選択した理由としてよく挙げられるものである。そのため、出稼ぎ先の町にかつて滞在した経験が、移動しやすい心境や環境を創ることに寄与し、まったく行ったことのない町よりも出稼ぎに関わる心理的な不安を和らげているのではないかと考えられる。

前述した出稼ぎの特徴とその成立背景に加えて、本章では調査村からの出稼ぎの位置づけを検討してきた。調査村は、年平均降水量が六三〇ミリではあるが、年変動が激しく、干ばつが頻繁に起こる地域として知られている。乾燥・半乾燥地域では、干ばつによる飢饉や恒常的な食糧不足のため、乾季のたびに季節的労働移動が行われることが報告されてきた。調査村においても、出稼ぎの理由に「干ばつ・食糧不足」を挙げる事例が最も多かった。そのため出稼ぎは、干ばつや食糧不足への各世帯の対応として位置づけることができる。しかしながら、調査村には第二章でみてきたように多様な現金稼得手段や対処行動が存在している。そのため、家畜の売却や食糧援助など、村内で行われる対処行動にアクセスできる（できた）場合には、町に働きに行く必要性はなくなる。つまり、対処行動としての出稼ぎの必要性や重要性は一様ではなく、世帯ごとの財の所有状況や生計維持手段へのアクセス状況によって異なっているといえる。

ここで重要なのは、干ばつへの対処として行われる出稼ぎは、近郊の都市が多いということである。先行研究では、移動（出稼ぎを含む）の選択ができるのは一定水準の所得層だけで、初期費用がまかなえない低所得者層・貧困層は参入できないことが議論されてきた[Barber and Milne 1988; Stark 1991]。しかし遠方の大都市ではなく、近郊の都市への移動は地理的・経済的・心理的な側面からも障壁が低く、参入が容易である。そのため、近郊都市に出稼ぎに行くことができる状況は、干ばつなどの影響を受け、自給用食糧生産が不安定な世帯にとって重要であると考えられる。

次に、調査村からの出稼ぎは、人びとの社会関係のなかで生まれる機会への反応としても捉えることができた。個人や世帯の社会的なネットワークによって出稼ぎに行く状況が整うが、当時の個人や世帯の現金に対する要求を満たすための機会としても利用されていると考えることができる。

そして最後に、都市への出稼ぎ労働が、状況によっては、農村内のピースワークと「代替可能性のあるもの」として位置づけられていることが重要である。農村のピースワークと都市への出稼ぎを相対化して語るインフォーマントたちの事例から、従来想定されていたような都市での雇用の絶対的な優位性は感じられない。このように、都市への出稼ぎが特別視されないという事実は、パトリックの事例で示したような頻繁な短期移動という現象に特徴づけられ、シアボンガやチルンドへ働きに行くことは彼らの生活の一部となっている。この頻繁な移動の範囲は、地理的に隣接し、かつ彼らの社会ネットワークが密である近郊都市までなのか、それとも個々のネットワークや機会に依存して大都市にも頻繁に行くようになるのかは、現段階では定かではない。

トンガ語には「出稼ぎ」にあたる単語はなく、調査村の人びとは「町で働く／町に働きに行く *kuberekera ku town*」という言葉で表現する。しかしよく聞くと、この「*town*」は、ルサカやリヴィングストンなどを指し、シアボンガやチルンドは含まれていない。例えばシアボンガに行くときには、「シアボンガに行く *Ndainka ku Siavonga*」というように地名に言及する。日常の会話のなかで「*town*」という単語が出てきたら、だいたいはルサカを意味している。その理由を尋ねると、「シアボンガは、ルサカやリヴィングストンに比べるとまだ小さいし、昔は村と同じような場所だった。最近になって町らしくなってきたからじゃないか」という答えが返ってきた。この言葉の使い方からも、シアボンガやチルンドは「（彼らの想定する）都市」と違った身近な存在であり、村でピースワークをするのも、シアボンガに行って働くことも、彼らにとっては同じ「働く *kuberekera*」ことにすぎないのかもしれない。冒頭で述べた「ホリディ」の文脈では、シアボンガは都市的な生活を楽しめる場所として認識されているが、生計活動の空間のうえでは調査村と近郊都市は「連続性」がある生計活動の領域としてみなすことができる。

また、興味深いのは、人びとが村に帰るタイミングを、自分の意思よりも都市での状況や村の家族の状況等に左右されて決めていることである。それゆえに、都市での滞在期間は変動しており、目的を達成したらすぐに帰村するという従来の典型的な「出稼ぎ」は干ばつという状況下にあっても少数派であった。また、どの事例においても、経済的な理由以外に当時の個人や世帯が置かれた社会的な文脈を考慮することも重要である。離婚や、頼りにしていた親族の死、母親とのケンカは、村を離れる意思決定を後押ししている。そのため、出稼ぎに行くのも、村に帰るのも、一概に個人の効用最大化や、世帯の生計維持といったカテゴリーで括ることは難しく、複雑な理由や背景がからみ合って行われていると考えられるのだ。

第五章

中小都市シアボンガにおける都市発達プロセス

カニエレレ・コンパウンドに暮らす少女.
サンダルを赤ちゃん代わりに背負って遊んでいるところ.

はじめに

一九五〇年代、調査村の人びとが故地を追われる原因となったダムの建設という大規模開発プロジェクトによってシアボンガは誕生した。初めてシアボンガを訪れた人にとっては、「えっ、これだけ？」と思うほど町の中心部は小さい。「この町のどこに仕事があるのだろうか」と思うかもしれない。けれども、シアボンガは前章でみてきたように調査村の住民にとって立派な働き先になっている。それだけでなく、第三章でみてきたように、シアボンガに暮らす都市住民は、農村ビジネスにとっても「上客」として重要である。このように各世帯の生計戦略や、調査村一帯の地域経済の動態に、シアボンガやチルンドといった近郊の中小都市の存在が色濃く反映されていることは、私を必然的にこれらの都市でのフィールドワークに導いた。

村に滞在している間もシアボンガには幾度も訪れる機会があったが、二〇一〇年に県の中心であるこの都市で本格的に調査をしようと決意した。しかし、調査を始めてすぐ、私は人口二万人弱の小さな町においてでさえ、村の調査とは異なる「都市の捉えがたさ」を感じていた。規模は小さくとも、やはり経済活動の多様性やそこに暮らす人びとのバックグラウンドは、当然のことながら農村とは異なり、多様である。また、地方分権化が進展しているといっても、ザンビアの地方行政は財政・運営能力ともに貧弱で、得られる情報やデータは断片的なものばかりであった。一番困ったことは、シアボンガという町が都市計画の観点からは「未発達」であり、さまざまな施設や居住地が拡散していることだった。大学院生時代は研究費も限られ、車を借りることもできない。そしてシアボンガでは、ルサカのように域内にバスが頻繁に往来していないため、離れた場所まで移動するには高い料金を払ってタクシーを使うか、歩くという選択肢しかない。

私は、「農村でフィールドワークすること」と「都市でフィールドワークすること」の違いとともに、「大都市でフィールドワークすること」と「中小都市でフィールドワークすること」の違いを体感していた。しかし、シアボンガでの調査は楽しいことも多い。調査村から野菜を売りに来た女性たちとマーケットでおしゃべりすることもあった。低所得者層が暮らすコンパウンドを歩いていると、調査村から出稼ぎにやってきた人と出くわし、「俺はあっちの家に居候しているんだ。チヒロはいつまでいるの?」などと会話を交わし、村の家族のことを思い出すこともある。

こうして調査村の人びとに頻繁に出くわすことで、私の疑問はますます強まっていく。「この小さな町のどこに、周辺農村部からの移動者を受け入れる余地があるのか?」「調査村のような周辺農村部からの移動者たちは、この町にいったいどのような影響を与えているのだろうか?」——。

これまでの章においても、シアボンガの歴史や概要については簡単に触れてきたが、本章ではシアボンガでの調査や資料をもとに、都市の視点からその変化を整理してみたい。本章で用いるデータは、二〇一〇年六月三〇日から七月一三日、ならびに二〇一三年一月四日から二月一〇日にかけて、シアボンガで行った調査に主に基づいている。以下ではまず、この町の雇用や労働市場にみられる変化を、特に中心産業である漁業と観光業に注目して明らかにしていく。そして、シアボンガ最大のコンパウンド(インフォーマル居住区)であるカニエレレ・コンパウンドにおける聞き取り調査(九九世帯)をもとに、町に流入してくる人口の特徴を、第四章でみた調査村からの出稼ぎの結果を念頭に置きながら検討していく。

第一節　町の変遷

「It was just a bush.」

私がシアボンガの歴史を調査しているときに、白人たちからよく聞かされた言葉である。自分たちが訪れた当初、シアボンガにはブッシュ（疎林）しかなかった（村同然だった）、という意味だ。

シアボンガは、ルサカから南東約二〇〇キロに位置したカリバ湖沿岸の都市である。現在では、町の中心に県立病院、郵便局、学校、銀行、そして行政機関（県庁や農業省、水産庁など）が建ち並ぶ、県の行政・商業サービスの中心地である（写真5-1）。湖沿いには、ホテルやゲストハウスが多く建ち並び、外国人観光客や、休暇にやってきたザンビア人たちがクルージングや釣りを楽しむ場所になっている。町を歩くと、後述するカペンタと呼ばれる小魚を干している様子や、揚がったばかりの魚や干物を売る地元の商人の様子が目に入る。シアボンガの町の中心から八キロほど離れたジンバブウェとの国境には、カリバダムがある。水力発電のためのダムは、国境であり、観光資源でもある。このカリバダムの建設が、「ブッシュ」同然であったシアボンガに都市的な性格の土台を与えたのである。

一九五五年、ローデシア・ニヤサランド連邦結成後の一大事業として、カリバダムの建設が決定された。ダムは、北ローデシア（現ザンビア）の鉱山と、南ローデシア（現ジンバブウェ）で成長していた製造業等の産業に電力を供給するために計画された。現在は、ザンビア側とジンバブウェ側双方に水力発電所があるが、ザンビア側に発電所が建設され始めたのは一九七〇年に入ってからのことである。最初に建設されたのはジンバブウェ側の発電所(Kariba South Bank Power Station)であった。ダム建設が決定されてから、ジンバブウェ側の都市カリバには、見晴らしのよい高台に連邦の水力発電委員会(the Federal Hydro Electric Board)の拠点が建設され、技術者やアフリカ人労働者用の住居、商業施設等も徐々に整備されていった。一方、シアボンガを含めたザンビア側の沿岸では、開発計画はほとんど検討されていなかった。そのため、当時は労働者用の居住区がある程度で、都市の発達が始まるのはもう少し後のことである。

写真5−1　シアボンガの中心部．銀行や商店が並ぶ．

一九六〇年代前半にカリバ湖の水位が満水に達すると、シアボンガにも居住者が現れ始めた。一九五九年のイギリス人行政官のレポートでは、シアボンガは、ザンビア側のその他のカリバ湖沿岸集落と比べて、港湾や観光に適した土地だと述べられていた[SDC 2011]。当時、ザンビア側ではカリバ湖の観光開発を促進する意向が表明されていた。そこで、一九六〇年一月九日、オランダ系移住民の男性がロッジ用の土地を貸し与えられた。これがシアボンガの都市開発の始まりであるとみなされている[SDC 2011]。

シアボンガがタウンシップとして認定されたのは、一九六三年の一一月一日である。一九七〇年に入って、ようやくザンビア側の発電所(Kariba North Bank Power Station)の建設が開始された。それにともない、この時期に入ると技術者や労働者が流入し始め、居住区の整備等が進展した。一九七六年に最初の発電機が稼働し、翌七七年には現在シアボンガで稼働している四つの発電機のすべてが完成した。しかし、一九七〇年代にシアボンガに移り住んだロッジのオーナーは当時の様子について、「舗装道路さえなかった。漁業も今ほど盛んではなく、ただ、湖といくつかの集落があるだけだった」と話していた。そのため、ダム周辺の産業区と居住区を除けば、一九七〇年代頃までは町に大きな変化はなかったと考えられる。

次節以降で詳述するように、シアボンガの主な産業は、漁業と観光業である。漁業も観光業も、白人移住者らの起業により一九八〇年代から盛んに行われるようになってきた。一九九〇年代には、地方分権化の流れを受けてシアボンガは地方行政の中心地となる。もともとシアボンガは隣接するグウェンベ県の一部であった。グウェンベ県には、グウェンベ、シナゾングウェ、シアボンガという三つの地域が含まれていた。一九九三年にグウェンベ県から二地域が分離し、シナゾングウェ県、シアボンガ県が誕生した。

シアボンガの現在の正確な都市人口についてはは定かではない。シアボンガの都市計画区域および周辺農村の一部を含むカリバ区の人口は、二〇一〇年で一万六〇〇〇人である。二〇〇〇年から二〇一〇年の間のカリバ区の年平均人口増加率は五・四%と高い値を示している。県の中心地となり、人口二万人弱の規模に成長してきたものの、都市計画を担当する人材は非常に少ない。都市独自の地方自治体は存在せず、シアボンガ県全体の行政を管轄するシアボンガ県議会(District Council)が兼任する形になっている。県議会内部に、都市計画担当者(Town Planner)が配置されているものの、都市計画に関する人材や資金も不足しているのが現状である。

図5-1は、都市計画区域内の土地利用を示したものである。また、**図5-2**は都市計画策定のために作成された県の報告書をもとにしたシアボンガの土地利用割合である。シアボンガの都市計画区域として指定さ

図5-1　シアボンガの都市計画区域内の土地利用図

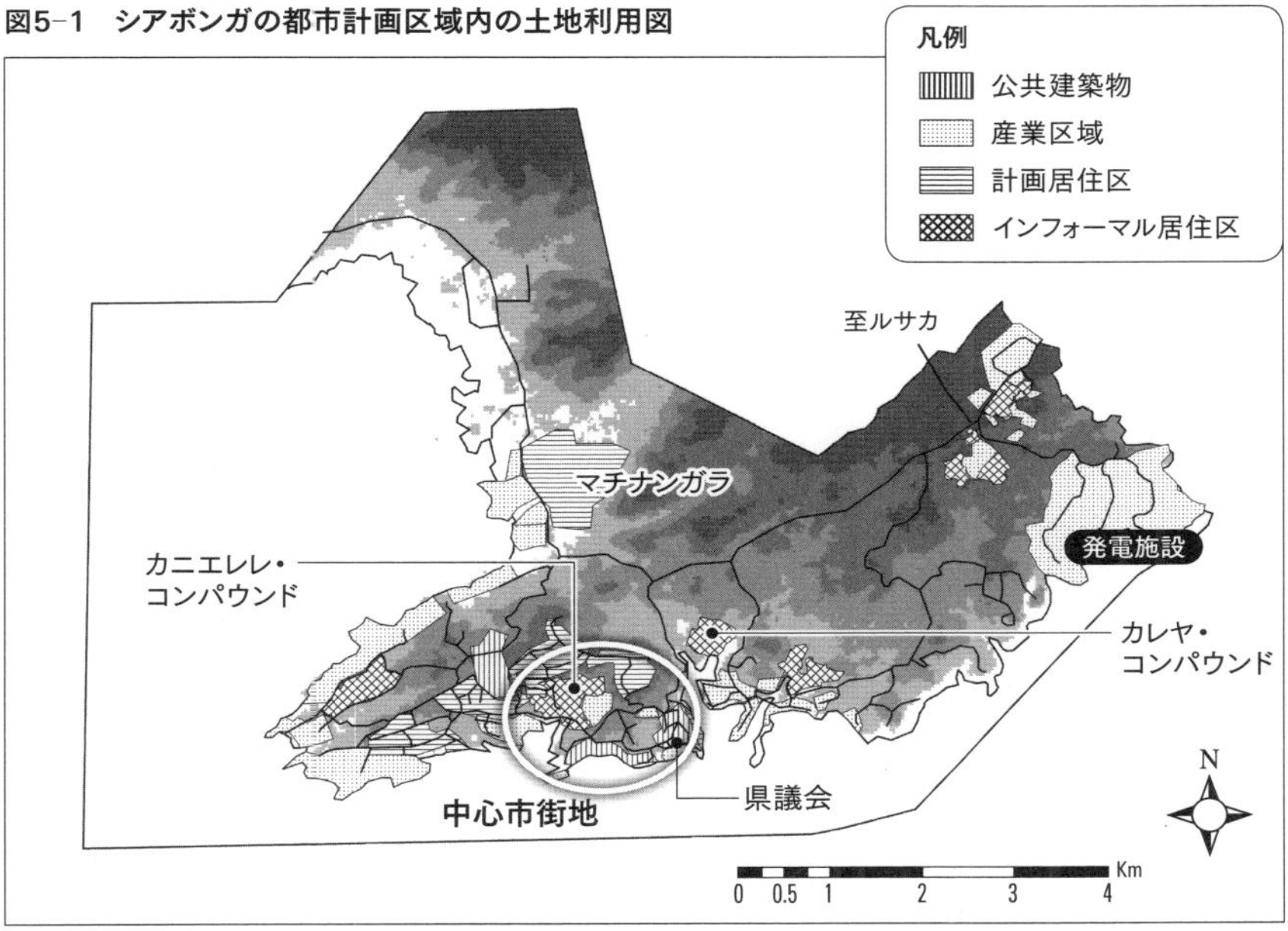

＊未利用地の背景の濃淡はおおまかな標高を示している．最も標高が高い地点は700メートル前後，
標高データはASTER GDEM（METI and NASA）を利用して算出した．
出所：シアボンガ土地利用図［SDC 2011］および現地観察をもとに筆者作成．

図5-2　都市計画区域内の各土地利用の割合

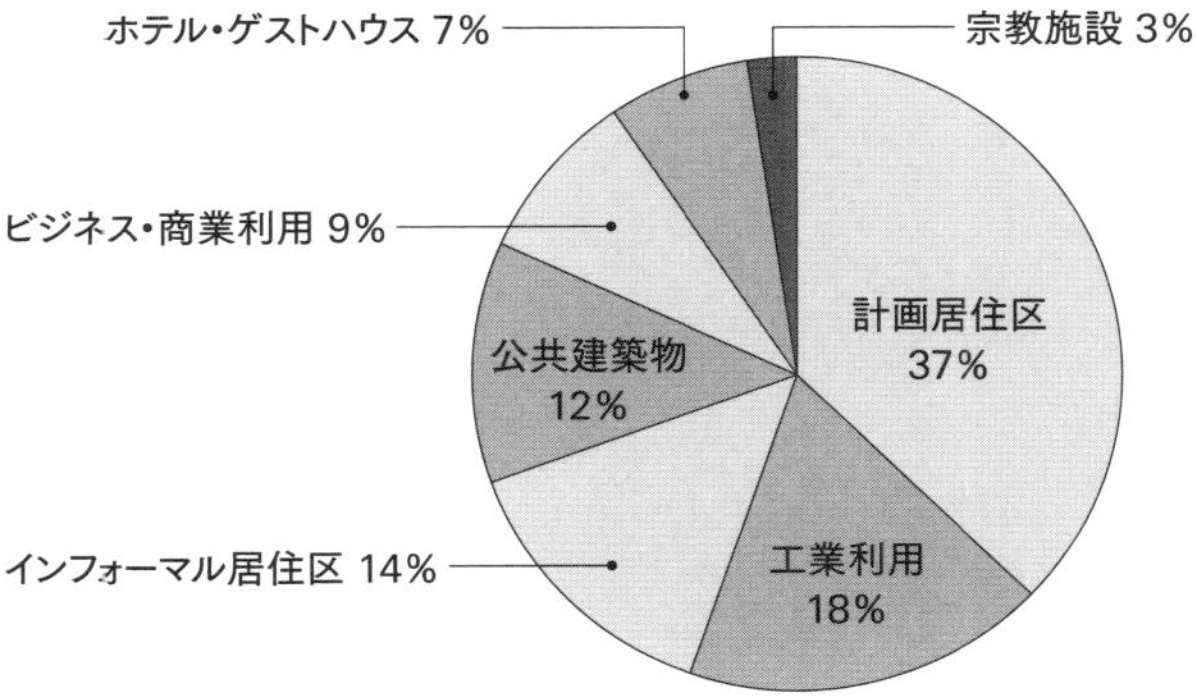

＊未利用地を除く．
出所：SDC［2011］をもとに筆者作成．

写真5–2　斜面に広がる町最大のインフォーマル居住区（カニエレレ・コンパウンド）.

れているのは、二〇一〇年調査時で六一〇〇ヘクタールであった。しかし、図5‐1を見てもわかるようにシアボンガは平地が少なく、山がちな斜面は未利用地のまま残っているところが多い。未利用地を除くと計画居住区が三七％と最も多くを占める。カリバ湖沿岸の土地は、早くから宿泊施設として、あるいはカペンタ漁の企業によって利用されてきたため、産業区域として区分されるところが多い。また、「マチナンガラ」と呼ばれる居住区の北側は、現在は未利用地だが次々と土地の売却が進んでいる地域である。マチナンガラ周辺は、最近になって区画整備がなされた地域であり、フォーマル居住区とされている。しかし、もともと町の中心部からのアクセスが悪い地域であり、現在でもこの周辺には区画整備が終わっていない場所が多数あり、農村部のような家屋が広がっている。同様の問題は、カレヤやカニエレレなど他のコンパウンドにおいても見られる。特にカレヤ周辺は、現在、商業利用を進めたい県議会や企業側と、コンパウンド住民の間での土地争いの問題が表出している。

中心部に位置するカニエレレ・コンパウンドは斜面に次々と新しくプロットが整地され、住民が家を建て、町で最大のインフォーマル居住区となった(写真5-2)。人材も資金も不足している行政側はもはや手がつけられない状態になり、ゴミ問題や上下水道の整備など、居住環境に関する物理的な課題が山積みとなっている。

第二節

カペンタ——町を支える小さな魚

現在のシアボンガにおけるフォーマルセクターの雇用に関する公的な統計データはないが、行政が作成した調査報告書では、フォーマルセクターでの雇用は主に漁業、観光業、行政機関、ザンビア電力会社(Zambia Electricity Supply Corporation Limited)によるものとされている。報告書に基づくと、漁業による雇用者数は七四八人(うち男性は七二七人、女性は二一人)、観光業による雇用者数は三〇四人(うち男性は二三五人、女性は六九人)、ザンビア電力会社による雇用者数は一〇五人(うち男性は九九人、女性は六人)である[SDC 2011]。以下では、従業者数の多い漁業と観光業の変遷を追うことで、雇用や労働市場の動態をみていきたい。

カリバ湖で行われる漁業は二種類に分けられる[Kolding et al. 2003]。一つは、コストや機械化の程度が低く、複数の魚種を捕る沿岸漁業である。これは、沿岸を中心に個人や小集団単位が小規模に行うものである。彼

写真5–3　捕れたばかりのカペンタ.

らは、木をくり抜いたカヌーや発動機付きのバナナボートで漁を行い、カリバブリーム（Kariba Bream）と呼ばれるコイ科の淡水魚をはじめ、さまざまな種類の魚を捕る。内陸国のザンビアにとって、ブリームは沿岸のホテルや首都でも人気の食材として需要が高い。カリバ湖が誕生した当初は、ダム建設の補償として、トンガの人びとのみに漁業権が与えられていたが、一九六三年にトンガ以外の人びとにも漁業権が与えられ、河川での漁撈を生業にしてきた北部のベンバや西部のロジの人びとが移住してくるようになった。

　もう一つは、カペンタ（*Limnothrissa miodon*）と呼ばれる小魚だけを沖合で捕る漁である（**写真5–3**）。これは企業・集団単位で行われる。カペンタはザンビア政府によって一九六七—六八年にタンガニーカ湖から導入されたニシン科の小魚である[Cheater 1985]。カペンタは成魚でもだいたい体長三—八センチほどの小魚である。ジンバブウェ側でも同様の漁が行われている。カペンタは主として天日干しされ、乾燥魚として市場やスーパーマーケットで売られている。葉物野菜などと一緒に調理され、主食のシマと一緒に食べられる。

　沿岸漁業は、カリバ湖岸の複数の漁村を中心として小規模に行われるのに対し、カペンタ漁はシアボンガやシナゾングウェといった沿岸の都市に拠点を置いて行われている。また、カペンタ漁は、漁業に直接携わる人だけでなく、乾燥作業や製氷業、運輸業などの間接的な雇用も創出している。カペンタ漁は、漁業ライセンスや魚に課せられる税[2]によって地方行政にとっても貴重な収入源となっている。これらを考慮すると、カペンタ漁をめぐる動態はシアボンガ全体の雇用・労働市場に大きく影響していると考えられるため、ここでは漁業のなかでもカペンタ漁に焦点を当てたい[3]。

一……カペンタの導入と白人起業家

カペンタがカリバ湖に導入されたのは一九六七—六八年であるが、ザンビアでカペンタ漁が行われるようになったのは一九八〇年代に入ってからである。それは湖を共有する隣国ジンバブウェにおいて、一九六五年から一九七九年までの間に独立をめぐる紛争が起こっていたためである。ローデシア政府軍は、ザンビア側のカリバ湖沿岸地域にも反政府勢力への攻撃を仕掛けていた。特に地雷によって沿岸集落の道路網は大きな打撃を受けた[Overa 2003]。そのため、カペンタ漁は一九八〇年代に入るまで行われなかった。独立をめぐる紛争が起こっていた当のジンバブウェでは、カペンタ漁がザンビアに先駆けて始まった。ジンバブウェで最初にカペンタの商業漁業ライセンスが発行されたのは一九七三年である[Cheater 1985]。一九八〇年にジンバブウェが独立すると、翌年、ザンビア側でも最初のカペンタ漁の商業漁業ライセンスが発行された。

カペンタ漁は、リグ(rig)と呼ばれる専用の漁船(写真5-4)に、カペンタをおびき寄せるための集魚灯、そして敷網が必要になる。これらを揃えるには多額の初期投資が必要となるため、一九八〇年代にカペンタ漁が開始されてからも地元住民の参入は困難であったと考えられる。一方、この時期には多くの国内外の白人

写真5–4　カペンタ漁に用いられるリグ.

事業者たちがシアボンガを訪れ、カペンタ漁に参入し始めた。最も多かったのは、ジンバブウェや南アフリカからやってきた人びとであった［Overa 2003］。

例えばA社は、一九八〇年代に操業を開始した代表的な企業である。一九八一年に創業し、現在でもシアボンガで最も多くのカペンタリグを所有する会社である。創始者のP・L氏はドイツからザンビアに移住し、シアボンガを訪れる以前は南部州のマザブカに住んでいた。一九九一年からは彼の息子が経営を引き継いでいる。現在では二八隻[4]のリグを所有し、従業員は一六〇名に及ぶ。息子のR・L氏によると、A社の会社設立当初は、他にあまり船がなかったので漁獲量が非常によかったという。現在でも、カペンタリグを多く所有するのは白人入植者らが経営する企業であり、これらの企業が前述したフォーマルセクターでの雇用を支えている。

ザンビアのカペンタ漁は、一つのリグに二―四人の漁師が乗って行われる。そのうち一人はキャプテンと呼ばれるリグの責任者になる。キャプテンには長年の経験が必要とされるが、その他の漁師は特別な技術や経験がなくても働き始めることができる。ただし、漁師の給料はリグごとの漁獲量によって変動する。また、カペンタの漁獲量には季節性がある。漁獲量が少ない時期になると給料が減少するため、突然に辞めてしまう人も多い。漁師以外には、水揚げされた魚を乾燥ラックにあげて、天日干しする作業を請け負うディスタッフが雇われる。ディスタッフには女性も多く含まれている。一つのリグを所有する事業体であれば、五人程度の従業員を雇うことになる。A社の場合は、従業員のほとんどと契約を結び、雇用している。忙しい時期には、乾燥作業の要員を臨時で増員することもあり、その際は長年勤めている従業員の親戚や知り合いのつてをたどって集めることもあるという。

先の行政による調査報告書では、カペンタ漁による雇用者数は七四八人とあるが、実際にはカペンタ漁がもたらす雇用の波及効果はもっと大きい。例えば、後述する新規参入事業者たちは、A社のような登録企業と異なり、従業員と書面で契約を交わし正規に雇用していない場合が多く、これらの従業員数を行政が把握する術はないためである。また、後述する世帯調査の結果からもわかるように、カペンタを農村や都市部に運ぶ仲買商たちも多く存在しているため、間接的にも人びとに現金収入の機会をもたらしている。

二……増加するカペンタリグと新しい参入者

二〇〇〇年代後半に入って、カペンタ漁をめぐる環境は大きく変化している。表5-1は、ザンビアの水産庁がFAO（国連食糧農業機関）の支援を受けて行ったプロジェクトの調査報告書から引用したザンビア側の事業体数およびリグ数の推移である。ザンビア、ジンバブウェ両政府は一九九〇年からの一〇年間、ノルウェーとデンマークの援助を受けて「ZZSFP：Zambia/Zimbabwe SADC Fisheries Project」[5]を行っていた。

このプロジェクトは、公平な枠組みのなかでカペンタの生産量を生態学的に持続的かつ経済学的に生存可能なレベルに保つ枠組みを構築するために行われたものである[Nyikahadzoi and Raakjær 2009]。このプロジェクトで行われた生態・経済学的な研究結果をもとに、一九九七年にはカペンタの生産性を維持するための適正規模として、両国合計で五〇〇リグという数値が掲げられた。カリバ湖の面積は、ザンビア側が四五%、ジンバブウェ側が五五%の割合で分割されているため、両国が操業可能なリグ数はそれぞれ二三〇および二七〇として合意されていた[DOF 2011]。私が二〇一二年からジンバブウェで行っている調査のなかで、当時プロジェクトに関わっていたジンバブウェ国立公園野生動物保護庁の職員は、二〇〇〇年に行われた最終ワークショップにおいて、どちらの国も新規の商業漁業ライセンスを発行しないという合意に至ったと話していた。しかしながら、ドナーが去った後、調査やモニタリングが徐々に緩んでいったことによって、どちらの国においても新しい漁業ライセンスの発行がなされるようになった。

表5-1をみると、一九九八年まではリグ数二三〇以下というプロジェクトで定められた適正規模に抑えられているが、二〇〇五年になるとリグ数は三〇〇近くまで増加している。二〇〇七年と二〇〇八年に減少した理由については定かではないが、二〇〇九年には再び三〇〇以上の水準に戻り、二〇一一年には六三一という合意された数値をはるかに上まわる漁船数が登録されていた。シアボンガの漁場のみに限って登録されているリグ数の推移をみると、二〇〇八年に九四、二〇〇九年に九七、二〇一〇年に二二七、二〇一一年に一六六、二〇一二年に一六五と増加していた。ザンビアの水産庁が管理するデータは正確性に欠けることも多いのだが、このデータのみから判断すると、ZZSFP終了後にリグ数は増加し、特に二〇一〇年以降に急増傾向にある。

また、**表5-2**は二〇一一年の各漁場における操業年数階級ごとのリグ数をまとめたものである。二〇

表5-1　カペンタ漁に携わる事業体数とリグ数の推移（1994年以降データのある年のみ）

	1994	1996	1998	2005	2006	2007	2008	2009	2011
事業体数	52	50	50	38	48	23	42	57	151
リグ数	175	230	222	298	358	189	219	319	631

出所：DOF［2011］より筆者作成.

表5-2　各漁場における操業年数ごとのリグ数（2011年）

	事業体数	操業年数ごとのリグ数					
		1年以下	2.5年未満	2.5年以上5年未満	5年以上10年未満	10年以上	合計
Ⅰ（ムウェンバ）	16	22	4	25	4	35	90
Ⅱ（シナゾングウェ）	74	85	102	61	36	65	349
Ⅲ（チペポ）	16	9	9	3	0	5	26
Ⅳ（シアボンガ）	45	17	42	45	12	50	166
合計	151	133	157	134	52	155	631

＊ⅠからⅣは上流から下流の順に並んでいる.
出所：DOF［2011］より筆者作成.

一一年の時点で、操業年数が五年未満の事業体が運航するリグ数は、全体の約六七％にも及んでいる。そのため、リグ数の増加は、長年カペンタ漁に携わってきた企業がリグ数を拡大することによって起こっているというよりも、新規参入者が急増したことによって起こっていると判断できる。また同調査によると、これらのリグの六六％が個人によって所有されているものであり、登録民間企業は三二％しかいないことがわかっている［DOF 2011］。

聞き取り調査からは、この個人で行われるカペンタ漁への参入は、新たな外国人投資家らによるものではなく、ザンビア人起業家たちの参入によるものであることが明らかになった。二〇一一年末までにシアボンガの漁場で登録されていた五五事業体のリストをもとに、水産庁の

図5―3　黒人事業主と白人事業主が所有するリグ数の違い

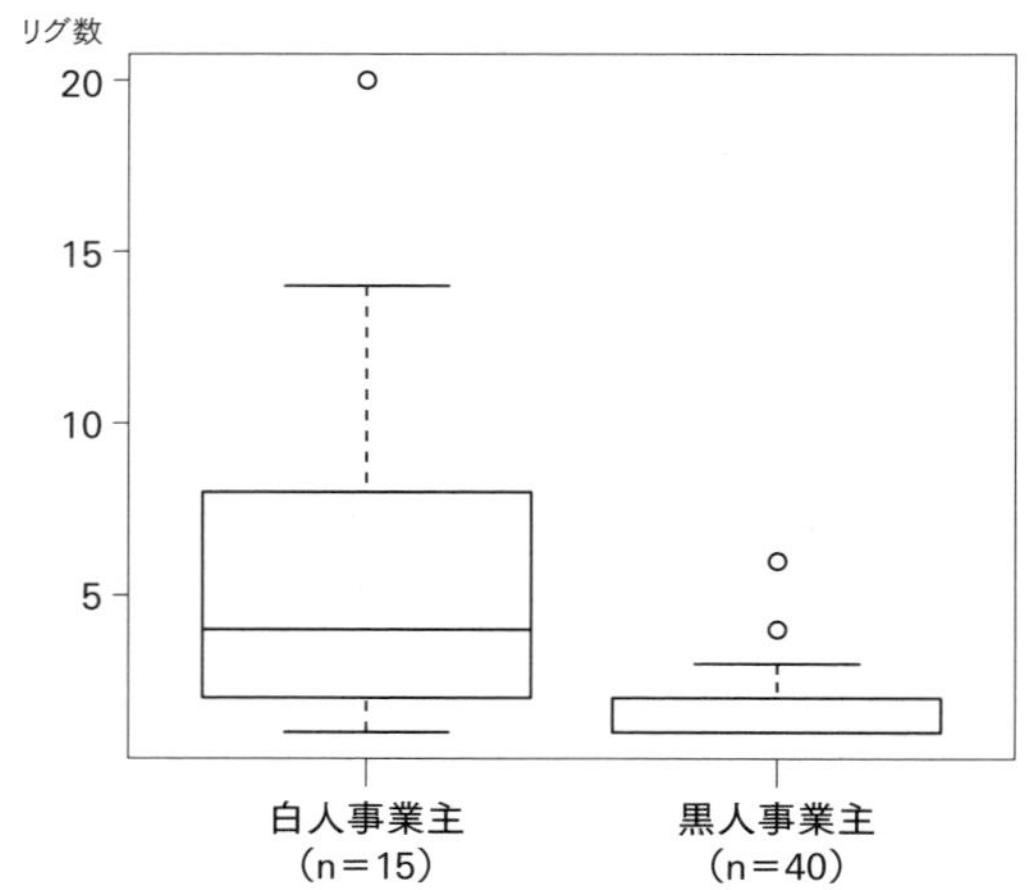

＊中央の横棒は中央値，箱はデータの25–75%範囲（四分位点の範囲）を示す．箱の上下のヒゲは，四分位点から四分位範囲の1.5倍以内にあるデータのうちの最大（小）値を示しており，そこから外れたデータは個別の点としてプロットされている．

シアボンガ支所に配属された職員ワムルメ氏の協力により新規参入者を判別したところ、五五事業体のうち四〇事業体は黒人事業主によるものであった。**図5―3**は、黒人事業主と白人事業主が操業するリグ数を示したものである。黒人事業主の多くは、白人事業主に比べて小規模で漁を行っていることがわかる。白人事業主たちの平均が六・四リグであるのに対し、黒人事業主らの平均は一・八リグであった。つまり、前述のカペンタリグの増加は、近年新たに参入した小規模ザンビア人事業主らによるものであると考えることができる。

三……それぞれにとってのカペンタ漁

水産庁のワムルメ氏は、特に二〇〇五年頃からザンビア人が経営する小規模なカペンタ事業体が目立つようになった、と話した。彼の話では、カペンタ漁に参入している人は、シアボンガに居住しながら副業として営んでいる場合が多いが、なかにはルサカや他州の都市に居住しながら操業している人もいるということであった。ここでは、二〇〇〇年以降にカペンタ漁に参入した一〇名の事例をもとに、新規参入者の特徴や、彼らがなぜカペンタ漁を始めたのかについてその背景をみていきたい。

表5-3は、聞き取り調査を行った一〇名の事業主の特徴をまとめたものである。全員が男性であり、年齢は四〇代から五〇代が多かった。南部州の主要民族であるトンガは少なく、他州から移住してきた者が多い。一〇人中六人が大学卒業という最終学歴を持っており、学歴が高いことがわかる。また、ザンビア電力会社や国際NGO、公務員といったように、フォーマルセクターで職を得ている人が多いのも特徴的である。そして、シアボンガに居住している人が主ではあるが、ルサカやキトウェ、県内農村部といったシアボンガ以外で生活している者が参入している事例もあることがわかった。

カペンタの漁獲量には季節性もあるため、特に漁獲量が少なく利益が出にくい期間に、他の収入源が確保されていることは、日々のメンテナンス費用やガソリン代を確保するうえで重要になる。ほとんどの事業主に共通するのは、彼らがカペンタ漁に参入する以前から比較的安定的な職に就いていたことである。ザンビア電力会社に勤務するチャルウェやディンディ、国際NGOで働くムウェンプワ、公務員であるテンボやワムルメなど、比較的安定した収入源を持っている。彼らは、「自分や子どものライフプランには今の給料では足りない」、「給料をもらって全部使いきってしまうよりも、資産が増えるように何かに投資をした方がよい」、「退職したらお金は入ってこない」と、自分や家族の現在と将来の生活に必要なお金を確保するために、現在の仕事に対する補助的・保証的な意味合いでカペンタ漁に参入していた。このように、公務員などのフォーマルセクター従事者が、賃金の低さから副業を行うことはなんら珍しいことではない。チャルウェはカペンタ漁を始める以前には、町でミニバスを走らせていたし、ディンディは養鶏を営んでいた。ムウェンプワは、二〇一〇年から漁獲量が減少していることを受けて、二〇一二年よりミニバスの運行を始めていた。彼らにとっては、カペンタ漁も数ある副業の選択肢の一つである。また、例えばチャルウェは、ザンビア電力会社に勤務している知り合いがカペンタ漁に参入していることを職場で見知っていたため、事前に情報を得ることができたと話す。こうした都市のなかでは比較的裕福なエリート層にとってのサイドビジネスとしてカペンタ漁が営まれ、同僚や知人のなかでその情報が共有されることが、彼らの起業を後押ししている。

ここで特徴的なのは、このような都市有職者による副業の展開が、以下のムウェンプワとズールーの事例に表れているように、シアボンガ以外に居住する者によっても行われていることである。

前居住地	リグ数	雇用者数	その他の経済活動
県内農村部	6	36	• 農業・牛の飼養
コッパーベルト州ンドラ	1	5	• ZESCO（電力会社）勤務
県内農村部	5	24	• イタリア系NGO職員 • ミニバスオーナー
n.a.	4	20	• 選挙管理委員会勤務 • 養豚
南部州チョマ	1	5	• Zamtel（通信会社）退職 • 南部州他都市で部屋貸し業
南部州チルンド	1	7	• 会計士・会計コンサル業（自営） • シアボンガにバーを2店舗，チルンドに商店を1店舗経営
県内農村部	1	6	• 農業 • 製粉所
n.a.	2	11	• 経営コンサルタント • 商業農業
ルサカ	1	5	• ZESCO勤務
ルサカ	1	5	• 水産庁職員

◎事例一　ムウェンプワ

ムウェンプワは、南部州モンゼ県の生まれである。一九九一年からカトリック教会のもとで仕事をしていた。一九九六年にザンベジ河下流域にあるサブセンターという地域の教会に異動させられた。サブセンターに異動してから、現在勤めている国際NGOが近隣で開発プロジェクトをすることになり、彼らの仕事を手伝い始めた。プロジェクトが終了したあと、彼らが活動拠点としているシアボンガのオフィスで職員として

表5-3　カペンタ漁に新規参入した事業主の特徴

No.	名前	開始年	民族	出自	最終学歴	現在の主な居住地
1	カトンゴ	2005	トンガ	南部州グウェンベ県農村部	中等学校中退	シアボンガ
2	チャルウェ	2008	ベンバ	ルアプラ州農村部	大学卒業	シアボンガ
3	ムウェンプワ	2008	トンガ	南部州モンゼ県農村部	高等学校卒業	県内農村部
4	テンボ	2008	ンゴニ	東部州チパタ県農村部	大学卒業	ルサカ
5	ムワジャバントゥ	2009	ンセンガ	東部州チパタ県農村部	大学卒業	シアボンガ
6	ルビンダ	2009	ロジ	西部州モング県農村部	大学卒業	シアボンガ
7	チシンゼ	2009	トンガ	南部州シアボンガ県農村部	中等学校中退	シアボンガ
8	ズールー	2010	ンセンガ	東部州ペタウケ県農村部	不明	キトウェ
9	ディンディ	2010	トゥンブカ	東部州チパタ県農村部	大学卒業	シアボンガ
10	ワムルメ	2010	ロジ	南部州リヴィングストン	大学卒業	シアボンガ

＊No.4とNo.8は他都市で主に暮らしているが，シアボンガにも家を所有している．

働かないかと誘われた。二〇〇四年に国際NGOの職員として働き始めたが、妻はサブセンターで教師をしているので生活の拠点はサブセンターにある。シアボンガには自家用車を使って週に二―三回仕事のために訪れている。何か別のビジネスを始めたいと思っていたときに、それまで漁業の経験は特になかったが、カペンタ漁が思い当たった。

◎事例二　ズールー

ズールーは、コッパーベルト州のキトウェで鉱山のコンサルタントをしている。また、三〇〇〇ヘクタールの農場も経営している。シアボンガでは、中心部でパン屋を経営している。彼はキトウェを生活の拠点にしているが、シアボンガにも家を持っている。彼がシアボンガを留守にしているときは、パン屋のマネージャーであるルングがカペンタ漁の諸雑務も管理している。ルングも、二〇〇四年まではキトウェで暮らしていたが、ズールーと知り合いになり、シアボンガでのビジネスを一緒にやらないかと誘われ、移動してきた。シアボンガでのビジネスを多角化するために、利益の出そうな活動をやってみようということになり、二〇一〇年にカペンタ漁に参入した。

これらの事例では、シアボンガ以外の地域に拠点を置きながら、副業としてカペンタ漁に参入している。ムウェンプワの場合は、出身農村ではないが、自らの車で妻の職場である近郊農村とシアボンガを行き来し、カペンタ漁を営んでいる。ズールーの場合は、首都のフォーマルセクターや商業農業部門でも活躍するような企業家である。もともとシアボンガでパン屋を営んでいたことから、利益の拡大を狙ってカペンタ漁にも参入していた。

シアボンガ内外に居住するこれらの事業主たちは、フォーマルセクターに職を持ち、都市では比較的安定した生活を営んでいる人びとが副業として展開している事例である。一方、カトンゴとチシンゼは、県内農村部に長く居住し、現在も近郊農村で農業を継続しながらカペンタ漁を営んでいる。最も多くリグを操業するカトンゴは、シアボンガでは「最も早い時期からカペンタ漁を始めた黒人事業主」と言われている人物である。二〇〇五年にカペンタ漁に参入した彼は、近年参入した黒人事業主の平均リグ数を超える六リグを操業している。

◎事例三　カトンゴ

カトンゴは、一九六六年に南部州グウェンベ県の農村部で生まれた。おじと暮らすために、一九七二年にシアボンガ県ルシトの集落に移動し、しばらくそこで生活していたが、一九八〇年におじが漁業に携わるためにカリバ湖沿岸の集落へ移動すると言った。彼はおじとともに移動し、一緒に漁業で生計を立てるようになった。一九八七年に魚の中間卸売商になった。氷を購入して漁師が滞在する島に行き、魚を買って町で売りさばいていた。しかし、この商売はあまり大きな利益を生まないので、二〇〇五年にカペンタ漁に参入することに決めた。最初はお金がないのでリグが作れず、バナナボートのようなシンプルな船で近くの浅瀬で漁をしていた。その利益をもとに、二〇〇六年末にようやくリグが完成した。二〇〇七年にはカペンタがたくさん捕れるようになった。その年の終わりにもう一つリグを作った。二〇〇八年にさらに二つリグを作り、仕事をしやすくするために町の中心部に家を借りた。妻や子どもは今も周辺集落に居住したままである。二〇〇九年には二つのリグを他のオーナーから購入し、六リグまで増やした。二〇一一年には移動やカペンタの運搬のために車を二台購入した。しかし二〇一一年から漁獲量が良くないので、新たな投資はしていない。二〇一〇年から全体のリグ数が増加したために、漁獲量が減っていると感じている。

先の図5-3において、彼が操業するリグ数が外れ値として算出されているように、カトンゴのように規模を拡大していく黒人事業主は例外的である。規模を拡大すると、漁獲量に対するコストが相対的に安くなるというメリットがある。例えば三つのリグを持っていれば、その日に捕れた三艘分のカペンタを一艘にまとめ、そのリグのみを水揚げのために陸に戻せばいい。残りの二艘は湖上で待機させ、夕方になればまた出漁させる。こうすることにより、毎回陸から沖合に移動する分と、水揚げのためにリグを陸に戻す分について二艘分のガソリン代が節約でき、一艘のみで操業するよりも利益が出やすいと言われている。そのため、カトンゴのようにカペンタ漁を主な経済活動として営む者は、うまくいけば規模の拡大を試みてきた。一方で、前述のような都市エリート層が副業として営む場合には、リグ数が増えることで従業員や漁船の管理に関する仕事量が増えることや、別の実入りのよい副業の機会を常に探しているため、これ以上の投資を現在は控えているという話が聞かれ、規模の拡大を必ずしも目指しているわけではないことがうかがえた。また、カトンゴのようにうまく規模を拡大できた者ばかりではなく、チシンゼのように漁獲量も少なく、得られた利益も農村部の親戚のために使えばなくなってしまうと話す者もいるため、うまくいかずにやめていく事業者も多いのではないかと推測される。

そして有職者たちの語りがあったように、社会保障が未整備なザンビアにおいては、都市部で働いていた人が退職後、どこでどのように暮らしていくのかということは大きな問題である。これは、以下のムワジャバントゥの動機に反映されている。

◎事例四　ムワジャバントゥ

ムワジャバントゥは、東部州チパタ生まれの七〇代の男性である。コッパーベルト州ンドラで高校に通い、一九七一年から国営の通信会社ザムテル(6)(Zamtel)でエンジニアとして働いていた。一九八〇年にシアボンガに配属になり、以降ずっとシアボンガで暮らしてきた。二〇〇四年にザムテルを退職した。退職金が少額支払われたが、年金などの社会保障はなく、五年間くらいは収入がほとんどない生活をしていた。退職金を元手に、また収入が得られるような事業を始められたらと考え、二〇〇九年からカペンタ漁を始めることにした。現在は、マザブカにも家を持っていて、貸家として収入を得ている。カペンタ漁からの収入が増えれば、チルンドにも家を建てて、貸家にしようと考えている。退職後も東部州の農村に戻らなかったのは、三〇年近くも住んでいて、自分の家もあるシアボンガが故郷のようなものだと思っていたからだ、と話した。

ムワジャバントゥは、密集するコンパウンドから離れた高台の場所に、広い敷地を有している。彼の息子もシアボンガで暮らしている。ザムテルのような元国営企業においても社会保障は心許ないという状況のなかで、退職後も村に戻らず都市で生活していくために、カペンタ事業に参入していた。

新規参入者たちの動機はさまざまであるが、主として、シアボンガ内外に居住する都市有職者層、周辺農村出身者、退職者という三つのグループに分けることができる。これらの事業主たちは、これまでの白人事業主たちのような登録企業と異なり、従業員との契約も結んでいないことがほとんどである。しかし、商業漁業のライセンスは取得していることから、フォーマルセクターとインフォーマルセクターの中間にあるような形態になっている。このような事業体が増えていることは、これまで白人事業主たちによって営まれてきたカペンタ事業に新たな展開をもたらす可能性が高く、その継続性や影響が注目される。

第三節　カリバ湖と観光業

現在、漁業と並んでシアボンガの経済基盤としての貢献が期待されているのが、観光業である。シアボンガの観光資源は、カリバダム、そしてカリバ湖の景観やクルーズ、釣りなど、湖上でのアクティビティである。ダムの見学は予約など事前の申請は特に必要ないため、観光客は個人でも気軽に立ち寄れるようになっている。クルーズやカヌーなどのアクティビティは、カリバ湖沿岸に建ち並ぶホテルやロッジ等の宿泊施設が催していることが多い。ただし後述するように、シアボンガの観光業はリヴィングストンなどの一大観光地と比べると、まだまだ観光客にとっては「もの足りない」発展途上の段階にある。そのため、海外からの観光客がザンビアを訪れても、シアボンガに立ち寄ることは多くない。国内の観光客も、イースターやクリスマスなどのイベント時に休暇を楽しみに来る程度である。

しかし、首都ルサカから三時間ほどで来ることができるシアボンガでは、政府やNGOなどのワークショップが頻繁に行われるため、宿泊施設はこれらの収入によって経営が成り立っている側面がある。二〇〇八年には、シアボンガの観光情報を統合したウェブサイトが立ち上がり、複数のロッジやゲストハウス等が合同で企画したカヌー大会や釣り大会が行われるなど、経営者側も観光資源を活かしてより多くの観光客を引きつけようと協力している。以下では、宿泊施設の成り立ちに注目することで、観光業を取り巻く状況の変化について概観する。

表5-4は、シアボンガにある一六の宿泊施設の設立年や規模などの特徴をまとめたものである。県が統合開発計画策定のためにアンケートを行った一五施設のデータに、二〇一〇年七月に聞き取りを行った一四施設を統合した[7]。これを見ると、シアボンガには、一九八〇年代までにすでに六つの宿泊施設が設置されていたことがわかる。そして一九九〇年代には一つしか増加してい

訪問者の特徴(*)	
外国人観光客(%)	国内観光客(%)
20	80
n.d.	n.d.
n.d.	n.d.
5	95
n.d.	n.d.
5	95
1	99
40	60
3	97
n.d.	n.d.
n.d.	n.d.
n.d.	n.d.
n.d.	n.d.
n.d.	n.d.
n.d.	n.d.
n.d.	n.d.

表5-4　シアボンガの宿泊施設の特徴

宿泊施設番号	創業年	施設(*)		訪問者(*)	主な訪問目的(*)	
		部屋数	ベッド数	月ごとの訪問者数(人)	休暇(人)	ワークショップ等への参加(人)
A	1960s	12	32	150−200前後	150−200前後	0
B	1974	12	23	52	52	0
C	1980s	47	68	200	30	170
D	1984	9	10	35	15	20
E	1985	71	87	150	60	90
F	1987	30	45	350	166	184
G	1994	5	12	30	15	15
H	2002	12	16	80−100	40−50	40−50
I	2004	5	6	20−30	10−15	10−15
J	2004	13	18	40	5	35
K	2004	8	15	少ない	とても少ない	n.d.
L	2005	17	19	26	26	0
M	2007	4	n.d.	n.d.	n.d.	n.d.
N	2010	22	44	n.d.	n.d.	n.d.
O	n.d.	20	38	30	0	30
P	n.d.	4	8	n.d.	n.d.	n.d.

＊回答形式の相違は各宿泊施設の回答の違いによる.
出所：(＊)を付した項目はSDC［2011］より引用．それ以外の項目は筆者の聞き取り調査による.

ないが、二〇〇〇年以降に宿泊施設が増えている。

聞き取り調査の結果をふまえると、一九八〇年代までのゲストハウスの創業と、一九九〇年代以降、特に二〇〇〇年代のゲストハウスの創業にはその背景に違いがみられた。まず、一九八〇年代までに開業した宿泊施設について見てみたい。宿泊施設A、C、Eは白人事業主によって運営されている。施設AとEは、創業者から買い取った現在のオーナーとその家族によって主に運営されている。施設Cは創業者は亡くなっているが、その息子らが運営している。例えば、施設EのオーナーであるM・Dは、父親がイギリスからザンビアに移住し、一九四七年にコッパーベルト州の都市キトウェで生まれた。彼はルサカでレストランを経営していたが、一九七〇年代にシアボンガにやってきて以来、この地を気に入り、住み続けていた。ロッジは、もともとは別の人が経営していた場所を買い取って始めたものである。現在はM・Dの息子によって経営されている。このように白人移住者によって始められたこれら三つの宿泊施設は、シアボンガの観光客が宿泊する主要なリゾートホテルとして有名である。施設の規模も大きく、レストランやバーを併設し、ボートクルーズ等のアクティビティも提供する。

他方、一九七四年に設立された施設Bは、行政が所有する宿泊施設である。ダム建設が終了した後も、政府関係者が諸業務によってシアボンガを訪れるため、当時のグウェンベ県が公的な宿泊施設を設けたという。シアボンガが県として分離し、権限が移譲されたのをきっかけに、一般にも開放するようになった。また、一九八四年に設立された施設Dは、ザンビア電力会社が所有する宿泊施設である。もともとはザンビア電力会社のルサカ本社から出張で来る人びとのための宿泊施設、従業員のための保養施設として機能していたが、二〇〇一年から一般にも開放されるようになった。施設Fは、インド人が一九八七年にロッジとして創業したが、二年後の一九八九年にザンビア銅公社(8)(Zambia Consolidated Copper Mines)が買い取り、会議施設や幹部役員たちの保養施設として機能していた。一九九六年のザンビア銅公社民営化を機に、施設は売りに出され、政治家として活動していた現在のオーナーが買い取ることとなった。

つまり、一九八〇年代までに創業してきた宿泊施設は、白人移住者たちによる個人・家族経営のわずかな民間資本による開業と、行政や公社などの公的資本によって設立された形態の二つに特徴づけることができる。一九八〇年代から一九九〇年代に至るまでザンビア経済が低迷期にあったことや、一九九〇年代には新たな宿泊施設が一つしか創業していないことをふまえると、シアボンガにおける観光開発への需要や期待は二〇〇〇年以降と比べるとあまり大きくなかったのではないかと考えられる。

二〇〇〇年以降に開業した宿泊施設には、前述したカペンタ漁と同様の傾向が見られた。施設Nは国際資本のプロテアホテルが開業したものであるため後述するとして、二〇〇〇年以降に創業した施設HからMまでについて見ると、うち三つの宿泊施設は退職者が創業したものであった。この三つの宿泊施設のオーナーは現在もシアボンガに居住している。施設KとLの事業主は、ザンビア電力会社の元従業員である。仕事を辞めた後、ゲストハウスを開業している。両者とも出身はシアボンガでも南部州でもなく、それぞれ東部州とルサカであった。本社からシアボンガの発電所に勤務することになり、移住してきた。ザンビア電力会社で働いていた期間は数十年に及び、その間ずっとシアボンガで暮らしてきたことから、先のムワジャバントゥのように、退職後も出身地に戻るのではなくシアボンガに残ることに決め、その収入源としてゲストハウスを創業していた。また、施設Hの事業主は、元政治家で官僚経験者という経歴の持ち主であった。彼は、シアボンガ県内の農村部で生まれ育った。一九六九年から教師として働き始め、東部州やルサカなどで教鞭をとっていた。一九七六年、教師を辞めて、シアボンガから国会議員選に出馬・当選し、政治家としての生活が始まった。一九七九年、シアボンガに住んでいた母親が亡くなり、母が借りていた土地を買い取った。その後も大臣職などを経験したが、二〇〇一年一一月のムワナワサ政権誕生を機に、政治生活から引退した。その後、シアボンガで暮らし始め、広い敷地内にゲストハウスを建設した。彼は現在、郊外に土地を購入し、農業も始めている。

残りの三つの宿泊施設のオーナーは、ルサカなどの他都市に正規雇用の職を持ち、シアボンガには住んでいなかった。例えば、二〇〇四年に開設された施設Iの事業主は、ルサカに住んでいる北部州出身の男性である。従業員の話によると、彼はルサカで私立学校を経営するほか、音楽関連の事業も行っているという。

シアボンガをほとんど訪れないため、従業員は電話で指示を受けている。また、二〇〇七年に開設された施設Mの事業主は、マザブカに住んでいる東部州出身の男性である。彼はドイツ国際協力公社の職員として働いているため、月二回ほどしかシアボンガに訪れない。このように、二〇〇〇年以降に開業した宿泊施設は、もともと仕事でシアボンガに長く居住していた人びとや地元出身のエリート層がフォーマルセクターでの就労後、退職後の新たな収入源として開始する場合と、シアボンガ以外の場所に居住する人びとが副業として営む形態に特徴づけられる。

シアボンガや他都市に住むザンビア人が投資する宿泊施設が増加するなか、二〇一〇年には南部アフリカ一帯で事業を展開するプロテアホテルが宿泊施設やプールなどを備えた大型の蒸気船を改修し、施設Nをオープンした。現在のザンビアは高い経済成長を保ち、首都でもホテル等の商業施設の建設が続くなど、観光業に対する期待が高まっている。ルサカからのアクセスが良いシアボンガは、今後もさらに異なるアクターによる観光開発が予想される。

しかし、表5-4にも表れているように、現状では依然として観光客よりも会議・ワークショップでの利用客が多い。インタビューでも、会議等の利用客がいるためにオフシーズンでも経営が成り立っている部分がある様子がうかがえた。ワークショップの利用者は、主にルサカやコッパーベルトからやってくる政府関係者や、民間企業、NGOなどが多い。部屋数を拡大しているロッジも多く見られたが、建材や家具などはすべてルサカから仕入れてこなければならないことが一番の問題点である、という声も聞かれた。また、シアボンガでは魚は仕入れることができるが、肉や野菜などはルサカから仕入れるしかないため、手間やコストがかかるという声も聞かれた。

第四節　町への人口流入

一……町の労働者層の特徴

ここまでシアボンガの主要な産業である漁業と観光業の変遷を見てきた。本節では、シアボンガの低所得者層が暮らすカニエレレ・コンパウンド（以下、カニエレレ）にて行った世帯調査をもとに、町の労働者層がどのような特徴を持つのかを検討したい。カニエレレは約六〇〇〇人が暮らすシアボンガ最大のインフォーマル居住区である。[9]

調査の結果、九九世帯のうち一四世帯が女性世帯主、八五世帯が男性世帯主であった。全世帯の世帯人数の合計は四八〇人、世帯人数の平均は四・八五人であった。世帯主に配偶者がいる世帯は八三世帯、独身の世帯は一六世帯である。多くは町に移動してきて仕事が安定すると家族を呼び寄せていた。五七世帯が持ち家に暮らし、四二世帯が貸家で暮らしている。シアボンガではおおむね一部屋五〇―六五クワチャほどで借りることができる（写真5-5）。賃料は中心部の市場や舗装道路への距離によって左右される。電化してある部屋であれば、部屋代のみでこの倍ほどの値段になる。持ち家率が高いのは、カニエレレには次々と出稼ぎ労働者がやってくるため、自分が町を離れたとしても貸家にして副収入が得られると見込んでいる者が家屋を建設するためである。

写真5–5　カニエレレ・コンパウンドにある貸家.

表5–5は、世帯主と配偶者の性別と年齢階級を示している。世帯主・配偶者ともに最も多いのは、二五—三四歳の階級であり、配偶者は世帯主よりもさらに若い年齢層が多くなっている。前述したようなカペンタ産業や観光業に参入する退職者の多くは、かつてフォーマルセクターの職を得ていた富裕層であり、コンパウンドではなく計画居住区に暮らしていることが多い。彼らのような人びとは、自ら起業し、都市での生活を続けている。一方で、高齢世帯が少ないことから、コンパウンドに暮らす一般の労働者層の多くは、老年期になると農村部に帰っていく者の方が多いのではないかと考えられる。

世帯主のエスニック・グループは、七一％がトンガ、七％がベンバ、五％はンセンガ、その他ショナ、カオンデ、ロジなどが少数いた。配偶者のエスニック・グループでは、トンガの割合が八一％で、世帯主におけるトンガの割合よりも高かった。これは前章で紹介したハレンガ家のセディアのように、周辺農村部からやってきた女性たちは町にいる親族を訪問したり、働いたりしている間に、結婚相手を見つけ定住することが多いためだと考えられる。

次に彼らの職業について見てみたい。一五歳未満人口と就学児童を除いた二三六人のうち、失業者（求職中、主婦、退職者を含む）は八七人であった。失業者および職業不明（二九人）を除いた一二〇人の現在の主たる職業について産業分類ごとに示したのが表5-6である。一二〇人のうち、雇用労働者が六六人、自営業者は五四人であった。自営業では、商業・サービス業が圧倒的に多い。商業で最も多いのは、カペンタやその他の魚の仲買人をしている者（一三人）であった。仲買人は以前から存在していた。しかし、白人事業主のように自社トラックによってルサカ等に直接カペンタを搬送する場合と異なり、前述した新規の黒人事業主の多くは、

表5-5　カニエレレにおける世帯主と配偶者の性別と年齢（単位：人）

年齢階級	世帯主		配偶者	合計（%）
	男性	女性	女性	
15－24歳	2	0	15	17（9）
25－34歳	33	4	38	75（41）
35－44歳	29	6	19	54（30）
45－54歳	9	2	5	16（9）
55－64歳	4	2	1	7（4）
65歳以上	4	0	3	7（4）
不明	4	0	2	6（3）
合計	85	14	83	182（100）

表5-6　カニエレレ居住者の職業（単位：人）

産業分類	雇用労働	自営業	合計
公的部門	7	0	7
農林水産業	15	6	21
製造業	1	2	3
電気・ガス・水道	2	0	2
建設	13	4	17
商業（卸・小売）	2	31	33
ホテル・レストラン	11	0	11
運輸・通信	1	2	3
教育	1	0	1
その他サービス業	13	3	16
その他	0	6	6
合計	66	54	120

インフォーマルな個人トレーダーにカペンタを販売しているため、仲買ビジネスに参入する裾野が広がっているのではないかと考えられる。魚以外では、ルサカから仕入れた古着等の販売、軒先での雑貨販売などが含まれている。自営業者の農林水産業では、近郊農村に土地を持ち、農業をしている人びとが三名見られた。世帯主の事例は一名のみで、他二名は世帯主が別の仕事をしながら配偶者が農業に携わる事例であった。調査村においても、雨季の間は世帯主を残して、配偶者と子どもが農村部に戻り、町で食べる分の食糧生産を行うという事例が見られる。これらも同様に、都市にいながらにして出身農村での農業を並行して行うような都市との近接性を活かした事例であると考えられる。

雇用労働者では、農林水産業、その他サービス業が多い。ここでの農林水産業は、すべてカペンタ漁に携わる企業である。一五名のうち、八名は白人移住者らが設立した企業で雇用される労働者だが、七名は先に述べた新規参入者の黒人事業主による雇用であった。ホテル・レストランでは、新規参入者による雇用はここでは見られず、すべて二〇〇〇年以前に設立した宿泊施設によるものだった。その他サービス業は、ハウスワーカーや庭師、守衛などに従事する者を含んでいる。調査村からの出稼ぎで多いのはこの職種である（第四章参照）。最後に雇用労働者における建設業であるが、これはすべて中国の資金援助を受けたダムの拡張工事および高校の補修・拡張工事による雇用であった。二〇〇八年一一月に、ザンビア電力会社が中国のシノハイドロ社（Sinohydro Corporation）の協力を受けて、発電所の拡張工事に着手した。このプロジェクトは、経費の八五%が中国輸出入銀行[10]によって支援されている[11]。同時期に、シアボンガ高校の校舎や教員宿舎の改築工事も行われ、建設作業等で多くの人びとが雇用された。この大規模プロジェクトによりシノハイドロ社に新たに雇用された労働者は四七七人とされている[12][SDC 2011]。

次に、主要な職業における月給についてみてみたい。まずカペンタ漁に携わる企業に漁師として雇われている場合、白人事業主と黒人事業主の別にかかわらず、ほとんどの事業体では漁獲量によって漁師の取り分は変動する仕組みになっている。漁獲量の悪い月は二〇〇クワチャ程度まで下がることもあれば、良い月には四〇〇—五〇〇クワチャに上がることもある。各漁船にいるキャプテンは手当がつくため、一般の漁師よりも給与が高く設定されている。一方で、漁師ではなく、運転手や在庫管理などの地上スタッフとして雇われている場合は給与が一定になる。職種によって異なるが、地上スタッフとして雇用されている場合は、およそ四〇〇—七〇〇クワチャを毎月受け取っていた。観光業では、宿泊施設によっても差があった。ボート型のホテルをオープンしたプロテアホテルでは、ウェイターでも九四〇クワチャの給与であったが、その他の宿泊施設ではウェイターや調理補助の仕事は四〇〇—五〇〇クワチャ程度が一般的である。白人入植者が始めた個人・家族経営の宿泊施設では、調査村出身者のなかにも働いた経験がある人が多く、農村部からの出稼ぎ労働者にもチャンスがないわけではない。しかし、新しくシアボンガにやってきたプロテアホテルのような国際資本の宿泊施設では、同種の職業の経験や資格証明等を求めているため、給与は高いが調査村からやってくるような出稼ぎの人びとにとっては加わりにくい労働市場であると考えられる。調査村の人びとが就くことが多いハウスワークの給与は三〇〇—五〇〇クワチャと、漁師とほぼ同じくらいであった。シノハイドロ社に雇用される建設労働者は、このなかで最も給与が高い職種であった。聞き取りによると、ダム工事と学校建設のどちらの現場においても、特に休暇が定められておらず、出勤時間数に応じて給与が決まるという仕組みであった。一般の労働者ではだいたい八〇〇—一〇〇〇クワチャ、電気技師や運転手などの技術職では一四〇〇—一八〇〇クワチャと特に高かった。しかし、現場での重労働を休みなく続けていたため、「給与はよかったが、働きすぎて身体を壊した」と言って辞めた者も見られた。

二……人口の流入にみられる特徴

次に、コンパウンドで暮らす人びとが「いつ」「どこから」シアボンガにやってきたのかをみてみたい。図5‒4は、世帯主と配偶者の移入時期についてまとめたものである。この町で生まれ育ったという人は一二人と少ないが、配偶者の女性の方が若干多くなっている。コンパウンドに暮らす住民は、ほとんどが他地域から移動してきた者である。移入時期は、一九九〇年代以降に増え始め、二〇〇〇年以降に最も多くなっていた。これは調査村からシアボンガへの出稼ぎに行く人数が増加した時期とも重なっている。各年代の移入者における配偶者の割合は、一九五〇―七〇年代は二〇%、一九八〇年代は三八%、一九九〇年代は三六%であり、二〇〇〇年代に入ってようやく五二%と世帯主を上まわった。これは、シアボンガに移入し始めた初期の段階では、世帯主が単身で移動してくるパターンが多く、徐々に配偶者をともなう滞在が多くなってきたことを意味していると考えられる。

図5‒5は、世帯主と配偶者がシアボンガに来る前に住んでいた居住地を年代ごとに県単位で示したものである。一九五〇―七〇年代に流入してきた人は、主に県内か南部州内の近隣県から流入してきている。一九八〇年代に入ると、シアボンガ県内からの移動が増加している。数は少ないが、ルサカやンドラからの流入者も見られるようになった。一九九〇年代にはさまざまな地域から人が流入してくるようになっている。グウェンベ県やマザブカ県といった近隣県からの移動者が増加するだけでなく、ルサカ、ンドラ、カブウェなどの大都市が立地する地域からも流入が見られる。しかし、依然として最も多いのは県内農村部からの移動である。二〇〇〇年以降では、県内からの移動は最大の四四人となった。どの年代においても、南部州内

図5-4　カニエレレにおける世帯主と配偶者の移入時期

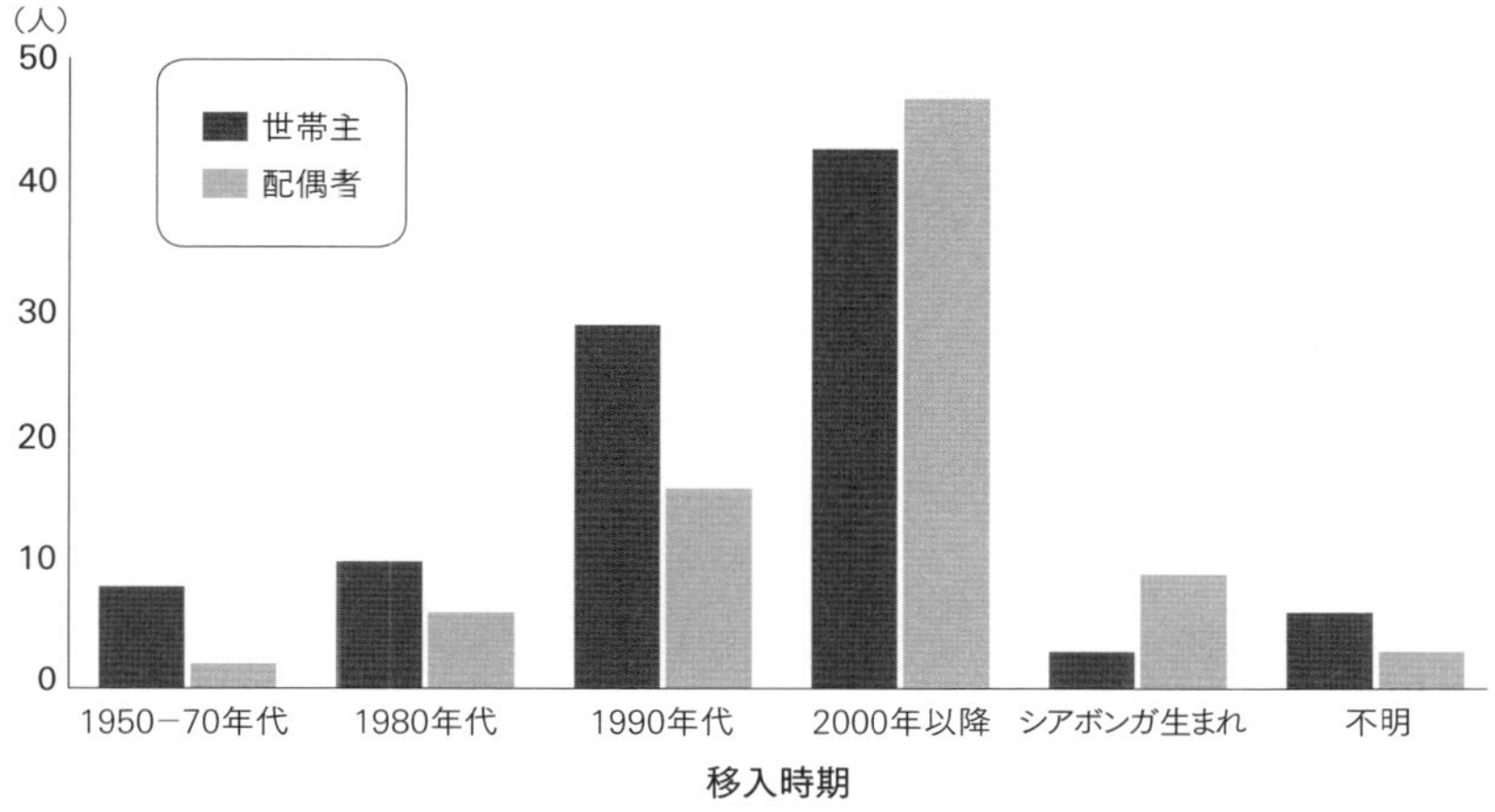

からの流入が最も多く、各年代の流入人口の七―八割を占めている。都市間移動は全体の約二〇%を占めており、特に一九九〇年代以降に多く現れた。

流入人口の約半分を占める県内からの移動者(七五人)は、前章でみてきた調査村の事例と同じような移動理由によって移入してきていた。「村には仕事がない」、「農機具を買うためのお金を稼ぎたい」などの経済的な理由や、親族に面倒をみてもらうために幼少期や学齢期に移動した事例なども多く含まれている。調査村の事例も含め、県内農村部の住民にとって、シアボンガは身近にある働き場所として重要であることがうかがえる。一方で、県外からの移住者のなかには、「ルサカには同じようなビジネスをしている人が多いため、シアボンガの方が売れるのではないかと思った」という理由や、他の都市での仕事や職探しに失敗し、「シアボンガなら何らかの仕事にありつけるのではないか」と話す者もいた。このような人びとにとって、シアボンガは、大都市と比較して商業や労働市場での競争が少ないニッチやオルタナティブとして捉えられているのではないかと考えられる。また、「中国が支援する新たなプロ

図5-5　移入年代ごとにみたカニエレレ居住者の前居住地（県単位）

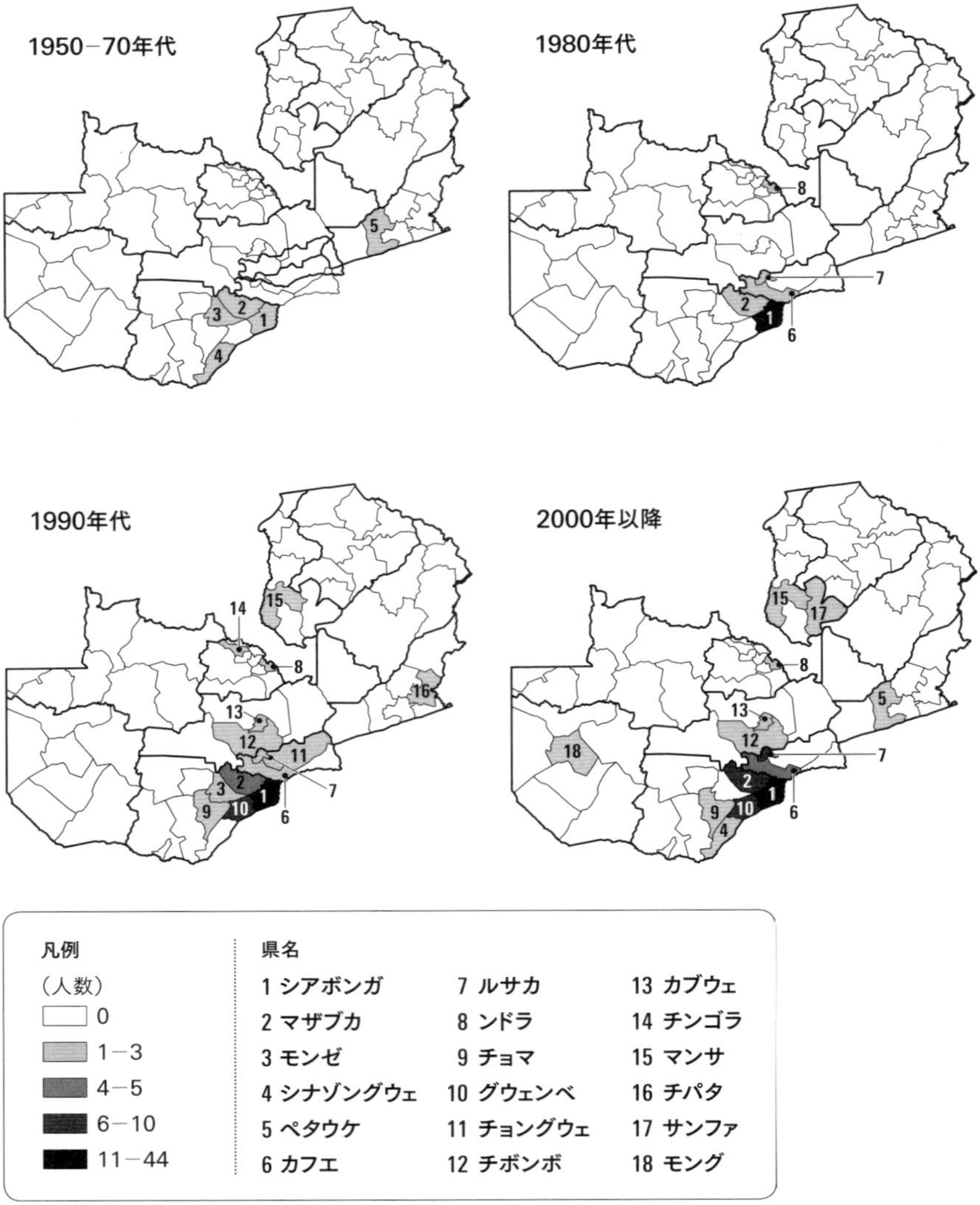

＊シアボンガ生まれの12人，移入時期が不明の9人，ジンバブウェからの移入者2人を除いた160人のみ．

ジェクトをニュースで知って、仕事があるのではと思い」、移動してきた者もいた。前述したようなさまざまなアクターが展開する経済機会の増加にともない、他地域からの労働者層の流入も増加していることがうかがえる。

第五節　小さな町のダイナミクス

シアボンガの町のはじまりは、ダム建設という植民地時代の開発事業によって突然訪れたものである。この点では、ザンビアの多くの都市と同様に、トップダウン的に土台がつくられたと言える。しかし、大都市と異なり、その後、政府による主だった開発は行われてこなかった。特にジンバブウェで独立をめぐる紛争が起こっていた時期には、国境が閉鎖され、湖を利用した経済活動は一時中断されていた。一九八〇年代に入って、国内外の白人入植者たちによってカペンタ漁や観光業が始められたことにより、わずかな民間部門の基盤が確立されてきた。これらを雇用の受け皿として、この時期に入ると県内の周辺農村部からの人口流入も増加し始めていた。一九九〇年代には、県行政の中心となったことにより、従来の電力会社の職員に加えて、行政や関連省庁の公務員というザンビア人中間層が町に増加した。これによって商業・サービス業や低熟練労働の需要が高まり、周辺農村部の人びとを中心にさらに多くの人を受け入れるようになった。

一九九〇年代までのシアボンガがたどってきた都市化の過程は、ザンビアの中小都市発達に見られる典型的なパターンであると言える。例えば、白人入植者の商業・農業のためのサービスセンターとして南部州の鉄道沿線地域にチョマやマザブカが立地してきた経緯や、分権化によって全国に新たに生まれた各地域の行政サービスやそれに付随する商業の発達といったプロセスと、ほとんど変わらないものであろう。しかしながら、本章で示してきた二〇〇〇年以降のシアボンガの雇用や労働市場で起こっている変化は、これまでと様相が異なっている。フォーマル部門の退職者や、シアボンガ在住の有職者による副業として、漁業や観光業への個人操業の新規参入が相次いでいる。コンパウンドでの調査結果においても、これらの新しい事業者層が、インフォーマルな労働需要を作り出していることが示されていた。退職者が中小都市で起業することについては、小倉[2009]が、東部州の地方都市でルサカからの退職者たちが起業していることを報告している。退職者たちは出身農村に戻るのではなく、社会サービスが比較的充実し、起業のチャンスもある「出身農村近郊の中小都市」に居住する傾向があると小倉は指摘する。(13) ザンビア以外でも、都市での生活を引退した年長者たちは、医療や教育サービスへのアクセスや、農業労働からの解放、ビジネスチャンスなどを理由に中小都市を選好することが指摘されてきた[Peli 1995]。本章のシアボンガの事例では、出身地にかかわらず、仕事でこれまで住み続けてきた人びとが、出身農村に帰らず町で暮らしていくためにカペンタ漁やゲストハウスの経営に乗り出していた。退職後の生活保障が未整備なザンビアにあって、フォーマルセクターを退職した者たちによる経済活動は、地方の中小都市において見落とすことができない状況になっている。

また、シアボンガに居住する公務員や他の職を持つ者が副業を営む事例は、構造調整や近年の経済成長というマクロな経済構造との関連で理解する必要があるだろう。ザンビアでは、構造調整政策の導入以降、フォーマル部門の人員削減や賃金の低下が著しい。都市経済のインフォーマル化という現象は、公務員にも及んでいる。先行研究では、公務員らは何らかの副業を展開し、農村部の人びとと同じように生計を多様化させていると指摘されている[Cliggett and Wyssmann 2009]。このような状況のなかで、水産庁の役人や電力会社で働く者たちなどは、コンパウンドの住民たちよりは給与が安定しているものの、子どもに高い教育を受けさせたり、退職後の生活に備えるために副業に参入しているのである。

さらに本章では、シアボンガに居住する人だけでなく、他の都市や農村部に暮らす者たちも新たなビジネスを展開していることを示してきた。また、中国の援助プロジェクトによる雇用は一時的なものではあるが、プロテアホテルの進出や、未利用地での土地の囲い込みが進んでいる現状をふまえると、国内の民間資本や国際資本が流入してくる可能性も拭い切れない。シアボンガの観光業や漁業は新たな投資先になり、人や資本の流動性を促進している。

このような多様なアクターによる経済活動は、登録企業の場合もあれば、副業としてのインフォーマル部門として位置づけられる場合もある。さらに個別のレベルでみれば、個人がフォーマル／インフォーマル双方の部門に従事し、資本が双方の活動を行き来することも珍しくない。そのため、シアボンガという小さな町では、大都市居住者や大規模資本によるフォーマル／インフォーマル部門の拡大と、シアボンガ居住者によるフォーマル／インフォーマル部門の拡大が混ざり合っていることになる。

このようにローカル／グローバルな人や資本の動きが錯綜するシアボンガは、国内の都市システムの下層で大都市に従属する位置づけにあるのではなく、また、農村のためのサービスセンターという単純な周縁に位置づけられるものでもない。これまで白人入植者型の都市化が目立ってきたザンビアにおいて開発が進まなかった中小都市は、経済自由化やグローバル化という構造変化のなかで、大都市や周辺農村部とのつながりを持ちながら独自のダイナミズムを見せ始めている。中小都市の都市化プロセスや、周辺地域との関係性も含めたその役割や機能を、国内のさまざまな地域で今こそ問い直す必要があるのではないだろうか。

終章

都市と農村を架けるネットワーク

若い女性に人気のエクステ（つけ毛）を試しながら，携帯電話で会話をしているハレンガ家のお母さん．

エクステは，シアボンガで働く次女セディアが帰村したとき，おみやげとして持ってきたもの．

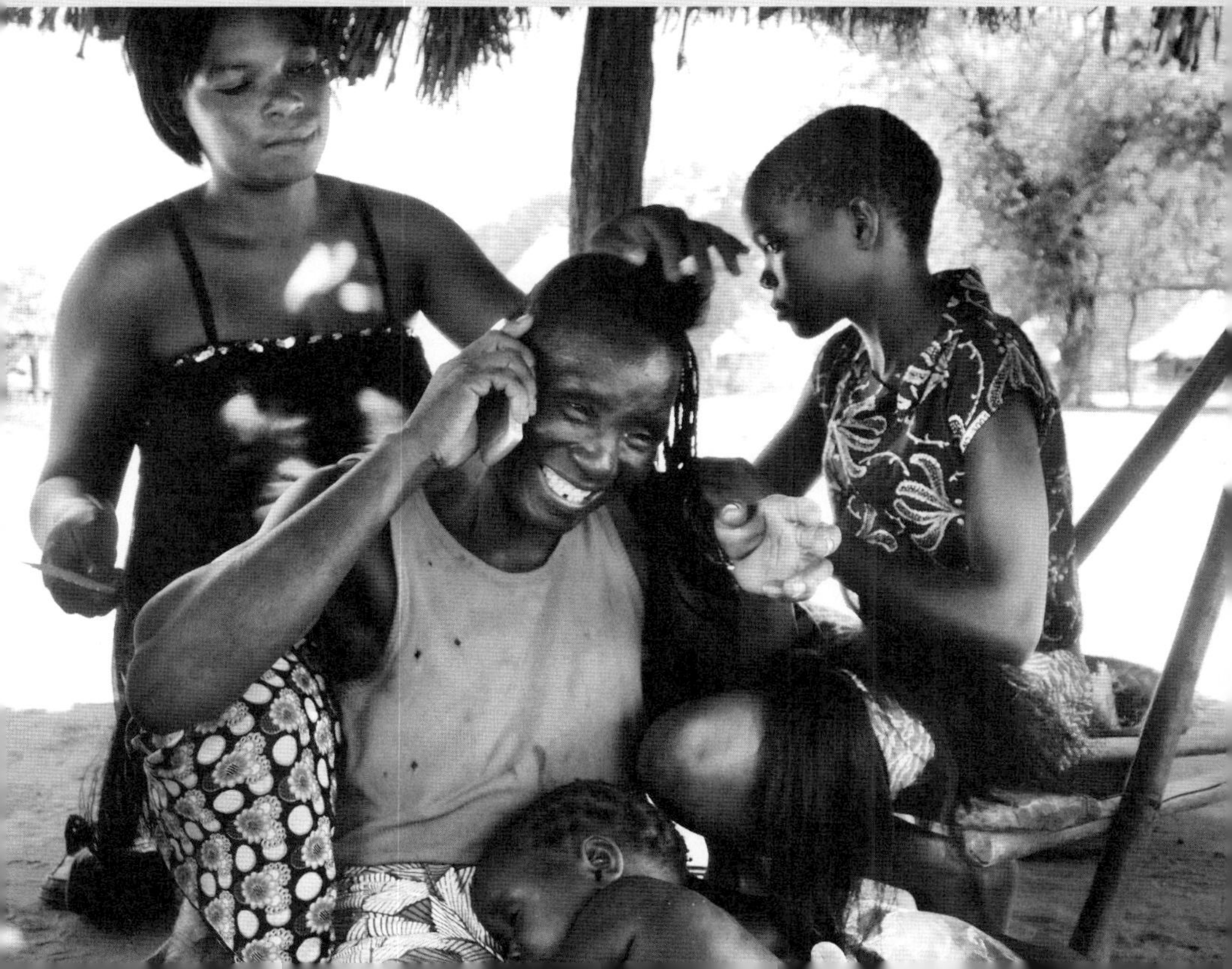

本書では、第二章から第四章において農村部の生計にみられる活動の多様性とその空間的広がりを明らかにし、第五章では中小都市における都市化の特徴について明らかにしてきた。終章では、これらの結果を総合し、現代のザンビアにおける都市―農村関係を再考していきたい。

まず、農村部における生計多様化の実態を、生計活動へのアクセスと農業の相対化という視点から議論する。そしてそれらをふまえたうえで、農村ビジネスに代表される富裕層の存在がいかなる意味を持っているのかについて、階層化の可能性を視野に入れながら検討したい。次に、都市と農村をつなぐ最大の紐帯であると考えられてきた出稼ぎ労働が、現在どのように行われているか、その位置づけはどのようなものかを検討する。そして、農村における生計の動態と密接に関わる中小都市における地域発展の可能性や脆弱性、ならびに農村や大都市との関係を整理し、地域経済振興において中小都市が果たしうる機能について検討する。最後に、これらをふまえ、都市と農村を対置的な所与の領域(面)として捉えるのではなく、流動的な人と資本が織りなすネットワークの総体として捉えることの重要性を指摘したい。

第一節　高まる流動性と農村経済

一……生計活動へのアクセスの変動性と連続性

本書が対象としたザンビア南部州シアボンガ県にある調査村は、年平均降水量が六三〇ミリだが、年ごとの降水量は変動性が高く、干ばつが頻繁に起こる地域として知られている。調査期間中においても、二〇〇六／〇七年度に四三〇ミリという少雨があり、天水に依存した食糧生産は概して不安定で、食糧の自給期間は世帯間に大きな差がみられた。主要な換金作物であるワタも、安定しない降水量のもとでは毎年収益が十分に出る世帯は少なく、栽培世帯数は年ごとに変動していた。

多くの世帯が農業生産のみに依存できない状況のなかで、本書は調査村の人びとがさまざまな手段を組み合わせて生計を維持している様子を明らかにした。ほとんどの世帯は、農業以外にも家畜の売却や自然資源利用、ピースワーク、出稼ぎ労働、自営の商店経営など、複数の生計活動を組み合わせていた。特にピースワークや出稼ぎ労働は、干ばつへの対処や日常の現金稼得手段として重要な地位を占めていた。

世帯ごとに生計活動の組み合わせが異なるのは、各活動へのアクセスが、土地や世帯人数、世帯主の年齢、性別などによって規定されているためである。例えばワタ栽培などの換金作物生産は、牛の所有や牛を借りるための社会関係に左右される。また、出稼ぎ労働は、主に若い世代や男性世帯主が担い、世帯主以外の既婚女性が行うことは稀である。ピースワークにおいては、村内の富裕層との社会関係や、情報にアクセス可能なネットワークの有無等が関連している。

これらの各種生計活動に対するアクセスは固定的ではなく、第二章ではアクセスに見られる変動性を示した。例えば、安定した収入を得られる雇用労働ですら、偶発的な出来事や他者からの妬み、社会関係のなかで消失してしまう可能性があった。また、第四章で指摘したように、出稼ぎ経験者の帰村理由のほとんどが自分たちの明確な意思ではなく、都市での雇用主とのトラブルや村の家族の状況に左右されていたことからも、ある個人や世帯が従事していた活動が、ふとした出来事をきっかけに一変してしまうことは頻繁に観察される。

一方、以前営んでいた生計活動で培った技術や知識、社会関係といった資源が、別の時点での異なる生計活動につながるという連続性も明らかになった。例えば、教会で雇われていた調査助手のラフォードが、神父の交代という出来事と他者からの妬みによって安定的な収入源へのアクセスを失ってしまったのに対し、そこで身につけた技術や社会関係によって現在のピースワークへのアクセスが形成されていたことが挙げられる。また、第三章の農村ビジネス事業主たちの事例からは、人的資本や生産財が他世帯よりも豊富にあることが、商店を始めるに至る要因となったことに加えて、以前の都市への出稼ぎの経験がノウハウや資金源を提供するといった連続性も見られた。そして、第二章で示したような、世帯メンバーの移動が村に残る拡大家族の世帯にとって偶然にも新たな収入源を生み出すことになった事例を含めて考えると、農村に居住する世帯の生計を構成する資源や活動へのアクセスにおいても、農村内部に限定していてはその動態が捉えきれないことがわかる。

生計多様化に関する議論は、ある時点での現状分析にとどまっていることが問題点とされていたが、本書は、農村部の生計を分析する際、アクセスの変動性と世帯ごとの優先順位の違い、偶発性・突発性のある出来事との関連、ライフサイクルの変化、といった視点を用いて生計を動態的に分析することで、このような種々の要因が総合して、現在の各世帯の生計の組み合わせに差異がもたらされていることを示した。そのため、ある時点では、その結果として所得に格差が見られるが、それは必ずしも固定的・階層的なものではなく、状況に応じて揺らぐグラデーションのような状態になっているのではないかと考えられる。

二……農業の相対化と「農村にいること」の利点

生計多様化が進展していても、調査村における農業は、確かに彼らの生活の軸になっている。例えばそれは、出稼ぎに行く月と帰る月が農事暦と連動していることや、ほとんどの世帯が営む非農業活動が季節的なものであることなどに表れている。しかし、農民にとって重要である食糧の自給をとってみると、調査村や中小都市に存在する現金稼得機会の豊富さによって、彼らが自給を最大の目標と設定しているようには見えない場面にしばしば遭遇する。例えば、二〇一〇年にビジネス事業主ディクソンのところへモロコシの買付企業がやってきたとき、収穫後まもない六月から八月の間に四世帯がモロコシを売却していた。彼らのなかには、前年度は自給を達成していない世帯もいたが、彼らは主食であるモロコシを売却してしまい、その後も「値段によっては売るかもしれない」という話を耳にした。

グウェンベ・トンガ研究に長期にわたり関わってきたクリゲットも、開発援助の増加や、食糧に余分のある世帯に求めること、そして家畜の売却などが、「最低限の食糧を手に入れるためのさまざまなオプション」を提供しており、「貧相な土地から少しの収穫を導き出す労力と、その他の供給源から食糧を獲得する労力やコストは、同じなのかもしれない」と述べている[Cliggett 2005: 67]。つまり、自らの農業生産で得た食糧がなくなっても、ピースワークをして現金や食糧を得たり、家畜を売ったり、教会に支援を仰いだり、それもだめなら都市で働いたり、という状況があるからこそ、彼らは農業生産のみで自給を目指す必要性が低いのではないかと考えられる。

では、彼らが農業を完全にやめてしまうかというと、そうではない。それは、近年、アフリカ各地で報告される生計の多様化が、かつてヨーロッパが経験してきたような専業化・分業化のプロセスとは異なり、あくまでも個人や世帯レベルでのリスク分散的な多様化の進展であるという見方とも一致する［Bryceson 1996］。アフリカ農民の生計多様化を「変わり身の速さ」と表現した島田も、この変わり身の速さが、「農業生産を放棄する変化の速さではなく、ほかの活動を追加的に加える時の変化の速さ」であり、農民たちは積極的に新たな活動を追加する一方で、「まったく変わらない基層部分」を保持しているという抵抗性、この二面性を持ち合わせていると述べる［島田 2007: 248］。そして、このような多就業化において農業が相対化されつつも、「彼らが農業とその他の職業との間を自由に移動できるかというと、現実にはそのような状況は無い」ため、彼らは「不本意ながら農村に留まって」、一気に重心を移すということをしないと述べている［島田 2007: 247］。

確かに、調査村のほとんどの世帯にこれらの先行研究の指摘はあてはまり、農業から完全に離れることはまずないと考えられる。一方、第三章に登場したビジネス事業主たちは、商店やバーの経営だけでなく、不動産業に投資したり、製粉所を開設したりと、他世帯とは質や規模の異なる経済活動に従事していた。彼らは自給用農業生産や換金作物栽培も行っているが、前述した島田の主張のように彼らが農業を捨てられない状況にあるかというと、そうではない。彼らのなかには、農業をやめても商店の収入や不動産からの収入で食糧を購入し、生活できる者もいる。そして、ビジネス事業主が近郊の町に投資し始めたものの、依然として農村を拠点にしているという事実からは、彼らが不本意ながら農村にとどまっているという様子も見えない。むしろ、農村にいることで、彼らは農業生産にも携われるため、自分の食糧を買う必要がない。そして、近郊の町に頻繁に移動すれば、農村にいながらもさらなる経済機会に参入できる、といったような「農村にいることの利点」が、彼らを農村にとどまらせているように思われるのである。

つまりビジネス事業主のような者にとっては、農業は数ある経済機会のうちの選択肢の一つとして残されているのだ。もちろん前記のように、調査村には、農業を主体とした生計を営んでいる人も多く、一般化することは難しいが、地域社会のなかにビジネス事業主のような人びとが現れてきたことは、農村社会の「まったく変わらない基層部分」に対する彼らの意識にも変化が生じていることを示しているのではないだろうか。

三……農村ビジネスと階層化

では、ビジネス事業主のような存在は、農村社会、そして経済のなかでどのように受け止められるのであろうか。

前述のように、自然環境や個別の状況に対応して各世帯が生計活動の組み合わせを変えていくことは、大部分の世帯にとって、生計多様化は世帯レベルのリスク分散や対処行動として起こっていると考えることができる。一方で、農業生産の拡大と非農業活動を組み合わせ、他世帯に雇用を提供するような世帯が存在している。第三章で示したような農村ビジネス事業主たちが、この代表格である。もちろん、ビジネス事業主たちの他にも、換金作物栽培に特化しているような世帯がピースワークを提供することはある。しかし、乾季にも多くのピースワークをもたらすのは非農業の所得を得ているビジネス事業主たちである。

農村ビジネスの事業主たちは、製粉機の購入や不動産業への投資に現れているように、村内のビジネスチャンスを見つけては積極的に参入するという姿勢を持っていた。自給用食糧生産も継続し、換金作物栽培を拡大するというように、その多様化の規模と質は他の世帯とは異なる様相を呈していた。また、彼らのこのような積極的な機会への参入は、狭義の農村にとどまらず、近郊の中小都市にも及んでいる。また、近郊都市に居住する都市住民は、バスや車で往来する際に商店に立ち寄り、お金を落としていく農村ビジネスの客になっている。事業主自らも都市と調査村の間を頻繁に往来したり、携帯電話でコミュニケーションを取ることによって、都市の「上客」を引き込んでいた。つまり農村ビジネスは、狭義の農村ではなく、近郊中小都市も含めた空間のなかで興隆してきたのだ。

このような特徴を持つ農村ビジネスにおいては、先行研究の指摘と同様に、確かに雇用労働者の数は少なかった。店番の盗みや売上のごまかしは、常雇いで人を雇うことを事業主たちに敬遠させている。本来ならば人を雇って毎日店を開けた方が利益を高めることができるのに、ルサカに仕入れに行くときには、彼らは頑丈な鉄格子に鍵をかけて出かけるのだ。

一方、事業主がもたらす雇用機会は常雇いのみに限らない。それは調査村の多くの世帯が行うピースワークという一時的な雇用形態の存在である。このピースワークは、雨季と乾季で異なる特徴を有していた。雨季の農作業のピースワークは、誰にでもアクセス可能であり、食糧が枯渇した世帯によって頻繁に行われていた。乾季になると、農作業のピースワークのように誰にでもできる仕事が減少し、支払額は増加する。建材の収集や建築作業など、雨季に比べて男性向けの仕事が多いことも特徴的である。このように、女性のアクセスが限定的になると同時に、乾季には技術や知識を必要とする仕事が増え、男性のなかでもアクセスが限定されてしまう側面も明らかになった。

ビジネス事業主のような農村富裕層の存在は、非農業活動の活発化にともない、ザンビアだけでなくアフリカ各地で報告されている(1) [Iliya and Swindell 1997; Oya 2010]。このような経済格差が農村社会内部でどのように受け止められていくのかに関する議論は、調査村だけでなく、今後多くの地域で不可欠になってくるだろう。長年にわたる研究から東南アフリカ農耕社会の特質を論じた掛谷は、農民が生存に必要な量を大きく上まわるような生産を指向せず、多くを持つ者が他者に分与することを当然とする社会倫理を明らかにし、それを「平準化機構」と表現した。掛谷は、平準化機構が、自然資源に依存する社会のセーフティーネットとして機能し、人びとの突出した経済活動を押しとどめる働きがあると述べた(2)[掛谷 1994]。

このような議論をふまえると、農村ビジネス事業主のように富を蓄積した者たちは、周囲の住民から妬まれ、突出した経済行動は抑制される方向へと向かうのではないかと想定される。実際に、「人びとの妬み」を受けていると漏らすビジネス事業主らや、親族からの「たかり」に困っている者もいた。しかしながら、第三章で示したように、彼らはそれを恐れてビジネスをやめてしまうのではなく、むしろ農村内部の不動産業や中小都市での新たな商店の建設など、新たな機会への投資を積極的に繰り返している。

先の掛谷は、その近著において、近年のアフリカ農村での経済格差の拡大を指摘しながら、平準化機構を持つ社会においても、成功者の存在は地域の経済的な発展を先駆する限りにおいて許容されていると述べている[掛谷・伊谷 2011: 484]。本書の事例においては、調査村が強制移住を経験したことで、「共同体的」な慣習や母系制親族関係が弱まってきているなど、ゆるやかな社会構造を持っていることが、農村ビジネスを許容する要因になっていると考えられる。そして重要なことは、第四章で述べたように、近郊の中小都市への出稼ぎが困窮時にも参入可能な選択肢として存在していることである。つまり、調査村全体が近郊の都市を含めた空間のなかで非農業化していることが、農村ビジネスのように「突出した」経済活動を営む者と、彼らの所得分配の形であるピースワークへの競合と不満を緩衝する装置として機能しているのではないかと考えられる。現在は、乾季のピースワークへのアクセスは完全に限定的なものではなく、近郊都市への出稼ぎも多くの者にとってアクセス可能な状態である。しかし例えば、ピースワークをめぐる社会関係がより固定的なものへと発展したり、中小都市の労働市場が農村住民にとって閉鎖的になった場合には注意が必要であろう。

反対に、ビジネス事業主たちが中小都市を利用することは、経済機会への積極的な参入であるとともに、自らが蓄えていく富を親しい他者から「見えない」場所に分散させていくことが可能になるという効果をもつものであると考えられる。そのため、農村社会における富裕層の存在とその受容、そしてその雇用関係が固定化していくのか否かに関する議論は、これまでのように土地や農業だけでなく、現在の生計活動が営まれている範囲よりも広い部門と空間のなかに位置づけて検討されるべきである。

第二節　出稼ぎ労働の現代的な位置づけ
——代替可能性

第一章でみたように、入植型植民地を経験したザンビアでは、鉱山やプランテーション等の近代部門への出稼ぎ労働は植民地期から行われてきた。出稼ぎ労働は、移動の制限が撤廃された独立以降も、一九七〇年代半ばに至るまでは都市と農村の経済機会の不均衡によって促進されてきた［小倉 1995］。構造調整計画の実施は、都市フォーマル部門における雇用を縮小させた。その結果、一九九〇年代の主要都市への人口移動は鈍化し、一部の都市では人口流出が見られるほどであった［Potts 1995, 2005］。また、近年では銅価格の高騰による経済成長や都市での大規模投資の増加といった傾向が現れている。このような状況のなかで、農村から都市への出稼ぎは現在どのような特徴を有しているのであろうか。

まず、調査村からの出稼ぎ労働の形態にみられる特徴は、近隣のシアボンガやチルンドに短期間出かけることであった。近くの町に働きに行くことは、移動コストが安くすむこと、仕事が得やすいこと、居心地がよいこと、という三つの点で移動者にメリットがあった。その背景にあるのは、調査村の人びとが近隣の都市に拡大家族や親族などの社会ネットワークを持っていることである。パトリックの事例（第四章）のように、頻繁に町を行き来する人にとっては、都市に暮らす姉弟の存在は、滞在費用の節約だけでなく、農村にいながらにして都市での雇用情報のネットワークにアクセスするためにも重要である。

このような特徴をもつ出稼ぎ労働は、降水量の変動が激しい調査村において、干ばつ・食糧不足への対処戦略として重要である。自給できる期間に世帯差があるため、通常時には余剰のある世帯からモロコシを安く購入したり、ピースワークによって食糧の不足を補うことが可能になる。しかし、干ばつのように調査村全体の農業生産が被害を受ける状況下においては、食糧が入手し難くなり、ピースワークへの競合も高まると想定される。このようななかで、初期費用の安い近郊都市への出稼ぎは、困窮時でも参入可能な生計戦略として重要性を高めるといえる。

一方、困窮時以外の場面では、第三章で述べた農村ビジネス事業主の存在が、「都市への出稼ぎの位置づけ」を変化させていると考えられた。これは、ビジネス事業主がもたらすピースワークによって、一部の世帯には「都市に出稼ぎに行かなくてもよい状況」が作り出されているためである。第二章で述べたように、ラフォードが乾季に行うピースワークによる月収は、約三二〇クワチャであった。第五章で述べたように、シアボンガの漁業やハウスワークの月収は三〇〇から五〇〇クワチャ程度である。農村でのピースワークは、ひと月に一度も仕事にありつけないときや、農作業が忙しくて従事できない場合もあるため、収入の季節性は高い。また、ラフォードは、調査村のなかでも頻繁にピースワークを行っている人物であるので、他の世帯も含めた場合、月収の平均はこれよりも低くなる可能性がある。しかし、農業を並行して行っている彼らは、最低限の食糧には現金を支出する必要がなく、都市部の賃金とまったく同等とは言えない場合にも、

「なんとかやっていける」金額が手に入れば生計は維持できる。そのため、農村富裕層とピースワークの存在によって、都市への出稼ぎは必ずしも絶対的に優位な選択肢ではなく、農村でのピースワークと代替可能性のあるものとして位置づけるようになったのである。

前述したように、植民地期から独立以降に至るまで、ザンビアにおける出稼ぎは、都市と農村の雇用や所得の構造的不均衡によって引き起こされてきた。独立以降の移動研究では、アフリカ各地で、出稼ぎを「世帯」の生計戦略として捉える研究が増加した。しかし、それらの研究の多くは、出稼ぎを「最後の手段 last resort」として描写してきた［de Haan 1999: 3］。調査村においても、干ばつなどの困窮時には確かにその側面は認められる。しかし、生計多様化が進み、各世帯の生計の組み合わせに差異が生じているような状況において、出稼ぎはどの個人・世帯にとっても「最後の手段」ではなく、村内の他の生計手段との関係から選択的に取り入れられるものなのである。

第三節　都市と農村の多様な関係性

一……中小都市がもつ可能性と脆弱性

ここまで、調査村における活動の多様化や生計が営まれる空間の拡大を、各個人や世帯のリスクへの対処やよりよい生活への主体的な営みとして記述してきた。一方で、このような農村の生計に見られる変化は、ザンビア全体、より広くはグローバル化の動きのなかでの構造変化と無関係ではない。つまり、第一章でみたような国レベルの経済構造の変化が、調査村の生計のあり方にさまざまな形で影響を及ぼしてきたのであり、その理解の鍵となっているのが中小都市なのである。

ザンビアは、都市化、人口移動といった本書と関わりの深いテーマに特徴づけられている国である。第二次大戦後の銅産業の好況によって、コッパーベルトの都市化は急速に進展した。この都市化の進展により、先行研究では労働移動による都市化から、永続的な都市化(都市で生まれ育ち、都市で生計を立て、都市で一生を終えていく、永続的な都市住民によって構成される都市)の段階へと移行すると考えられていた。しかし、都市での定住期間や就業期間が長期化していることが示されても、農村との絆を保ち続け、いずれは農村部や出身農村部に近い中小都市へ帰っていくザンビアの人びとの特徴は、ヨーロッパ型の都市化・産業発展の議論を完全になぞらえることが困難であることを示してきた[Ferguson 1999]。

一九九〇年代以降の構造調整政策によって、コッパーベルトの鉱山部門において大幅に雇用が削減された。首都ルサカにおいても失業率が高まり、これまで雇用の圧倒的な優位性を保ってきた「都市」部門が大きく揺らぐことになった。しかし近年では、二〇〇三年以降の銅価格の高騰や、海外直接投資の増加、債務の帳消し等によってザンビアの都市部門は部分的に再び活性化し、経済成長を記録している。

第五章で示した中小都市シアボンガがたどってきた変遷は、この流れのなかで重層的に起こってきたと考えられる。シアボンガはもともと、一九五〇年代の植民地期にカリバダム建設の拠点として資本が投入された。これによって生まれたカリバ湖こそが、漁業や観光業の基盤を提供してきた。しかしながら、政府による積極的な都市開発が行われないばかりか、ジンバブウェの独立をめぐる紛争の激化によって国境が閉鎖され、湖を利用した経済活動は一時停止を余儀なくされた。その後、一九八〇年以降、白人移住者らの参入によって、わずかな民間部門が確立してきた。第四章や第五章で示したように、この時期から周辺農村部の出稼ぎ先や移出先として機能し始めている。

ザンビアの政権交代と構造調整の本格的な受け入れを背景として、地方分権化が実施され、一九九三年にシアボンガには行政機能が追加される。このなかで、電力会社の職員に加えて、行政や関連省庁の公務員などの公共部門で働く人びとが新たに増加した。しかし、ザンビア経済が悪化していた一九九〇年代には、観光業の変遷からもわかるように新たな目立った都市開発は行われてこなかった。一方で、第四章でみたように、公務員等の有職者が増えたことにより、低熟練労働への需要が増加し、周辺農村部からの出稼ぎを後押ししてきた。

ここまでにシアボンガがたどった変遷と周辺農村との関係は、規模は小さいながらも、植民地期の開発プロジェクトと白人商業部門に牽引された南部アフリカに典型的な「上からの」都市化プロセスであったと言える。しかし第五章で示したように、近年シアボンガで見られる経済活動は、経済自由化のもとでのアクターの多様化に特徴づけられている。それは、大都市居住者やシアボンガ在住者による副業の展開、フォーマル部門の退職者による起業、プロテアホテルの参入に表象されるようなグローバル資本の流入である。そして、第五章で述べたカトンゴらのような周辺農村出身者がカペンタ漁に参入することや、農村ビジネスの事業主がチルンドで新たな投資を行うことからは、数は少ないながらも、農村出身者・居住者も中小都市経済の一翼を担っていることがわかる。

これらのアクターは、登録企業によって行われるフォーマル部門として位置づけられるものもあれば、民間企業や公務員の給与を資金源とした都市インフォーマル経済の展開とも捉えられる。また、農村ビジネス事業主のような場合には、その資金源は農業や農村での非農業活動とも関連している。つまり、現在の中小都市経済を担う多様なアクターたちは、これまでのザンビアの都市経済を理解する枠組みとしての白人商業部門、公的部門、インフォーマル経済に括ることができない。また、中小都市と農村居住者による農村インフォーマルセクターの展開として単純に捉えられるものでもない。それは、大都市―中小都市―農村、フォーマル―インフォーマル、農業―非農業という境界を跨ぐ人と資本が錯綜する場である。

このように、シアボンガで漁業や観光業に新たに参入する者たちにとって、中小都市での経済活動はそれぞれの意味を持っている。それは例えば、民間企業や行政で働く人びとにとっては、収入を補塡し、よりよい生活を送るための一時的な経済活動としての意味を持っている。また、退職者にとっては、出身農村ではない都市で暮らし続けていくための生活の糧である。大都市居住者にとっては、経済機会のニッチとして中小都市が位置づけられるであろう。

他方、第五章のカニエレレ調査で明らかになったように、シアボンガの労働者層は周辺農村からの移入者が多いが、一九九〇年代以降、都市間の人口移動も増えている。大都市でのフォーマル／インフォーマルな雇用における競争率が高まるなか、中小都市は労働者層にとっても、競争の少ないニッチとして新しい人口流入の受け皿となる可能性を持っている。ただし、大都市から多くの人口が流入することにより、中小都市の労働市場が周辺農村の居住者に対して閉鎖的になってしまう可能性もあるため、今後はこのような中小都市における人口と労働市場の流動性をふまえて、周辺農村を含めた階層化を検討していく必要があるだろう。

そして、中小都市には農村や大都市との関連をふまえた地域経済振興の可能性がみられる一方で、だからこその脆弱性も想定される。シアボンガの漁業においては、リグ数が増加したことによって、各社は漁獲量を増やそうと互いに競争を激化させている現状があった。そのため、登録していないリグや労働者を漁に出すという違反も観察され始めており、漁獲量やカペンタの資源量の減少が懸念されている。タンザニアの地域経済を分析した池野は、「地域の自由意志にまかせた社会経済変動過程は、土壌侵食、森林過伐、水論の発生等の問題を引き起こす危険性がある」と指摘している［池野 2010: 339］。大都市と農村の間に位置し、それぞれの「ニッチ」や「オルタナティブ」として機能しているからこそ、機会的な参入も多ければ、退出も激しく、町の資源を持続的に利用しようという意識は生まれにくいとは考えられないだろうか。そのため、今後はこのような大都市―中小都市―農村の間にある相互作用を見きわめたうえで、行政の関与の仕方、都市計画、環境、農村開発について広域的な視点で議論し、持続的な地域経済を確立していくことが重要であろう。

二……農村社会受容の鍵となる中小都市

このようなザンビアの都市部門の変容が、個人や世帯による生計多様化という枠組みを超えて、調査村の生計のあり方に直接的・間接的に影響してきたことを、ここで改めて整理しておきたい。

まず、農村ビジネスの創業と発展には、ザンビアの都市構造の変化が関連している。ある程度の教育レベルを持つ働き盛りの二〇代という時期に、ザンビアの政治・経済の転換期を経験したビジネス事業主たちのなかには、コッパーベルトやルサカにおいて職探しに失敗し、インフォーマルセクターに参入した者や農村に帰ってきたという経験を持つ者がいた。構造調整政策による都市住民の生活の悪化は、多くの先行研究によって指摘されていた。ビジネス事業主らの現在の語りからは、農村に帰るという選択は積極的な「よりよい生活」への試みだったと捉えられるが、都市経済が悪化の一途をたどっていたという側面を無視することはできないだろう。一方、農村ビジネスの現在の状況をみると、農村内の客だけでなく、近年は中小都市からも羽振りのよい上客が来るようになり、彼らのビジネスは維持されている。そして、ビジネス事業主たちも、近郊中小都市に経済活動の場を広げることで、さらなる利益を生もうとしている。このように、農村ビジネスの創業と発達は、都市経済の悪化によって農村に押しとどめられた人材と、地方分権化や経済自由化のもとでの中小都市における経済振興、さらに、それらによって後押しされた広域の農村地域における経済機会の比較優位の高まりといった要因があわさって可能になってきたものである。このことが、前記のビジネス事業主にとっての「農村にいることの利点」を生み出し、調査村の多くの世帯にとって重要なピースワークという生計活動を可能にしてきた構造的な背景だと考えられる。

また、中小都市における変化は、調査村の人びとの出稼ぎ労働の形態や位置づけを変化させる背景にもなっている。移動コストの安さや、地理的な近接性による日常の往来、そして地方分権化や近年の経済アクターの多様化による種々の労働需要の存在は、都市への出稼ぎに対する経済的・心理的なハードルを低下させていると考えられる。パトリックの事例にみられるような数日や数週間単位の頻繁な移動の範囲がどこまで含まれるのかは定かではないが、彼のように近郊都市に密な社会ネットワークを持つ者にとっては、農村と中小都市は連続的な空間として捉えられているのではないだろうか。今後も携帯電話の普及とあいまって、さらに農村と中小都市の間の流動性は促進されるだろう。

これまで、中小都市が農村の社会・経済に果たす役割については、イノベーションや近代化が農村部にトリクルダウンするための拠点として、はたまた農村から資源を搾取する前衛として、近代化論や従属理論の一般的なパラダイムのなかで捉えられてきた［Satterthwaite and Tacoli 2003］。また、中小都市と農村の関係性を示した事例研究においても、農産物を販売するためのマーケットタウンとしての位置づけや、医療・教育・行政サービスの中心地としての位置づけといったものにとどまっていた［Pedersen 1997］。一方、本書が示してきたのは、農村と中小都市の間にある多様な関わり合いである。中小都市は、単にサービスや機能を伝播するだけでなく、周辺農村の生計多様化を促進し、農村における地域社会変容の一端を担う鍵として機能している。それを支えているのは、両者の間に広がる人や資本の流動性、そして社会ネットワークである。

近年では、ザンビアに限らずアフリカ各地において、中小都市への新たな人口流入が指摘され、事例研究が増加してきている[Anderson 2002; Baker 2012; Owusu 2008]。大都市よりも、より広範に点在する中小都市だからこそ、本書が示した農村と中小都市の間にみられる関係性は、今後の都市・農村双方の地域経済振興を考えるうえで重要な示唆を含んでいるといえよう。

第四節　都市と農村のネットワークへの視点

以上のように、本書ではザンビアの都市―農村関係の変容を、農村での生計活動の分析を軸にして逆照射的に描いてきた。ザンビアにおける都市研究や、都市―農村関係の研究では、「都市」とは概してコッパーベルトやルサカを意味し、「農村」の人びとは農業を主軸にしながら、環境変動や雇用の少なさから都市へ押し出されるものとして描かれてきた。しかし本書は、これまでほとんど扱われてこなかった中小都市に注目することで、一面的に捉えられてきたザンビアにおける「都市」の多様な形態を探求することの必要性を示した。また、都市と農村の関係が、出稼ぎだけではなく、農村の生計活動へのアクセスや、農村ビジネスにおける相互作用といったさまざまな側面に現れていたことは、農村にとって都市が果たす役割を再考することにつながった。

そして、農村部の生計多様化にともない、都市への出稼ぎが農村内のピースワークと「代替可能性」のあるものとして位置づけられ、相対的な選択が行われていることや、農村ビジネス事業主が農村に居住しながら中小都市に投資する、中小都市から利益を得るという関係を提示したことは、農村と都市をうまく使いこなす移動者目線の関係性を示したといえるだろう。このような農村と中小都市の連続的な関わりが、農村と大都市との関係性といかに異なるのかは、今後の比較研究がさらに必要である。

本書でみられた都市と農村の関係性は、個々の社会ネットワークによってたぐり寄せられた機会に身を投じる、都市・農村双方の居住者によってつくられている。そこには、人の移動だけでなく、資本や情報・機会が流動し、互いに影響しあっている。このような現代アフリカの都市と農村の関係性は、都市と農村を対置的な所与の領域(面)として想定していたのでは捉えきれない。その複雑さを理解するには、個人や世帯を点として縦横無尽に架けられていく経済活動のネットワークとしての都市と農村を捉えることが重要なのではないだろうか。そこに何らかの秩序や規則性を見いだすためには、経済活動を支えている社会関係が、どのような種類の関係性なのかも定性的・定量的に明らかにしていくことが重要であり、今後の課題としたい。

当然ではあるが、調査村と近郊中小都市の関係性には、地域的な特殊性がある。調査村における歴史的な経緯や・自然環境は、彼らの生計を流動的で柔軟性の高いものにしている要因である。また、調査村とシアボンガやチルンドの地理的な位置関係も、本書が提示した都市—農村関係を形づくる要因である。農村部における生計の変容は、農業の大規模化や生計の多様化、出稼ぎ労働、それらの組み合わせ如何によって異なる方向性が考えられる。この方向性の差異は、農業生産の諸条件や、大都市—中小都市—農村の空間分布のパターンによっても当然左右されるため、農業や人口に関する統計や地理情報を用いたマクロな計量分析と、特定地域の事例研究を組み合わせることによって、本書で示した事例の地域的特殊性と一般性を検討していくことが必要であろう。

おわりに

「あの辺りは最近、ちょっとした町みたいだよね」。シアボンガに住む友人が、私の調査村一帯を指して冗談半分で私に言ったことがある。「町みたい……?」と私は何度もその言葉を反芻していた。友人は、ルサカに行く途中に必ず見かける、次々と増える商店の隊列を指して「町みたい」と言ったのだ。この友人の言葉を待つまでもなく、農村ビジネスや出稼ぎの調査をしているとき、常に私は「都市」と「農村」、「農業」と「商業」、「フォーマル」と「インフォーマル」という言葉の境界と葛藤していた。しかし、現実に都市と農村を生きる彼らにとっては、その境界を引くことや定義をすることには何ら意味はなく、チャンスと思えばその領域をあっという間に広げていく。いずれは、例えば「私が農村ビジネスだと思っていたもの」をもまた、飛び越えていくのではないだろうか。そして、現代アフリカを取り巻く急速な変化は、こうした人びとの流動性を加速させるのかもしれない。

近年、経済成長を続けるザンビアにおける社会・経済変化はめまぐるしい。その外的な要因の代表格は、中国の進出であろう。第五章で述べたように、シアボンガにも、カリバダムの発電機建設に向けて二〇〇八年から中国企業が進出している。ハレンガ家の三男ギルバートも、最近になってシアボンガに出稼ぎに行き、中国企業に雇われていた。一九歳になったギルバートは、給与を受け取るために銀行口座を開き、自分で稼いだお金で携帯電話を購入していた。二〇〇六年に訪れたときにはまだ一二歳で、ブッシュを歩きまわりながら野鳥を狙い、村に帰るとテレビに夢中になっていた少年が、銀行口座を持ち、携帯電話を片手に中国企業の仕事場のことを私に話して聞かせてくれたことは、彼の成長と時間の流れを感じさせる象徴的な出来事だった。

本書が示した農村の生計にみられる変化や、中小都市における開発アクターの多様化といったプロセスが、決してこの地域特有の事例とは言い切れないと私が感じるのは、このアフリカ全土で進行する急速なグローバル化と外国投資の増加ゆえである。例えば、シアボンガにプロテアホテルの進出が見られたように、これまで開発されてこなかった地方中小都市だからこそ、土地や労働力は魅力的な資源となるであろう。今後もこれまで周縁と考えられてきた農村部および中小都市において、自然資源開発や土地の囲い込み、観光産業などの経済開発が突如として出現する可能性は十分にある。だからこそ、グローバルな社会・経済変化が、本書が提示したようなネットワークとしての都市と農村にどのような影響を及ぼし、そのネットワークを紡ぐアクターたちが不可逆的なうねりのなかで自らをどのように変化させていくのかについて、今後もアフリカ各地で見続けていく必要があるのではないだろうか。

註

序章

（1）構造調整以外では、干ばつなどの自然災害や環境変動に世帯が対応・対処するために、生計を多様化させていることを報告した研究もある。このような事例は、特に乾燥地を対象とした研究に多く存在する［Block and Webb 2001; Kinsey et al. 1998; Reardon et al. 1988］。

（2）財や活動へのアクセスをケイパビリティ（capability）と表現する場合もある［Carswell 1997: 3］。

（3）脆弱性とは、①危機・緊張・衝撃に晒される危険性、②それらに対処するための十分な能力を欠く危険性、③その結果引き起こされる状況の危険性および付随的危険性と定義される［Watts and Bohle 1993: 118］。

（4）レジリアンスは、もともと生態学の分野で発達した概念であり、攪乱等のショックを吸収し、システムが同一の機能や構造、フィードバックを維持する能力として定義される［Walker et al. 2004］。近年では、社会システムも含めた研究が進んでおり、災害復興や開発援助の分野にも応用されている［Umetsu 2011］。

（5）生計アプローチは、従来主流だった農業を第一に捉えた開発思想への批判的な検討を試みただけでなく、それまでのボトムアップ・参加型アプローチの流れに反しない手法を持ったアプローチであり、広く応用された［Ellis and Biggs 2001］。生計アプローチの概念化の歴史については、Scoones［2009］やBagchi et al.［1998］が詳しい。

（6）バターベリーは、ナイジェリアを事例に、農村部の人びとが自給用農業生産や非農業活動を組み合わせている様子や、それらの相互作用を「生産的ブリコラージュ productive bricolage」と呼んだ。

（7）ベリーは、ナイジェリアやザンビアなど複数の地域を事例に、資源へのアクセスにみられる不確実性への対処について検討している。彼女は、農民がアクセスチャンネルを確保するために、血縁ネットワークや社会組織に積極的に投資し、交渉を行っていることを指摘した。

（8）農耕民だけでなく、「平等主義社会」として特徴づけられた狩猟採集民の間でも経済格差が拡大していることが指摘され始めている。ボツワナの再定住地に暮らすブッシュマンを研究した丸山は、再定住地における市場経済の浸透や蓄財を基盤とする開発政策の進展により、経済格差が顕在化していることを論じている［丸山 2010: 180–222］。

（9）入植型の都市においては、独立以前はアフリカ人を排除するように設計されてきたと言われている［O'Connor 1983］。例えば南ローデシアのソールズベリー（現ハラレ）においては、都市内部における「原住民ロケーション」を設立し、黒人居住区を分離していた［吉國 2005］。また、アフリカ人による家屋の所有を制限することによって、還流型の出稼ぎ労働者としての性格が強まったことも指摘される[Schlyter 2006]。
(10) 日本のアフリカ研究者たちは、このように都市発展プロセスにおけるトップダウン的な見方に一石を投じる都市世界を描き出している。例えば、ジンバブウェの都市史を描いた吉國[2005]は、白人入植者が多かった植民地時代のソールズベリー(現ハラレ)においても「アフリカ人」による都市社会や文化が脈々と存在していたことを示している。また、都市人類学者・松田の一連の著作も、アフリカ人出稼ぎ労働者による創発的な営みを示し、彼らこそがアフリカの都市世界を下から支えてきたのだと主張する[松田 1996, 1999]。
(11) 次章のザンビアの事例で詳述するが、この都市居住者の農村とのつながりや都市生活における「農村的」要素の維持は、都市化の初期段階からアフリカ都市人類学の主要なテーマとして扱われてきた[Epstein 1960; Gluckman 1961]。植民地期における研究は、「近代化」を目指すアフリカ諸国のなかで、これまで自給自足的な生活を営んでいた「伝統的」なアフリカ人たちが、都市の生活にどのように「適応」していくのかに焦点を当てており、この農村との紐帯は、都市化の過程で最終的には消え行くものとして想定されていた。
(12) これについては、日本のアフリカ都市人類学者による優れた民族誌がある。例えば、カメルーンの首都ヤウンデにおいて、バミレケというエスニック・グループの同郷者組織の調査を行った野元[2005]は、都市に居住するバミレケが農村に豪邸を建てることや、農村部の学校建設等への投資を積極的に行っていることを明らかにしたうえで、これらの「豪邸」が実用的な意味での家ではなく、同郷人や他部族との関係のなかで都市を生きるために必要な「象徴的価値」を持つ家として機能しており、彼らは農村部への投資を通じてローカリティの生産を行っていることを指摘している。このバミレケの事例では、「農村」とは異なり、さまざまな民族や文化が共存する都市において、同郷者との絆を維持することや、農村とのつながりを維持することが、都市での生活に必要とされているということを端的に示している。
(13) 日本のアフリカ都市研究では、早くからアフリカの都市が「農耕する都市」であることが指摘されてきた[日野 2001; 松田 1996]。日野は、西欧的な近代都市を唯一の都市形態であるとみなす錯覚のために、農耕を内包したアフリカ都市が「都市」ではないと思われているが、これはアフリカの多くの都市に共通して見られる現象であることを指摘している[日野 2001: 15]。
(14) 例えばペリは、シエラレオネの三万人規模の都市から、ナイジェリアの四〇万人規模の都市までを「中小都市」として同じ分析の対象に含めており、人口規模による定義を行っていない[Peli 1995]。

(15) 二〇一三年一月、調査村を含むルシト区は、新設されたチルンド県に統合された。チルンド県はルサカ州へと新たに統合されることになり、現在、調査村はルサカ州チルンド県に位置している。しかし、調査を行ったほとんどの期間が行政区分改正以前であることから、本書では改正以前の州区分・県区分に沿って記述する。

(16) 英語では neighborhood と呼ばれる。近隣集団は、グウェンベ・トンガの社会のなかで、儀礼等を行う社会単位として機能してきた。

(17) トンガ語は、ニジェール・コンゴ語族のバントゥー語群に属する。

第一章

(1) 南アフリカの鉱山に労働力を提供したのは、主にモザンビークやボツワナ、レソトやスワジランドの人びとであった。北ローデシア内では、西部州の人びとは南アフリカの鉱山への出稼ぎが多かった［小倉 2009］。

(2) 一八九二年の初頭、ンドラ近郊で小さな鉱山が発見されていたが、鉱山開発が活発化したのは一九二七年頃からであった［Ferguson 1999: 48］。

(3) 一九三〇年代の経済低迷を経験してからは、契約労働はすべて廃止され、「自由意志」での労働力調達へと移り変わった。

(4) 南ローデシアでは、一九一〇年代にはすでに鉱山向けの食糧需要に対する白人商業農業部門が発展しつつあった［島田 2007］。

(5) 一九二三年、南ローデシアがイギリス南アフリカ会社の管理から離れて植民地になり、翌一九二四年には北ローデシアもイギリス植民地省の管理下に入った。

(6) 一九四七年には、植民地政府は新たに信託地（Trust Land）を設定した。信託地は将来ヨーロッパ人が利用することもできる土地として確保されていた。原住民居留地では私有権は認められず、土地の相続や譲渡等のやりとりは、民族ごとの慣習や規範によって定められる。

(7) しかしこの南ローデシアの発展は、ヨーロッパ人部門に限られており、アフリカ人部門、農業所得はほとんど変化せず、経済格差が拡大していた［星・林 1988: 199］。

(8) 南ローデシアの改革党は、一九三〇年代にすでに北ローデシアにおける銅鉱業の発展を取り込むことを目的として、南北ローデシアの合併をイギリス植民地省に要求していた［星・林 1988: 156］。

(9) 一方で、国外への移動はこの独立以降減少していた。南ローデシアにおいては白人の支配が続いていたことや、アパルトヘイト体制下にあった南アフリカへの移動が制度上禁止されたことが影響していると考えられる。銅鉱山が発見されてからも、南ローデシアや南アフリカに労働力を送り出し続けたザンビアにとって、国内移動が主流になったのがこの時期だったといえよう。

(10) 島田[2007]は、独立以降のこの時期に農業生産が停滞したもう一つの要因として、独立運動の本格化にともなう白人農場主の国外流出を挙げている。

(11) しかしながら、ベイツはこの結果から、この時期にプロレタリアート化や永住化が起こっていると主張していた。

(12) 一九六四年の独立時から一九七二年までは複数政党制を維持しており、この時期を一般に第一共和制期と呼ぶ。

(13) 一九九〇年五月にカウンダ政権は、ザンビア鉄道(Zambia Railways)や、ザンビア電力公社(ZESCO：Zambia Electricity Supply Cooperation)などの経営権を四〇%まで手放すことを発表していた[Fundanga and Mwaba 1997: 7]。

(14) 民営化を経て、現在は、ZCCM Investments Holdings Plc に名称を変更している。

(15) HIPCsイニシアティブは、一九九六年にIMFと世界銀行により導入された。PRSPが策定されていることなど、いくつかの条件を満たした途上国に対して債務救済を行っている。二〇〇九年五月時点では二四カ国が完了基準に達したと判断されている(IMFウェブサイト、http://www.imf.org/external/np/exr/facts/jpn/hipcj.htm[二〇一四年一〇月二四日最終閲覧])。

(16) JICAウェブサイト(http://jica-ri.jica.go.jp/ja/topic/to_investigate_potential_connections_between_chinas_special_economic_zones_and_local_businesses_a_fi.html[二〇一一年一〇月二四日最終閲覧])。

(17) ルサカタイムスウェブサイト(http://www.lusakatimes.com/2011/06/02/rb-launch-japanese-s-hitachi-construction-machinery-plant/[二〇一四年一〇月二四日最終閲覧])。

(18) 二〇〇八年八月にムワナワサ大統領が任期中に死去したことから、二〇一一年の選挙まではムワナワサ政権で副大統領を務めていたバンダ氏(Rupiah Bwezani Banda)が大統領職を引き継いでいた。

(19) この国内「主要都市」は、ザンビア統計局が選定したものである。ザンビアの都市は人口規模五〇〇〇人以上と定義されるが、主要都市以外の個別の都市人口の推移については記載されていない。

第二章

（1）さらにコルソンは、グウェンベ・トンガのなかにある文化・慣習上の差異から、上流域、中流域、下流域の三つの広義の文化集団に分類している［Colson 1960］。
（2）これ以前は、グウェンベ・トンガの居住域を横断するように移動することが非常に困難であったため、それが上流・中流・下流における文化的差異を発達させたのではないかと考えられる［Colson 1960］。
（3）ザンビアの土地制度では、伝統的支配者層の権力や慣習に基づいて管理される「慣習地 Customary Land」と、国家により土地所有証明書が与えられる「私有地」の二重構造が存在してきた。しかし現在では、他のアフリカ諸国と同様に、市場メカニズムに基づいた土地の所有制度が整備されつつある。一九九五年に土地法(Land Act)が改正され、外国人による土地へのアクセスが緩和されたほか、慣習地においても土地保有証明書を取得することが可能になった［大山 2009］。このことは、国内外のアクターが国土の九割を占めていた慣習地にアクセス可能になったことや、慣習地に暮らす現地の人びとが土地を担保に金融や経済活動にアクセスしやすくなったことを意味している。大山［2009］は、北部州の焼畑農耕民ベンバが暮らす地域において、土地所有証明書を取得した農民が一部出現していることや、外国企業による土地の囲い込みに端を発したコンフリクトの発生などを報告しているが、調査村ではまだそのような状況は起こっていない。しかし、シアボンガやチルンドなどの地方都市近隣では、さまざまなアクターが未利用地を囲い込む動きが加速してきている。
（4）トンガ語で「元いた場所」という意味の「*matongo*」という単語で表現する場合もある。
（5）この地域では、季節河川沿いに造成された畑で乾季に野菜栽培を行う世帯も少数存在する。
（6）シマに使う穀物は、トウモロコシが一般的だが、その他にも、モロコシ、トウジンビエ、キャッサバなどが用いられる。
（7）最も多いのは、トンガ語でムテージ(*muteezi*)と呼ばれるトウダイグサ科の植物である。ムテージにはいくつかの種類があり、どれも新芽を摘み取る。煮込むとオクラのような粘りが出る。
（8）「贈与」の割合が高まったのは、この時期にシアボンガで働いていた一家の次女セディアが、カペンタと呼ばれる小魚(第五章第二節参照)を送ってきたためである。彼女は、カペンタ漁を行う企業のマネージャーの男性の家でハウスワーカーをしていた。そのつてで、カペンタをもらい、村の両親に送ってきた。調査村では都市部にいる子どもたちからの定期的な送金を受け取る世帯は少ないが、こうした不定期の「おくりもの」が食生活を助けていることがある。

(9) モロコシやトウジンビエは、先進国では主に家畜飼料として利用されるが、西部・中部・南部アフリカでは広く食用として用いられている。

(10) 換金作物の取引価格は、二〇〇五／〇六年度は、ワタは一キロあたり〇・八クワチャ、モロコシは〇・九クワチャであった。

(11) クリゲットは、このような父―子関係の言い争いが、若い世代の他地域への移動の原因になっていることを指摘している[Cliggett 2000]。

(12) この灌漑農地が広がる下流域は、かつてルシト区がグウェンベ県に属していた当時、県の行政支部が設置されていたことから、サブセンター(sub-centre)と呼ばれている。サブセンターにも、ザンベジ河中流域から別の近隣集団が再定住している。灌漑設備は、再定住したグウェンベ・トンガに対する支援プログラム(Gwembe Tonga Development Programme)によるものである。

(13) これは二〇〇六年調査時に聞いた事例である。二〇〇八年以降は、ジンバブウェの政情が悪化し、反対にジンバブウェ側の人びとがザンビアに食糧を求めてやってくるという事態に一変した。

(14) 南部州のシナゾングウェ県で調査を行った松村[2009]も同様に、村の細分化の現状を報告し、さらにその状況を行政側が把握できていないことを指摘している。

(15) ザンビアでは、七年間の初等教育と二年間の前期中等教育をあわせて基礎学校で教えている。各学年はグレード(Grade)と呼ばれ、基礎学校にはグレード一からグレード九までの生徒が通う。グレード八への進級および高校入学(グレード一〇)の際に進級試験が課されている。この基礎教育九年制には、中等教育への期待を緩和させ、九年間の教育終了後、社会に出て不安のない学力と技能を身につけさせようとする背景があったようである。グレード七からグレード八への進級試験は将来的には廃止する意向であるが、現在のところ上級の学校数が限られていることから、実際に進級できるのはその約三分の一にすぎない[澤村 2000]。

(16) また、教会は、幼稚園を設立し、英語を話せる住民を教員として雇い、運営している。幼稚園は学期ごとに二〇クワチャの費用がかかることからも、通うことができる世帯は限られている。

(17) 初等教育を受けるには、月一〇クワチャのPTA会費を支払う必要があるが、基本的に初等教育は無償であるため経済的な支援は行われていない。

(18) 二〇〇八年二月からの一年間、ラフォードに依頼したピースワークの記録による。

第三章

(1) ただし、ルサカ、コッパーベルト、カブウェ、リヴィングストンは調査の対象外となっている。

(2) この調査では、インフォーマルセクターに自給農民を含めている。しかし、一般的にはインフォーマルセクターは非農業活動を意味しているため、本章では自給農民を除いた数値を記載している。

(3) 前述した調査のように、従来のザンビアにおける調査・研究では自給農民もインフォーマルセクターに含まれていたため、この報告書ではあえて「非農業」と明記していると考えられる。以下ではインフォーマルセクターと記述する。

(4) LCMSは五二〇の標準調査区(Standard Enumeration Area)を設置し、ザンビアの九つの州の農村・都市に居住する一万世帯を網羅している。

(5) この調査においても、インフォーマルセクターに自給農民が含まれている。本章では、自給農民を除いた数値を記述している。

(6) 除草作業のピースワークでは、圃場のある区画を与えられ、与えられた部分の除草作業が終わると対価の現金や食糧がもらえる。作業を何人で行っても賃金は変わらないため、多くの場合、人びとは早く作業を終えるために、家族を引き連れて複数で作業を行う場合が多い。

(7) 村の人びとは金ダライにモロコシを入れた分を一バケットとして、現金等との交換を行う。一バケットはおおよそ五〇キログラムに相当する。

(8) ただし種子用と同様に、N社が買い取るモロコシも改良種のクユマのみである。種子用として栽培するには、他のモロコシの品種と混合しないよう離れた区画に播種し、こまめに除草をする必要がある。

第四章

(1) 例えば、村から都市Aに出かけ働いて、後に都市Aから村に帰ることなく都市Bに移動した場合、都市Aでの滞在を一事例、都市Bでの滞在を一事例、と扱うこととした。

（2） 前記のような研究に対し、新古典派ミクロ経済学の合理的個人モデルやＮＥＬＭ(New Economics of Labor Migration)の世帯決定モデルには、ジェンダーや既婚未婚、タイムフレームなどによって異なるのではないかという視点に立って検討した研究もある。この研究では、南アフリカの調査結果をもとに、自己利益を最大化するという「合理的個人モデル」は若い未婚の男女に最も当てはまり、世帯所得の最大化という目的の場合には既婚男性の短期的な移動が当てはまる、という属性による適応性の違いを検討した[Gubhaju and Jong 2009]。

（3） 多くの研究は、移動の種類を、短期(short-term)・一時的(temporal)・季節的(seasonal)な移動と、長期(long-term)・永久的(permanent)な移動とに分類するが、研究によって短期や長期の分け方には異なる期間が用いられる。例えば、サヘル地域の移動を世帯の生計戦略として分析した研究では、季節的経済移動(Seasonal Economic Migration)は、現金を稼ぐことを意図してブルキナファソのサヘル地域周辺で行われる一カ月から二年以内の移動と定義されている[Hampshire and Randall 2000]。一方、同じくサヘル地域のマリで行われた研究では、一―六カ月までを短期還流型移動として分類している[Findley 1994]。

（4） 南アフリカのダーバンから、ヨハネスブルグ、ハラレ、ルサカ、ダルエスサラームという東南部アフリカ各国主要都市をつなぐ回廊。東南部アフリカの物流において戦略的重要性が高い。

第五章

（1） シアボンガに住む「白人」のなかには、ザンビアで生まれ、ザンビア国籍を持つ入植者の二世代・三世代目にあたる者もいる。ジンバブウェや南アフリカ、イギリスからの移住者もいるが、インタビューを行ったすべての人びとに国籍を確認することはしていないため、彼らを総称する際には「白人」と呼ぶこととする。

（2） 捕獲した魚に課せられる税は、カペンタ税(Kapenta Levy, 一キロあたり一クワチャ)と、その他の魚に課せられる税(Fish Levy, 一キロあたり〇・五クワチャ)の二種類がある。

（3） カリバ湖の生態環境について分析した研究では、この二つの漁業の間にある生態学的・技術的・社会経済学的な相互作用は小さく、別個のトピックとして扱われなければならないと指摘している[Kolding et al. 2003]。

（4） スペア用のリグも含めての数である。実際に操業しているリグ数は年ごとに異なる。

（5） プロジェクトの基盤は、一九八三年のＳＡＤＣＣドナー会議において提案されたものである。当初はそのコストや複雑さから資金が得られず、予備プロジェクトとして行われた。一九八九年にノルウェー開発協力局（ＮＯ

RAD：The Norwegian Agency for Development Cooperation）とデンマーク国際開発援助庁（DANIDA：Danish International Development Agency）により総合的なプロジェクトとして提案され、一九九〇年からの一〇年間に調査や両国間の協議、モニタリング等が行われた［Hesthagen et al. 1994］。

（6）二〇一〇年六月には、政府が部分的に民営化にふみきっている。現在、政府は二五％の株を所有している（ザムテルウェブサイト、http://www.zamtel.zm/about-profile.php［二〇一一年一一月二七日最終閲覧］）。

（7）総合開発計画のための調査報告書では、シアボンガにある宿泊施設の総数は一五と記されている。筆者が調査を行ったNo.13が抜けていたためであると推測される。

（8）ザンビア銅公社は一九九六年に民営化され、ZCCM Investments Holdings に社名を変更した。

（9）カニエレレ・コンパウンドには、住民台帳のような居住者全員を網羅したリストは存在しないため、標本抽出は不可能であった。コンパウンドは斜面に位置しており、市場が広がるマーケットを除けば、家屋は上に登るほど新しくなる。この調査では、コンパウンドを大きく五つのブロックに分け、各ブロック二〇世帯ずつ抽出するという方法を取った。世帯主や配偶者が不在だった場合にも、再度訪問して聞き取りを行った。一世帯は調査期間中に会うことができず、結果は九九世帯のものである。

（10）中国政府が一〇〇％出資する中国で唯一の輸出入信用機関。

（11）ルサカタイムスウェブサイト（http://www.lusakatimes.com/2007/11/19/chinese-firm-zccm-seal-us243m-pact/［二〇一一年一〇月九日最終閲覧］）。

（12）この数値にシノハイドロ社に所属する中国人従業員が含まれているのかについては記述がない。

（13）小倉［2009］は、社会サービスや経済機会の充実といったポジティブな要因と同時に、出身農村での呪術や妬みへのおそれというネガティブな要因が、退職者の中小都市選好を後押ししていると述べている。コンパウンドでの調査において、「呪術へのおそれ」を口にする者がわずかにいたが、稀であった。

終章

（1）ザンビアにおいては、農業部門の構造改革にともなって生じた農民の農業生産や農業所得における格差の拡大に関する報告もみられる［Sitko and Jayne 2014］。そのため、地域の諸条件によって富裕層が依拠する所得源は異なると考えられる。

(2) 掛谷は、このような生計経済が、ハイデンの提示する「小農的生産様式」や「情の経済」に通底する特質であり、「アフリカ的停滞」と結びつけられがちな特質であるが、平準化機構を基底にもつ社会は、常に変化を拒絶する社会ではない、と述べている[掛谷・伊谷 2011: 477]。

あとがき

私がアフリカに関心を持ち始めたのは、女子高生の聖地ともいえる渋谷にほど近い高校に通いながら、聖地をジャージで通り越し、朝から晩まで体育館でバスケットボールの練習にあけくれていた一九九九年のことだ。「国際関係」という母校独自のカリキュラムのなかで、私は初めて「アフリカ」と出会った。その「アフリカ」は、先生が用意した大量の新聞の切り抜きのなかで、「南北問題」「飢餓」「貧困」「内戦」という言葉で飾られていた。当時の私にとっては、それらの「事実」がとてもセンセーショナルなものであったがために、「私に何ができるのだろうか」という安易な正義感のもとでアフリカに興味を持つようになった。

大学院に入学してアフリカでフィールドワークをするようになってから、私のアフリカへの見方は大きく変わってしまったようだ。一緒に暮らしていたハレンガ家の *Batata*（お父さん）は、村の村長であるにもかかわらず、指導教員の読みどおり *Bama*（お母さん）の尻に敷かれていた。初めて訪れたときから一番の仲良しだった末っ子のナナと近所の子どもたちとは、暇さえあれば「ハンカチ落とし」をしたり、トンガ語の「手遊び」を教えてもらったりしていた。ジョン・シナの真似をするギルバートには、彼の「恋バナ」と結婚話で楽しませてもらった。こうした村での毎日の暮らしのなかで、私はアフリカが「生活する場」であるという当たり前の、しかし彼らと一緒に過ごさなければ気づかなかった「事実」に触れることができたのだ。この「事実」に気づいてからは、私は「彼らの生き方」に学び、それを伝え、あわよくば少しでも「風通しをよくする」ことが、研究者という道を選んだ自分に「できること」なのではないか、と思うようになった。

私の調査は、村の人が営んでいるさまざまな生計活動につられるように移り変わっていった。出稼ぎ、ピースワーク、農村ビジネス、シアボンガの漁業や観光業。本書を執筆して痛感したことは、私はあまりにもいろいろなテーマに飛びつきすぎて、どれも中途半端になってしまっているのではないかということだった。しかし私は懲りもせずに、終章で述べた中小都市における経済の動態と自然資源利用との関係という新しいテーマに飛びつき、それをジンバブウェとザンビアで比較しようと考えている。二〇一二年八月、ジンバブウェの首都ハラレから久しぶりにラフォードと連絡を取ったとき、*Batata* が亡くなったという知らせを受けた。また新たなトピックを開拓し始めようとしていた矢先の訃報に、私は *Batata* にジンバブウェに行ったことを咎められたような気がしていた。

実際には、それはまったくの思い込みであるということはわかっている。亡くなってしまった *Batata* も、他の家族も、ラフォードも、村の人も、私がいつ日本に帰っても、ザンビアに戻ってきても、そのことを「当たり前」のように受け入れてくれる。誰かが知らない間に都市に行き、知らない間に戻ってくるのと同じように。私はそれが、不確実な環境や社会を生き抜いてきた彼らが、日々の些細な出来事から、雨の降り方、はたまた国が政策を転換するという変化に至るまで、身のまわりの変化を受け止め、対峙し、毎日を紡いでいることを表しているような気がしてならない。

翻って、日本に暮らす私たちは、経済的にははるかに安定した生活を送っているかもしれないが、地震や火山の噴火といった自然災害によって、いつ大きな変化に晒されるかわからない。あまりに環境も制度も違うザンビアと日本を比べるつもりはない。ただ、これからもリスクとともに生きていく私たちには、「定住」や「専業」という「当たり前」から少し離れ、本書が示した「流動的」で「多就業」な生き方とそれを許容する社会から学ぶことがたくさんあるのではないだろうか。本書はアフリカの一地域の事例ではあるが、レジリアンスが模索されている今の日本にも何らかの問いを投げかけているはずである。

私が高校生だった頃とは異なり、今のアフリカは「経済成長」「ビジネスチャンス」の文字に彩られるようになってきた。私の調査村が、中小都市シアボンガを通してローカル／グローバルな人や資本の動きと関連していたように、ある地域を理解することはますます複雑さをともなうようになるであろう。不可逆的に進む大きなうねりに巻き込まれながらも、よりよい生活への営みを模索するアフリカの人びとの姿に、同時代を生きる人間として、研究者として、これからも向かい合っていきたい。

＊

本書を刊行することは、私一人では決して成しえなかった。まず何よりも、私を快く受け入れてくれた調査村の人びとに感謝したい。彼らの協力なくしては、本書は生まれなかった。特に、村での滞在先であったエリージャ・ハレンガ一家には、水汲みから農作業、村での生活のいろはを教えてもらった。また、調査を手伝ってくれたラフォード・ムデデ氏のおかげで、村での調査もシアボンガでの調査も無事に進めることができた。明るく、何でも知っていて、顔が広い彼の存在に、私自身も私の研究も、何度となく助けられてきた。そして、農村ビジネスを営むワトソンやアレックスをはじめとした村の「起業家」たちは、多忙な時間を割いてインタビューにつきあってくれた。その他にも、シアボンガの住民たちや各関係機関など、調査に協力してくれたすべての人に感謝したい。

本書は、平成二六年度総長裁量経費・若手研究者に係る出版助成事業「京都大学アフリカ研究出版助成」を受けて出版された。また、本書のもとになったザンビアでのフィールドワークは、以下の研究助成を受けて実施された。財団法人京都大学教育研究振興財団二〇〇八年度長期派遣助成、財団法人松下国際財団二〇〇九年度研究助成、総合地球環境学研究所「社会・生態システムの脆弱性とレジリアンス」プロジェクト、京都大学グローバルCOEプログラム二〇〇九年度「フィールドステーション等派遣経費支援」、京都大学大学院教育改革支援プログラム「研究と実務を架橋するフィールドスクール：院生発案型共同研究」、日本学術振興会科学研究費補助金・特別研究員奨励費（二四・八五五八）、日本学術振興会科学研究費補助金・若手研究(B)（二六七六〇〇〇七）。ここに記して謝意を表したい。

私がここまで研究を続けてこられたのは、以下に述べる方々から受けた学恩とご支援のおかげである。

島田周平先生（東京外国語大学）には、初めての現地調査から博士論文の執筆に至るまでご指導いただいた。「まえがき」で紹介したように、今でもお世話になっているハレンガ家に滞在することが決まったのも、先生の一言のおかげである。私は、博士論文のときとうってかわって、本書の結論部を書くことになかなか光が見いだせなかった。島田先生が、久しぶりに私の研究の話をしたのにもかかわらず、まとまらない考えを瞬時に理解してくださったとき、私は「先生の教え子でよかった」と心の底から思った。

池野旬先生（京都大学）には、本書のもとになった博士論文の段階から、細やかで丁寧なご指摘をいただいてきた。池野先生の鋭く、的確なコメントに、現段階で私はすべて応えられているか甚だ自信がないが、今後も先生のご指摘を受け止めて研究を発展させていきたい。

総合地球環境学研究所「社会・生態システムの脆弱性とレジリアンス」プロジェクト（二〇〇七―二〇一一年度）のリーダー・梅津千恵子先生（長崎大学）には、大学院生時代からプロジェクトメンバーとして受け入れていただき、ザンビアでのワークショップ等で発表する機会をいただいた。また、このプロジェクトの国際的な活動のおかげで、Elizabeth Colson 先生（カリフォルニア大学バークレー校名誉教授）や、Lisa Cliggett 先生（ケンタッキー大学）といったグウェンベ・トンガ研究の大先輩と議論できる機会に恵まれた。この場を借りてお礼申し上げたい。

京都大学・南部アフリカ地域研究会の荒木茂先生をはじめとする研究会メンバーの先生・研究員・院生の方々には、「南部」の場で本研究に関するさまざまな助言をいただいてきた。南部アフリカという文脈で考えることの重要性やおもしろさを教えてくださったこの研究会には、本当に感謝している。特に、丸山淳子先生（津田塾大学）、藤岡悠一郎さん（近畿大学）、手代木功基さん（総合地球環境学研究所）には、本書の構想段階から草稿へのコメントに至るまで、多様な視点からアドバイスをいただいた。

日本学術振興会特別研究員PDの受け入れ教員になっていただいた小野寺淳先生(横浜市立大学)には、ご専門の中国地域研究の視点から、アフリカの独自性についてご指摘いただいた。お礼と感謝の気持ちを申し上げたい。

また、山越言先生(京都大学)の後押しがなければ、私は博士論文を出版しようと決意できなかった。先生のお心遣いにはいつも感謝している。

ザンビアでの長期滞在にあたっては、Gear M. Kajoba 先生、Chileshe Mulenga 氏をはじめとしたザンビア大学の方々に大変お世話になった。また、本書にたびたび登場した中小都市シアボンガに在住していた渡邊嘉津美さん一家は、健康・精神面で常に私を気にかけてくださり、村での長期滞在を支えてくださった。

そして、新泉社編集部の安喜健人さんは、出版に関してまったくの素人である私を辛抱強くサポートしてくださった。また、ブックデザイナーの藤田美咲さんの手によって、自分の文章が見やすく生まれ変わったのを目にしたときは、言葉にできない喜びを感じた。お二人には重ねて感謝の意を表したい。

最後に、大学院入学やこれまでの研究生活を支えてくれた日本の両親、そして祖父母に心から感謝したい。

二〇一五年二月一日

伊藤千尋

文献一覧

欧文文献

Adepujo, A. [1995] Migration in Africa: An Overview. in J. Baker and T.A. Aina eds., *The Migration Experience in Africa*, Uppsala: Nordiska Afrikainstitutet, 87–108.

Anderson, A. [2002] *The Bright Lights Grow Fainter: Livelihood, Migration and a Small Town in Zimbabwe*. Stockholm: Almquiest & Wiksell International.

Anderson, P.-A., A. Bigstenand and H. Persson [2000] *Foreign Aid, Debt and Growth in Zambia*. Uppsala: Nordiska Afrikainstitutet.

Bagachwa, M.S.D. [1997] The Rural Informal Sector in Tanzania. in D.F. Bryceson and V. Jamal eds., *Farewell to Farms: De-agrarianisation and Employment in Africa*, Aldershot: Ashgate, 137–154.

Bagchi, D.K., P. Blaikie, J. Cameron, M. Chattopadhyay, N. Gyawali and D. Seddon [1998] Conceptual and Methodological Challenges in the Study of Livelihood Trajectories: Case-Studies in Eastern India and Western Nepal. *Journal of International Development* 10(4): 453–468.

Baker, J. [2001] Migration as a Positive Response to Opportunity and Context: The Case of Welo, Ethiopia. in M. de Bruijn, R. van Dijk and D. Foeken eds., *Mobile Africa: Changing Patterns of Movement in Africa and Beyond*, Leiden: Brill, 107–123.

Baker, J. [2012] Migration and Mobility in a Rapidly Changing Small Town in Northeastern Ethiopia. *Environment and Urbanization* 24(1): 345–367.

Baker, J. and C.F. Claeson [1990] Introduction. in J. Baker ed., *Small Town Africa: Studies in Rural-Urban Interaction*, Uppsala: Scandinavian Institute of African Studies, 7–34.

Barber, G.M. and W.J. Milne [1988] Modelling Internal Migration in Kenya. *Environment and Planning A* 20: 1185–1196.

Bates, R.H. [1976] *Rural Responses to Industrialization: A Study of Village Zambia*. New Haven and London: Yale University Press.

Batterbury, S. [2001] Landscapes of Diversity: A Local Political Ecology of Livelihood Diversification in South-Western Niger. *Cultural Geographies* 8(4): 437–464.

Berry, S. [1993] *No Condition is Permanent: The Social Dynamics of Agrarian Change in Sub-Saharan Africa*. Madison: University of Wisconsin Press.

Block, S. and P. Webb [2001] The Dynamics of Livelihood Diversification in Post-Famine Ethiopia. *Food Policy* 26(4): 333–350.

Boserup, E. [1965] *Conditions of Agricultural Growth: The Economics of Agrarian Change Under Population Pressure.* Chicago: Aldine.

Bryceson, D.F. [1996] Deagrarianization and Rural Employment in Sub-Saharan Africa: A Sectoral Perspective. *World Development* 24(1): 97–111.

Bryceson, D.F. [1999] African Rural Labour, Income Diversification & Livelihood Approaches: A Long-Term Development Perspective. *Review of African Political Economy* 26(80): 171–189.

Bryceson, D.F. [2002a] The Scramble in Africa: Reorienting Rural Livelihoods. *World Development* 30(5): 725–739.

Bryceson, D.F. [2002b] Multiplex Livelihoods in Rural Africa: Recasting the Terms and Conditions of Gainful Employment *The Journal of Modern African Studies* 40(1): 1–28.

Bryceson, D.F. and V. Jamal eds. [1997] *Farewell to Farms: De-Agrarianisation and Employment in Africa.* Aldershot: Ashgate.

Carswell, G. [1997] Agricultural Intensification and Rural Sustainable Livelihoods: A Think Piece. *IDS Working Paper* 64. Institute of Development Studies.

Chambers, R. and G.R. Conway [1992] Sustainable Rural Livelihoods: Practical Concepts for the 21 Century. *IDS Discussion paper* 296. Institute of Development Studies.

Cheater, A.P. [1985] The Zimbabwean Kapenta Fishery. in M.F.C. Bourdillon, A.P. Cheater and M.W. Murphree eds., *Studies of Fishing on Lake Kariba*, Harare: Mambo Press, 96–132.

Cliffe, L. [1978] Labour Migration and Peasant Differentiation: Zambian Experiences. *Journal of Peasant Studies* 5(3): 326–346.

Cliggett, L. [2000] Social Components of Migration: Experiences from Southern Province, Zambia. *Human Organization* 59(1): 125–135.

Cliggett, L. [2005] *Grains from Grass: Aging, Gender, and Famine in Rural Africa.* New York: Cornell University Press.

Cliggett, L., E. Colson, R. Hay, T. Scudder and J. Unruh [2007] Chronic Uncertainty and Momentary Opportunity: A Half Century of Adaptation among Zambia's Gwembe Tonga. *Human Ecology* 35(1): 19–31.

Cliggett, L. and B. Wyssmann [2009] Crimes against the Future: Zambian Teachers' Alternative Income Generation and the Undermining of Education. *Africa Today* 55(3): 25–43.

Cole, S.M. and P.N. Hoon [2013] Piecework (*ganyu*) as an Indicator of Household Vulnerability in Rural Zambia. *Ecology of Food and Nutrition* 52(5): 407–426.

Colson, E. [1951] Residence and Village Stability among the Plateau Tonga. *Rhodes-Livingstone Journal* 12: 41–67.

Colson, E. [1960] *Social Organization of the Gwembe Tonga.* Manchester: Manchester University Press.

Colson, E. [1971] *Social Consequences of Resettlement: The Impact of the Kariba Resettlement upon the Gwembe Tonga*. Manchester: Manchester University Press.

Colson, E. [2011] Resilience as a Way of Life in Gwembe Valley. *Working Paper on Social-Ecological Resilience Series* No.2011-013, Research Institute for Humanity and Nature.

Cordell, D.D., J.W. Gregory and V. Piche [1996] *Hoe And Wage: A Social History of a Circular Migration System in West Africa*. Boulder: Westview Press.

CSO (Central Statistical Office) [1995] 1990 Census of Population and Housing. Lusaka.

CSO [2003a] 2000 Census of Population and Housing. Lusaka.

CSO [2003b] Migration and Urbanization. Lusaka.

CSO [2006] The Non-Farm Informal Sector in Zambia 2002–2003. Lusaka.

CSO [2007] Labour Force Survey Report 2005. Lusaka.

CSO [2012] 2010 Census of Population and Housing (Population Summary Report). Lusaka.

Dercon, S. and P. Krishnan [1996] Income Portfolios in Rural Ethiopia and Tanzania: Choices and Constraints. *Journal of Development Studies* 32(6): 850–875.

DOF (Department of Fisheries) [2011] Lake Kariba Fishery Frame Survey Report (Draft). Chilanga. Ministry of Agriculture and Livestock, Republic of Zambia.

Downing, J. and L. Daniels [1992] Growth and Dynamics of Women Entrepreneurs in Southern Africa. *GEMINI Technical Report* No.47, Growth and Equity through Microenterprise Investments and Institutions.

Ellis, F. [1998] Household Strategies and Rural Livelihood Diversification. *Journal of Development Studies* 35(1): 1–38.

Ellis, F. and S. Biggs [2001] Evolving Themes in Rural Development 1950s–2000s. *Development Policy Review* 19(4): 437–448.

Epstein, A.L. [1960] *Politics in an Urban African Community*. Manchester: Manchester Univ. Press.

Falkingham, J., G. Chepngeno-Langatand and M. Evandrou [2012] Outward Migration from Large Cities: Are Older Migrants in Nairobi 'Returning'? *Population, Space and Place* 18(3): 327–343.

FAO (Food and Agriculture Organization) [1993] Zambia Southern Province Food Security Project Report. 137/93, September.

Ferguson, J. [1999] *Expectations of Modernity: Myths and Meaning of Urban Life on the Zambian Copperbelt*. California: University of California Press.

Findley, S.E. [1994] Does Drought Increase Migration? A Study of Migration from Rural Mali during the 1983–1985 Drought. *International Migration Review* 28(3): 539–553.

Foeken, D. and S. Owuor [2001] Multi-Spatial Livelihoods in Sub-Saharan Africa: Rural Farming by Urban Households—The Case of Nakuru, Town, Kenya. in Mirjam de Bruijn, R. van Dijk and D. Foeken eds., *Mobile Africa: Changing Patterns of Movement in Africa and Beyond*, Lieden: Brill, 125–139.

Frayne, B. [2004] Migration and Urban Survival Strategies in Windhoek, Namibia. *Geoforum* 35(4): 489–505.

Fundanga, C.M. and A. Mwaba [1997] Privatization of Public Enterprises in Zambia: An Evaluation of the Policies, Procedures and Experiences. *Economic Research Paper* No.35, African Development Bank.

Geisler, G. [1992] Who is Losing out? Structural Adjustment, Gender and the Agricultural Sector in Zambia. *The Journal of Modern African Studies* 30(1): 113–139.

Geschiere, P. and J. Gugler [1998] The Urban-Rural Connection: Changing Issues of Belonging and Identification. *Africa* 68(3): 309–319.

Gluckman, M. [1961] Anthropological Problems Arising from the African Industrial Revolution. in A. Southall ed., *Social Change in Modern Africa*, London: Oxford University Press.

Gubhaju, B. and G.F. De Jong [2009] Individual versus Household Migration Decision Rules: Gender and Marital Status Differences in Intentions to Migrate in South Africa. *International Migration* 47(1): 31–61.

de Haan, A. [1999] Livelihoods and Poverty: The Role of Migration—A Critical Review of the Migration Literature. *The Journal of Development Studies* 36(2): 1–47.

de Haan, L. and A. Zoomers [2005] Exploring the Frontier of Livelihoods Research. *Development and Change* 36(1): 27–47.

Haggblade, S., P.B.R. Hazell and T. Reardon [2007] *Transforming the Rural Nonfarm Economy: Opportunities and Threats in the Developing World*. Boltimore: The Johns Hopkins University Press.

Hampshire, K. and S. Randall [2000] Seasonal Labour Migration Strategies in the Sahel: Coping with Poverty or Optimising Security? *International Journal of Population Geography* 5: 367–385.

Hamukwala, P., G. Tembo, D. Larsonand and M. Erbaugh [2010] *Sorghum and Pearl Millet Improved Seed Value Chains in Zambia: Challenges and Opportunities for Smallholder Farmers*. USAID INTSORMIL/CRSP report.

Hansen, K.T. [2009] The Informalization of Lusaka's Economy: Regime Change, Ultra-Modern Markets and Street Vending, 1972–2004. in J.-B. Gewald, M. Hinfelaar and G. Macola eds., *One Zambia, Many Histories: Towards a History of Post-colonial Zambia*, Lusaka: The Lembani Trust, 213–242.

Hardoy, J.E. and D. Satterthwaite [1986] *Small and Intermediate Urban Centres: Their Role in Regional and National Development in the Third World*. Hodder and Stoughton, in association with the International Institute for Environment and Development.

Heisler, H. [1974] *Urbanization and the Government of Migration: Interrelation of Urban and Rural Life in Zambia*. London: C Hurst & Co Publishers.

Hesthagen, T., O.T. Sandlundand and T.F. Næsje [1994] *The Zambia-Zimbabwe SADC Fisheries Project on Lake Kariba: Report from a Study Trip*. Norweigian Institute for Nature Research.

Iliya, M.A. and K. Swindell [1997] Winners and Losers: Household Fortunes in the Urban Peripheries of Northern Nigeria. in D.F. Bryceson and V. Jamal eds., *Farewell to Farms: De-agrarianisation and*

Employment in Africa, Aldershot: Ashgate, 85–100.

Ito, C. [*in press*] The Growth of 'Rural Business' and its Impact on Local Society in Zambia. *Mila Special Issue: Exploring African Potentials: The Dynamics of Action, Living Strategy and Social Order in Southern Africa*, 51–60.

Jamal, V. and J. Weeks [1988] The Vanishing Rural-Urban Gap in Sub-Saharan Africa. *International Labour Review* 127(3): 271–292.

Jamal, V. and J. Weeks [1993] *Africa Misunderstood or Whatever Happened to the Rural-Urban Gap?* London: Macmillan.

Jayne, T.S., T. Yamano, M.T. Weber, D. Tschirley R. Benfica, A. Chapoto and B. Zulu [2003] Smallholder Income and Land Distribution in Africa: Implications for Poverty Reduction Strategies. *Food Policy* 28(3): 253–275.

Kinsey, B., K. Burgerand and J.G. Willem [1998] Coping with Drought in Zimbabwe: Survey Evidence on Responses of Rural Households to Risk. *World Development* 26(1): 89–110.

Kodamaya, S. [2011] Aglicultural Policies and Food Security of Small Holder Farmers in Zambia. *African Study Monographs Supplementary Issue* 42: 19–39.

Kolding, J., B. Musandoand and N. Songore [2003] Inshore Fisheries and Fish Population Changes in Lake Kariba. in E. Jul-Larsen, J. Kolding, R. Overa, J. Raakjær and P.A.M. van Zwieten eds., *Management, Co-management or No Management?: Major Dilemmas in Southern African Freshwater Fisheries Case Studies*, vol.2, Rome: FAO, 67–99.

Kwaramba, M. [2010] *Evaluation of Chirundu One Stop Border Post: Opportunities and Challenges*. Trade & Development Studies Centre.

Liedholm, C., M.A. McPhersonand and E. Chuta [1994] Small Enterprise Employment Growth in Rural Africa. *American Journal of Agricultural Economics* 76(5): 1177–1182.

Lipton, M. [1977] *Why Poor People Stay Poor: A Study of Urban Bias in World Development*. London: Temple Smith.

Livingstone, I. [1997] Rural Industries in Africa: Hope and Hype. in D.F. Bryceson and V. Jamal eds., *Farewell to Farms: De-agrarianisation and Employment in Africa*, Aldershot: Ashgate, 205–222.

Lungu, J. [2008] Socio-Economic Change and Natural Resource Exploitation: A Case Study of the Zambian Copper Mining Industry. *Development Southern Africa* 25(5): 543–560.

McCulloch, N., B. Baulch and M. Cherel-Robson [2001] Poverty, Inequality and Growth in Zambia during the 1990s. *WIDER Discussion Paper* No.2001/123, World Institute for Development Economics Research.

McPherson, M.A. [1991] Micro and Small-Scale Enterprises in Zimbabwe: Results of a Country-Wide Survey. *GEMINI Technical Report* No.25, Growth and Equity through Microenterprise Investments and Institutions.

McPherson, M.A. [1996] Growth of Micro and Small Enterprises in Southern Africa. *Journal of Devel-*

opment Economics 48(2): 253–277.

Mead, D.C. and C. Liedholm [1998] The Dynamics of Micro and Small Enterprises in Developing Countries. *World Development* 26(1): 61–74.

Milimo, J.T. and Y. Fisseha [1986] Rural Small Scale Enterprises in Zambia: Results of a 1985 Country-Wide Survey. *Working Papers* No.28, Department of Agricultural, Food and Resource Economics, Michigan State University.

Mitchell, J.C. [1956] The Kalela Dance: Aspects of Social Relationships among Urban Africans in Northern Rhodesia. *Rhodes-Livingstone Paper* No.27, Rhodes-Livingstone Institute.

Nchito, W.S. [2010] Migratory Patterns in Small Towns: The Cases of Mazabuka and Kalomo in Zambia. *Environment and Urbanization* 22(1): 91–105.

Negi, R. [2013] 'You Cannot Make a Camel Drink Water': Capital, Geo-History and Contestations in the Zambian Copperbelt. *Geoforum* 45: 240–247.

Nyikahadzoi, K. and J. Raakjær [2009] Policy Evolution and Dynamics of Governance at the Lake Kariba Kapenta Fishery. *Development Southern Africa* 26(4): 639–648.

O'Connor, A. [1983] *The African City*. London: Hutchinson & Co.

O'Connor, A. [1991] *Poverty in Africa: A Geographical Approach*. London: Belhaven Press.

Overa, R. [2003] Market Development and Investment "Bottlenecks" in the Fisheries of Lake Kariba. in E. Jul-Larsen, J. Kolding, R. Overå, J.R. Nielsen and P.A.M. van Zwieten eds., *Management, Co-management or No Management?: Major Dilemmas in Southern African Freshwater Fisheries Case Studies*, Rome: FAO, 201–231.

Owuor, S. [2007] Migrants, Urban Poverty and the Changing Nature of Urban-Rural Linkages in Kenya. *Development Southern Africa* 24(1): 109–122.

Owusu, G. [2008] The Role of Small Towns in Regional Development and Poverty Reduction in Ghana. *International Journal of Urban and Regional Research* 32(2): 453–472.

Oya, C. [2010] Rural Inequality, Wage Employment and Labour Market Formation in Africa: Historical and Micro-level Evidence. Working Paper No.97, Policy Integration Department, International Labour Office.

Parpart, J.L. [1983] *Labor and Capital on the African Copperbelt*. Philadelphia: Temple University Press.

Pedersen, P.O. [1990] The Role of Small Rural Towns in Development. in J. Baker ed., *Small Town Africa: Studies in Rural-Urban Interaction*, Uppsala: Nordiska Afrikainstitutet, 89–107.

Pedersen, P.O. [1997] *Small African Towns: Between Rural Networks and Urban Hierarchies*. Aldershot: Avebury.

Peli, M. [1995] The Small Town as a Retirement Center. in J. Baker and T.A. Aina eds., *The Migration Experience in Africa*, Uppsala: Nordiska Afrikainstitutet, 149–166.

Potts, D. [1995] Shall We Go Home? Increasing Urban Poverty in African Cities and Migration Processes. *The Geographical Journal* 161(3): 245–264.

Potts, D. [2005] Counter-Urbanisation on the Zambian Copperbelt? Interpretations and Implications. *Urban Studies* 42(4): 583–609.

Potts, D. [2010] *Circular Migration in Zimbabwe and Contemporary Sub-Saharan Africa*. Woodbridge: James Currey.

Reardon, T. [1997] Using Evidence of Household Income Diversification to Inform Study of the Rural Nonfarm Labor Market in Africa. *World Development* 25(5): 735–747.

Reardon, T., P. Matlonand and C. Delgado [1988] Coping with Household-Level Food Insecurity in Drought-Affected Areas of Burkina Faso. *World Development* 16(9): 1065–1074.

Richards, A.I. [1969] *Land, Labour and Diet in Northern Rhodesia: An Economic Study of the Bemba Tribe*. Oxford: Oxford University Press.

Rogerson, C.M. [1997] Globalization or Informalization? African Urban Economies in the 1990s. in C. Rakodi ed., *The Urban Challenge in Africa: Growth and Management of its Large Cities*, Tokyo: United Nations University Press, 337–370.

Rondinelli, D. [1978] *Urbanization and Rural Development: A Spatial Policy for Equitable Growth*. New York: Praeger.

Satterthwaite, D. and C. Tacoli [2003] *The Urban Part of Rural Development: The Role of Small and Intermediate Urban Centres in Rural and Regional Development and Poverty Reduction*. International Institute for Environment and Development.

Schlyter, A. [2006] Esther's House: One Woman's "Home Economics" in Chitungwiza, Zimbabwe. in D.F. Bryceson and D. Potts eds., *African Urban Economies: Viability, Vitality or Vitiation?*, Hampshire: Palgrave Macmillan, 254–277.

Scoones, I. [1998] Sustainable Rural Livelihoods: A Framework for Analysis. *IDS Working Paper* No.72, Institute of Developent Studies.

Scoones, I. [2009] Livelihoods Perspectives and Rural Development. *Journal of Peasant Studies* 36(1): 171–196.

Scudder, T. [1962] *The Ecology of the Gwembe Tonga*. Manchester: Manchester University Press.

Scudder, T. [1993] Development-Induced Relocation and Refugee Studies: 37 Years of Change and Continuity among Zambia's Gwembe Tonga. *Journal of Refugee Studies* 6(2): 123–152.

SDC (Siavonga District Council) [2011] *Siavonga Integrated Development Plan Status Quo Report*.

Simon, D. [1992] Conceptualizing Small Towns in African Development. in J. Baker and P.O. Pedersen eds., *The Rural-Urban Interface in Africa: Expansion and Adaptation*, Uppsala: The Scandinavian Institute of African Studies, 29–50.

Southall, A. [1961] Social Change, Demography, and Extrinsic Factors. in A. Southall ed., *Social Change in Modern Africa*, London: Oxford University Press, 1-13.

Southall, A. [1988] Small Urban Centers in Rural Development: What Else Is Development Other Than Helping Your Own Home Town? *African Studies Review* 31(3): 1–15.

Stark, O. [1991] *The Migration of Labor.* Oxford: Blackwell.

Sitko, N.J. and T.S. Jayne [2014] Structural Transformation or Elite Land Capture?: The Growth of "Emergent" Farmers in Zambia. *Food Policy* 48: 194–202.

Stren, R. [1992] African Urban Research Since the Late 1980s: Responses to Poverty and Urban Growth. *Urban Studies* 29(3-4): 533–555.

Tacoli, C. [1998] Rural-Urban Interactions: A Guide to the Literature. *Environment and Urbanization* 10(1): 147–166.

Todaro, M.P. [1969] A Model of Labor Migration and Urban Unemployment in Less Developed Countries. *The American Economic Review* 59: 138–148.

Umetsu, C. [2011] *Vulnerability and Resilience of Social-Ecological Systems – FY2010 FR4 Project Report.* Research Institute for Humanity and Nature.

UNDP (United Nations Development Programme) [2011] *Zambia Human Development Report 2011.* Lusaka.

Unruh, J., L. Cliggett and R. Hay [2005] Migrant Land Rights Reception and 'Clearing to Claim' in Sub-Saharan Africa: A Deforestation Example from Southern Zambia. *Natural Resources Forum* 29(3): 190–198.

Walker, B., C.S. Holling, S.R. Carpenterand and A. Kinzig [2004] Resilience, Adaptability and Transformability in Social-Ecological Systems. *Ecology and Society* 9(2): 5.

Watts, M.J. and H.G. Bohle [1993] Hunger, Famine and the Space of Vulnerability. *GeoJournal* 30(2): 117–125.

Wobst, P. and J. Thurlow [2005] The Road to Pro-Poor Growth in Zambia: Past Lessons and Future Challenges. Proceedings of the German Development Economics Conference, Kiel 2005.

日本語文献

淡路和江［2006］『ザンビア南部半乾燥地におけるソルガム栽培――干ばつ時の作物の生育と農民の戦略の視点から』京都大学アジア・アフリカ地域研究研究科，博士予備論文.

池野旬［2010］『アフリカ農村と貧困削減――タンザニア　開発と遭遇する地域』京都大学学術出版会.

大山修一［2002］「市場経済化と焼畑農耕社会の変容――ザンビア北部ベンバ社会の事例」，掛谷誠編『生態人類学講座3　アフリカ農耕民の世界――その在来性と変容』京都大学学術出版会，3–49.

大山修一［2009］「ザンビアの農村における土地の共同保有にみる公共圏と土地法の改正」，児玉由佳編『現代アフリカ農村と公共圏』アジア経済研究所，147–183.

小倉充夫［1995］『労働移動と社会変動――ザンビアの人々の営みから』有信堂.
小倉充夫［2009］『南部アフリカ社会の百年――植民地支配・冷戦・市場経済』東京大学出版会.
遠城明雄［2002］「西アフリカにおける中小都市研究について」，『金沢大学文学部地理学報告』10: 37–48.
掛谷誠［1994］「焼畑農業と平準化機構」，大塚柳太郎編『講座　地球に生きる3　資源への文化適応』雄山閣，121–145.
掛谷誠・伊谷樹一［2011］「アフリカ型農村開発の諸相――地域研究と開発実践の架橋」，掛谷誠・伊谷樹一編『アフリカ地域研究と農村開発』京都大学学術出版会，465–509.
児玉谷史朗［1993］「ザンビアにおける商業的農業の発展」，児玉谷史朗編『アフリカにおける商業的農業の発展』アジア経済研究所，63–124.
児玉谷史朗［1996］「ザンビアにおけるインフォーマルセクター研究の動向」，池野旬編『「アフリカ諸国におけるインフォーマルセクター：その研究動向」調査研究報告書』アジア経済研究所，65–94.
澤村信英［2000］「ザンビアの教育と日本の国際協力――オーナーシップの含意をめぐって」，『国際教育協力論集』3(2): 143–155.
島田周平［2007］『アフリカ　可能性を生きる農民――環境―国家―村の比較生態研究』京都大学学術出版会.
祖田亮次［2008］「東南アジアにおける農村―都市間移動再考のための視角――サラワク・イバンの事例から」，『E-journal GEO』3(1): 1–17.
野元美佐［2005］『アフリカ都市の民族誌――カメルーンの「商人」バミレケのカネと故郷』明石書店.
日野舜也［2001］「アフリカ都市研究と日本人研究者」，嶋田義仁・松田素二・和崎春日編『アフリカの都市的世界』世界思想社，1–28.
星昭・林晃史［1988］『アフリカ現代史Ⅰ　総説・南部アフリカ』山川出版社.
松田素二［1995］「構造調整期の都市社会――出稼ぎ民コロニーの分散とUターン現象」，『アフリカ研究』(47): 33–48.
松田素二［1996］『都市を飼い慣らす――アフリカの都市人類学』河出書房新社.
松田素二［1999］『抵抗する都市――ナイロビ　移民の世界から』岩波書店.
松田素二［2001］「現代アフリカ都市社会論序説」，嶋田義仁・松田素二・和崎春日編『アフリカの都市的世界』世界思想社，170–193.
松村圭一郎［2009］『ザンビアにおける食糧安全保障体制と生存基盤』Kyoto Working Papers on Area Studies No.47 (G-COE Series 45).
丸山淳子［2010］『変化を生きぬくブッシュマン――開発政策と先住民運動のはざまで』世界思想社.
吉國恒雄［2005］『アフリカ人都市経験の史的考察――初期植民地期ジンバブウェ・ハラレの社会史』インパクト出版会.

初出一覧

本書は，2012年3月に京都大学大学院アジア・アフリカ地域研究研究科に提出した博士論文「ザンビア農村部における人びとの流動性と地域社会の変容」をもとに，大幅な加筆・修正を加えたものである．また，各章の一部は，以下の論文として発表している．

第三章

Ito, C. [*in press*] The Growth of 'Rural Business' and its Impact on Local Society in Zambia. *MILA Special Issue: Exploring African Potentials: The Dynamics of Action, Living Strategy and Social Order in Southern Africa*, 51–60.

第四章

Ito, C. [2010] The Role of Labor Migration to Neighbouring Small Towns in Rural Livelihoods: A Case Study in Southern Province, Zambia. *African Studies Quarterly* 12(1): 45–72.

著者紹介

伊藤千尋（いとう・ちひろ）

1984年，東京都生まれ.
京都大学大学院アジア・アフリカ地域研究研究科研究指導認定退学.
博士（地域研究）.
総合地球環境学研究所「社会・生態システムの脆弱性とレジリアンス」プロジェクト研究推進支援員を経て，2012年4月より日本学術振興会特別研究員（横浜市立大学）.
専門はアフリカ地域研究，人文地理学.

都市と農村を架ける——ザンビア農村社会の変容と人びとの流動性

2015年3月31日　初版第1刷発行

著　者＝伊藤千尋

発行所＝株式会社 新 泉 社

東京都文京区本郷2−5−12
振替・00170−4−160936番　TEL 03(3815)1662　FAX 03(3815)1422
印刷・製本　萩原印刷

ISBN978-4-7877-1502-9　C1039